A Suspensão Parcial da Pena de Prisão e a Reparação do Dano

A Suspensão Parcial da Pena de Prisão e a Reparação do Dano

(PERSPECTIVAS)

2017

José Alberto Vaz Carreto
Mestre em Direito Penal, Juiz Desembargador

ALMEDINA

A SUSPENSÃO PARCIAL DA PENA DE PRISÃO
E A REPARAÇÃO DO DANO
(PERSPECTIVAS)
AUTOR
José Alberto Vaz Carreto
EDITOR
EDIÇÕES ALMEDINA, S.A.
Rua Fernandes Tomás, n°s 76-80
3000-167 Coimbra
Tel.: 239 851 904 · Fax: 239 851 901
www.almedina.net · editora@almedina.net
DESIGN DE CAPA
FBA.
PRÉ-IMPRESSÃO
EDIÇÕES ALMEDINA, S.A.
IMPRESSÃO E ACABAMENTO
ARTES TIPOGRÁFICAS, LDA.
Maio, 2017
DEPÓSITO LEGAL
426315/17

ALMEDINA | GRUPOALMEDINA

BIBLIOTECA NACIONAL DE PORTUGAL – CATALOGAÇÃO NA PUBLICAÇÃO
CARRETO, José Alberto Vaz
A SUSPENSÃO PARCIAL DA PENA DE PRISÃO
E A REPARAÇÃO DO DANO: (Perspectivas). – (Casa do juiz)
ISBN 978-972-40-7019-3
CDU 343

À Lídia e ao Francisco sem os quais nada teria sido possível.

À Deolinda, Joana, Tiago e Ana Catarina que são a razão do meu testemunho.

NOTA PRÉVIA

O texto que se segue corresponde, no essencial, à dissertação de Mestrado em Ciências Jurídico – Criminais, objecto de defesa pública em 16 de Dezembro de 2014 na Faculdade de Direito da Universidade de Coimbra perante o júri constituído pelos Professores Doutores Manuel da Costa Andrade e Maria João Antunes e pelo então Mestre Nuno Brandão.

Nele são ora insertos pequenos textos essencialmente sumários de natureza jurisprudencial, que no original tiveram de ser retirados em face das exigências relativas à formatação da dissertação (limite de caracteres) impostas pela Faculdade de Direito.

Em resultado dessa inserção, procurou-se também corrigir alguns erros de escrita ou de sistematização.

Acrescentam-se pequenas notas constituídas essencialmente por decisões jurisprudenciais que entretanto vieram a lume e se prendem com as questões mencionadas no texto e em discussão.

Todavia, porque se trata de um texto datado – iniciada a sua elaboração no quarto trimestre de 2013 e concluído em Fevereiro de 2014 foi entregue na Faculdade de Direito em Abril de 2014 – não se teve em conta doutrina relevante sobre alguns dos temas tratados e estudados na dissertação, porque à data ainda não se encontrava publicada e que entretanto foi tornada pública.

Apesar de se ter em mente diversos títulos entretanto publicados, referimo-nos em especial à tese de doutoramento da Professora Doutora Cláudia Cruz Santos, *A Justiça Restaurativa: Um modelo de reacção ao crime diferente da Justiça Penal. Porquê, para quê e como?* Coimbra Editora, editada em Março de 2014.

A sua não consideração, neste estudo, apesar de existirem alguns pontos de ligação, constituiria uma falta grave, tendo por isso sido fundamental reponderar o texto da dissertação apresentada e defendida o que implicou o seu acrescentamento e nessa medida a sua transformação.

Uma palavra para a escrita do texto: não foi observada a escrita resultante do *"Acordo Ortográfico"*, pela inevitabilidade que tal acarretaria de o texto final vir a apresentar duas diferentes escritas em face dos excertos de transcrição de textos doutrinais ou jurisprudenciais quase todos eles escritos anteriormente à assinatura de tal acordo ou sem a sua observância.

Ainda uma nota de gratidão: a todas as pessoas que contribuíram directamente para levar a bom porto este estudo, àqueles sem cujo auxílio se tornaria mais difícil a sua elaboração e a todos os que, mesmo sem se darem conta, tornaram possível a elaboração do trabalho e, nos fizeram sentir mais felizes porque mais realizados.

ÍNDICE DE ABREVIATURAS

Ac.	acórdão
Ac. R C	acórdão do Tribunal da Relação de Coimbra
Ac. R Ev	acórdão do Tribunal da Relação de Évora
Ac. R G	acórdão do Tribunal da Relação de Guimarães
Ac. R Lx	acórdão do Tribunal da Relação de Lisboa
Ac. R P	acórdão do Tribunal da Relação do Porto
Ac. STJ	acórdão do Supremo Tribunal de Justiça
AFJ	acórdão de Fixação de Jurisprudência
AJ	Actualidade Jurídica (revista)
ASJP	Associação Sindical dos Juízes Portugueses
BFD	Boletim da Faculdade de Direito da Universidade de Coimbra
BMJ	Boletim do Ministério da Justiça
BOA	Boletim da Ordem dos Advogados
CC	Código Civil
CEJ	Centro de Estudos Judiciários
CEDH	Convenção Europeia dos Direitos do Homem
Cf.	conferir, confrontar
cit.	citado (a)
CJ	Colectânea de Jurisprudência
CJSTJ	Colectânea de Jurisprudência Supremo Tribunal de Justiça
CP	Código Penal
CPB	Código Penal Brasileiro
CPF	Código Penal Francês
CPC	Código de Processo Civil
CPP	Código de Processo Penal
CRP	Constituição da República Portuguesa

DR	Diário da República
ed.	editora, edição
LTE	Lei Tutelar Educativa
ob.	obra
OTM	Organização Tutelar de Menores
PGDL	Procuradoria-Geral Distrital de Lisboa
Proc.	Processo
RGIT	Regime Geral das Infracções Tributárias
RLJ	Revista de Legislação e Jurisprudência
ROA	Revista da Ordem dos Advogados
RPCC	Revista Portuguesa de Ciência Criminal
RMP	Revista do Ministério Público
STJ	Supremo Tribunal de Justiça
TC	Tribunal Constitucional
v.g.	verbi gratia

RESUMO

O uso pelos tribunais da suspensão da execução da pena tem gerado na sociedade "*a ideia de uma "quase absolvição", ou de impunidade do delinquente primário, com descrédito para a justiça penal*".

Como meio para ultrapassar a perda de eficácia preventiva dessa pena de substituição, o que ocorre mesmo quando é condicionada a regras de conduta ou ao cumprimento de deveres como o da reparação do dano, há espaço no Ordenamento Jurídico Português para a introdução, como pena de substituição, da *suspensão parcial da pena de prisão (sursis partiel)*, como existe v.g. na França, Bélgica e Suíça que *consiste no cumprimento efectivo de uma parte da pena de prisão em que o arguido foi condenado com a suspensão da execução da prisão na parte restante*, que constituiria uma pena de substituição de natureza *ope judicis*.

A reparação do dano não é apenas indemnização civil mas está também no cerne do direito penal e muito para além dos actuais ideais da justiça restaurativa onde sobressai a mediação penal como modo de resolução de conflitos.

Os efeitos jurídico-penais da reparação vão desde a suspensão provisória ao arquivamento do processo; desde atenuante geral e especial da pena a causa de dispensa desta; desde causa de extinção da responsabilidade penal a causa de extinção da pena e, para além de constituir pressuposto essencial nas leis da amnistia ou de *"perdões fiscais"* constitui já uma autónoma medida tutelar.

A efectivação da suspensão da execução da pena de prisão apenas depois de cumprida a condição de suspensão de reparação do dano, ou como causa da cessação da execução da pena quando ocorra no seu decurso a reparação do dano, a satisfação da obrigação ou a cessação da situação ilícita, pode ter a virtualidade de ao serviço do direito penal tornar "*a posteriori*" desnecessária a execução da pena de prisão, podendo constituir uma *suspensão parcial da pena ope legis* e como tal a reparação do dano devia ser incentivada por ser um meio muito eficaz de assegurar e obter a satisfação efectiva do interesse da vítima e a reposição do direito e, por essa via, à reparação pode ser atribuído um maior relevo jurídico-penal como causa de suspensão do cumprimento da pena ou de extinção da pena de prisão em execução.

"O bom senso é a coisa do mundo melhor partilhada, pois cada qual pensa andar tão bem provido dele que até os mais difíceis de em qualquer outra coisa contentar não costumam desejar mais bom senso do que aquele que já possuem. Não é verosímil que nisto todos se enganem; testemunha-se, antes, que a faculdade de bem julgar e distinguir o verdadeiro do falso – propriamente o que se chama o bom senso ou a razão – é naturalmente igual em todos os homens; igualmente se testemunha que a diversidade das nossas opiniões não vem de uns serem mais razoáveis do que outros, mas só de conduzirmos os nossos pensamentos por diferentes caminhos e de não considerarmos as mesmas coisas. Não basta, de facto, ter o espírito bom: o principal é aplicá-lo bem."

DESCARTES, RENÉ, O Discurso do Método, Colecção Livros de bolso Europa América n.º 149.

I
Introdução

1. Razão de Ordem

Pena suspensa, suspensão da execução da pena, ou ainda *suspensão da execução da pena de prisão*[1] são termos utilizados indistintamente na língua comum e da comunicação social, aparecendo nesta inúmeras vezes como "*o arguido foi condenado em pena suspensa*" quando consta da decisão judicial (sentença ou acórdão) proferida, que "*o arguido foi condenado na pena de x anos de prisão, suspensa na sua execução pelo período de x anos*"[2].

Tais expressões encerram ou podem encerrar em si mesmas uma concepção jurídico-penal sobre a natureza de tal pena: como uma pena autónoma de substituição de uma pena principal (prisão e/ou multa[3]) ou apenas modalidade de execução da pena.

Dúvida não havia de que se tratava de pena não detentiva, particularmente adequada (ao lado do então instituído regime de prova – arts. 55.º

[1] Secção II do Capítulo II Penas, do Título III Das Consequências Jurídicas do Crime.

[2] Deverá, face ao direito positivo, ser usada a seguinte fórmula "*condeno o arguido na pena de x anos de prisão, que substituo por pena suspensa pelo período de x anos*".

[3] O art. 48.º 1 CP 1982 (DL 400/82 de 23/9 entrado em vigor em 01/01/1983 – art. 2.º) permitia a suspensão da execução da pena de prisão com ou sem pena de multa, mas também a suspensão da pena de multa em que o arguido fora condenado, condicionada à impossibilidade de a pagar, ao estabelecer: "*1 – O tribunal pode suspender a execução da pena de prisão não superior a 3 anos, com ou sem multa, bem como a da pena de multa imposta a condenado que não tenha possibilidade de a pagar.*" e encontra-se inserida na Secção II sob a epígrafe "Suspensão da execução da pena", do Capítulo I "Penas Principais" e Título III "Das Penas", do Livro I "Parte Geral".

a 58.º do CP 1982) a substituir a pena privativa da liberdade em especial de curta e média duração (até 3 anos de prisão[4]).

Com o DL n.º 48/95, de 15/03 que aprovou a revisão ao Código Penal de 1982[5] foi reconhecido que tinha assumido, na realidade, o papel de verdadeira "*pena alternativa*", com efeitos nefastos para a justiça penal[6] por perda de eficácia preventiva e dissuasora.

A Lei n.º 59/2007, de 04 de Setembro, que entrou em vigor em 9/9/2007, aliada ao Código de Processo Penal (CPP[7]) – art. 492.º sob a epígrafe "*Da execução da Pena Suspensa*" – transformaram-na numa verdadeira pena substitutiva da pena de prisão que é, e é cada vez maior a sua importância prática decorrente da sua crescente aplicação judiciária, a que não é alheio o alargamento do seu campo de aplicação[8] pela Lei 59/2007 às penas de prisão até 5 anos, um dos objectivos da reforma então operada no direito e no processo penais.

O campo de aplicação da suspensão da pena apesar de acrescido também através do art. 53.º, n.ºs 1 e 3 CP (redacção da Lei 59/2007)[9] e ocupando o espaço do antigo regime de prova[10] não deixa ainda de suscitar

[4] N.º 11 da parte II do preâmbulo do CP 1982.

[5] Art. 13.º do DL 48/95 de 15/3 "*O Código Penal revisto e o presente decreto-lei entram em vigor em 1 de Outubro de 1995*".

[6] N.º 4 do preâmbulo do DL 48/95 onde se expressa: "*Não raro, a suspensão da execução da pena tem-se assumido como a verdadeira pena alternativa, em detrimento de outras medidas, designadamente da pena de multa, gerando-se a ideia de uma "quase absolvição", ou de impunidade do delinquente primário, com descrédito para a justiça penal*".

[7] Código de Processo Penal aprovado pelo DL n.º 78/87 de 17/2, em vigor desde 1/6/87 – art. 7.º, alterado pelo DL n.º 317/95 de 28/2, Lei n.º 59/98 de 25/8, DL n.º 320-C/2000 de 15/12 e pela Lei n.º 48/2007 de 28/8 que procede à republicação integral do Código.

[8] Como em geral das penas de substituição.

[9] Que dispõe: "*1 – O tribunal pode determinar que a suspensão seja acompanhada de regime de prova, se o considerar conveniente e adequado a promover a reintegração do condenado na sociedade. 2 – (...) 3 – O regime de prova é ordenado sempre que o condenado não tiver ainda completado, ao tempo do crime, 21 anos de idade ou quando a pena de prisão cuja execução for suspensa tiver sido aplicada em medida superior a três anos*".

[10] Art. 53.º e segs. CP 1982 onde "*sendo uma das grandes novidades do Código*" como se assumia no respectivo preâmbulo constituía uma pena de substituição autónoma ao lado da suspensão da execução da pena com regime próprio, assumindo relevo a declaração de culpabilidade do arguido, o plano individual de readaptação elaborado pelos Serviços do IRS e sendo acompanhado na sua execução pelo técnico de reinserção social e apenas em caso de revogação do regime de prova era fixada a pena a cumprir pelo condenado.

a questão da possibilidade de alargamento da sua aplicabilidade a outras situações penalmente relevantes de molde a compreender outras realidades e necessidades sociais.

É numa discussão no essencial de "*iure constituendo*" que se podem prefigurar novos rumos para a suspensão da execução da pena de prisão à semelhança do que ocorre em outros ordenamentos jurídicos, como a suspensão parcial da pena de prisão ou visto na perspectiva inversa de "*cumprimento parcial da pena de prisão*", por decisão judicial. Partindo de uma breve incursão mais prática que teórica sobre os fins das penas e da suspensão da prisão e suas modalidades, indagaremos da suspensão parcial em países como a França, a Bélgica e o Brasil e da sua aplicabilidade em Portugal como modo de superar a desconfiança comunitária na suspensão da pena.

Uma outra perspectiva, da suspensão parcial da pena *ope legis*, traduz-se na efectivação da suspensão da execução da pena de prisão apenas depois de ter sido satisfeito o dever de reparação do dano causado, que se configura até como um *minus*, face à possibilidade legal de extinção da pena na parte ainda não cumprida, com a satisfação da obrigação, de reparação do dano ou de cessação da situação ilícita, cujo âmbito de acção pode também ser alargado.

Afigura-se-nos, também, que as potencialidades legais existentes da "*reparação do dano*" não têm sido aproveitadas, por factores tão adversos quanto o desinteresse ou o desconhecimento, ou levado por uma cultura judiciária avessa a decisões finais que não sejam produzidas no termo do *iter* processual na sequência da audiência de julgamento e da sentença, pese embora, pelo menos na pequena criminalidade, o valor da reparação, se vir a revelar o mais das vezes quase irrisório e por isso potenciador do termo do processo na fase inicial, o que só uma falta de adequada cultura de consensualidade e a necessidade por vezes de uma litigiosidade artificial permitem compreender.

Para tanto percorrendo diversos trilhos do ordenamento jurídico iremos à procura de situações que nos podem levar a valorizar e ampliar a reparação como modo de restaurar a paz social abalada pelo ilícito pondo termo ao litígio ou ao cumprimento da pena.

2. Espécies de penas

2.1. Esboço histórico[11] (da lei de talião à pena de prisão)

Enorme foi a evolução e a aprendizagem da Humanidade após a tomada de consciência *do outro* igual a si mesmo, pois só com a possibilidade de se estar perante um igual (em direitos e deveres) se revolucionou o pensamento humano e se erigiu a pessoa como sujeito dotado de igual dignidade, apesar dos atropelos que ainda hoje ocorrem ou os retrocessos a que se assiste, fruto de outras valorações.

Para um mal praticado, qualquer outro mal servia incluindo o pior de todos: sufragar uma ofensa com a morte querida do agressor. Durante muito tempo a pena de morte foi uma das penas com que se punia o comportamento humano e só com as ideias liberais e o idealismo do séc. XIX começou a sua abolição (Portugal foi o 1.º país a abolir tal pena, "*nos crimes civis*", pela Lei de 1/7/1867) que não se mostra, ainda, erradicada nos países de civilização ocidental (e em outros países ganha mais adeptos, fruto da acentuação da diferença e da vivência de concepções religiosas).

Desde a lei de talião (*lex talionis*) que combatia o mal com igual mal: "*olho por olho, dente por dente*" – e encontra o seu fundamento no Livro do Êxodo (21, 23-15)[12] – e que ao mesmo tempo visava banir a lei do mais forte, de modo a impedir a vingança e, assim, já fruto de uma ideia de justiça incipiente inerente à intervenção dos governantes, capaz de gerar a paz entre os súbditos – até à publicização completa do direito de punir pelos Estados[13] que se tem procurado que as penas sejam cada vez mais humanas.

[11] Sobre esta matéria, CORREIA GONÇALVES, Pedro, *A Pena Privativa da Liberdade, Evolução histórica e doutrinal,* Quis Juris, 2009) que seguimos de perto.

[12] BUENO ARUS, Francisco, "Panorama moderno de la pena de prisión", Boletim da Faculdade de Direito da Universidade de Coimbra (BFDUC), vol. LXX, Coimbra 1994, pág. 247 a 268, que pondera que a religião interveio nas penas de duas maneiras, considerando a pena de morte como um sacrifício aos deuses, que os reconciliava com a comunidade, e "*limitando la venganza privada por el ius talionis, que en la época constituye un verdadero progreso ético*" – pág. 247.

[13] O poder punitivo do Estado em Portugal começou a fortalecer-se "*nas Cortes de Coimbra em 1211 com a promulgação de leis penais gerais por D. Afonso II*" – *apud* SANTOS, Cláudia Cruz, A Justiça Restaurativa: Um modelo de reacção ao crime diferente da Justiça Penal. Porquê, para quê e como?, Coimbra Editora, Março de 2014, nota 168, pág. 111.

Tal como a pena de morte continua a fazer o seu percurso na Terra[14] também algumas das penas corporais e infamantes se mantêm e outras há que reclamam novo espaço[15].

Tais penas, desde as amputações de membros ou órgãos humanos, até aos castigos corporais (açoites, espancamento, colocação ou detenção com ferros, correntes ou grilhões, marca a ferro quente), passavam pelo encarceramento, degredo, desterro, trabalhos forçados, escravidão, a que acresciam ainda a infâmia, o estigma, a condenação da memória, a perda de direitos e cargos e dos bens através do confisco e a multa.

A pena de prisão – que não já ou apenas encarceramento (como meio de manter o criminoso a aguardar a pena para ao seu acto) – como reacção essencialmente contra as penas corporais no séc. XVIII e fruto do advento da Revolução Francesa e os seus ideais de Fraternidade, Igualdade e Liberdade – demorou a ser implementada, pois em face da necessidade de colonização pelos países europeus dos domínios ultramarinos, a deportação dos criminosos era a alternativa mais barata e que melhor satisfazia tais desígnios[16] o que leva à situação actual nas sociedades ocidentais do estabelecimento predominante das penas de prisão e multa, nas suas diversas cambiantes.

Mas para além do evoluir da sociedade e das concepções filosóficas, foi face às condições desumanas das cadeias que se iniciaram os movimentos contra a pena de prisão, em face da qual não foi encontrada ainda uma pena que a substitua eficazmente, não faltando quem lhe advogue igual fim, tal como aconteceu com as penas anteriores[17].

[14] Como modo de execução da pena: decapitação, enforcamento, estrangulamento, crucifixão, afogamento, queimado vivo, lançamento às feras, empalamento, esfolamento, e toda a panóplia de instrumentos mortíferos e de sofrimento usados, v.g. durante a Inquisição.

[15] São as "*shame sanctions*" que se traduzem em actos de exposição, humilhação e degradação do arguido. "*... expõem o criminoso ao público e lançam ignomínia sobre ele de uma forma que outras penas alternativas à prisão (...) não fazem*" – Dan Markell, citado por Leite, André Lamas, *"Nova Penologia", Punitive Turn e Direito Criminal: Quo Vadimus? Pelos Caminhos da Incerteza (Pós-) Moderna*, Separata de Direito Penal: Fundamentos Dogmáticos e Político-Criminais. Homenagem ao Prof. Peter Hünerfeld, Coimbra Editora, 2013, pág. 462.

[16] Até que as colónias os rejeitaram – Correia Gonçalves, Pedro, *ob. cit.* pág. 117.

[17] Opinião de que a pena de prisão hoje como sanção padrão e dominante entrará em breve em desuso, tal como o foi a pena de degredo em colónia penal – cf. Pinto de Abreu, Carlos "*Execução de penas e medidas com vigilância electrónica*", in ROA, Lisboa, Ano 71, Jan./Março 2011,

2.2. Das penas e outras sanções penais

1. As penas actuais podem ser objecto de diversas classificações, sendo a mais importante a que as classifica entre penas principais e substitutivas, em resultado de serem ou não previstas no tipo legal da infracção, a que acrescem as penas acessórias.

No nosso ordenamento jurídico-penal as penas principais aplicáveis às pessoas singulares são a pena de prisão, consistente na privação da liberdade do condenado permanecendo entre muros num estabelecimento prisional, e a pena de multa traduzida no pagamento de uma dada quantia ao Estado[18],[19].

2. As penas substitutivas ou de substituição são aquelas que se aplicam em vez da totalidade da pena principal[20] prevista na parte especial do Código Penal e são no Código Penal a substituição da pena de prisão por multa (art. 43.º, n.º1) ou multa substitutiva ou de substituição, a pena de proibição de exercício de profissão, função ou actividade públicas ou privadas (art. 43.º, n.º 3 CP – introduzida na reforma da Lei 59/2007, sem tradição na cultura jurídica portuguesa), o regime de permanência na habitação, com fiscalização por meios técnicos de controlo à distância – vigilância electrónica – (art. 44.º CP), a prisão por dias livres (art. 45.º CP), o regime de semidetenção (art. 46.º CP)[21], a suspensão da execução

pág. 50 e nota 2 citando Abílio Agriano de Sá *"Há muitos annos que temos, no animo, arreigada, a convicção de que o degredo é a pena por excelência"* no final do séc. XIX e princípio do séc. XX.

[18] Art. 41.º CP para a prisão e art. 47.º para a multa.

[19] O regime de prova era no CP1982 considerada pena principal. Cf. Lopes de Almeida, A.F., *Das execuções,* CEJ, O novo Código de Processo Penal, Jornadas de Direito Processual Penal, Almedina Coimbra, 1988, págs. 525/526; no mesmo sentido e do ponto de vista dogmático, Figueiredo Dias, Jorge de, *Direito Penal Português,* Coimbra ed. 2005, pág. 336; *"No projecto de 1963, e particularmente na discussão travada na Comissão Revisora, houve a intenção bem vincada de considerar tanto a suspensão da pena como o regime de prova como verdadeiras penas, e justamente penas principais, a fim de que o ponto deixasse de ser duvidoso, perfilhando-se a orientação então considerada preferível. Como se viu, o instituto figura no capítulo I, dedicado a «Penas principais».*" in STJ A.F.J. n.º 8/2012 – DR. 1.ª Série, n.º 206 de 24/10/2012; Lamas Leite, A. *A suspensão da execução... cit.* pág. 588 nota 8.

[20] Figueiredo Dias, *Direito Penal Português ... cit.* pág. 43.

[21] "*... numa perspectiva ampla todas as penas de substituição seriam modalidades diversas da pena principal de execução da pena (António José Latas, O novo Quadro Sancionatório ..., pp 88 e 106-110 fala a propósito de pena de substituição "em sentido amplo ou impróprio"). Todavia em sentido técnico jurídico o*

da pena de prisão (arts. 50.º a 53.º CP[22]), a prestação de trabalho a favor da comunidade (art. 58.º CP) e a pena de admoestação (art. 60.º CP).

Tais penas de substituição não têm todas o mesmo fundamento, sendo que umas são penas substitutivas da prisão e da multa e outras apenas de uma delas (arts. 43.º n.ºs 1 e 3, 44.º, 45.º, 46.º, 50.º, 58.º CP quanto à substituição da pena de prisão e arts. 48.º e 60.º quanto à substituição da pena de multa) e são aquelas o fruto, no essencial, da luta contra as curtas penas de prisão e, estas visam atender à realidade da situação económica do condenado afigurando-se adequado e suficiente esse modo de cumprimento da pena face às finalidades desta.

3. Enquanto umas são penas detentivas, porque pressupõem o seu cumprimento numa situação de privação da liberdade, como a prisão (contínua), a prisão por dias livres (art. 45.º CP) e o regime de semidetenção (art. 46.º CP), em estabelecimento prisional, outras são não detentivas como as demais referenciadas em que sobressai a pena de multa.

Na óptica político-criminal de reacção contra o efeito estigmatizante e criminógeno das penas curtas de prisão e, porque cumprida sem liberdade mas extramuros prisionais, o regime de permanência na habitação

que diferencia as medidas de substituição dos incidentes de execução da pena de que é exemplo paradigmático a liberdade condicional é o facto de as primeiras se aplicarem em vez da totalidade da pena principal e de as segundas em momento algum serem, orientadas pela intencionalidade de qualquer substituição, mas somente pela ratio de através de um cumprimento diverso do meio prisional, trazer vantagens para o condenado e para a comunidade", "As diferenças se esbatem, quando pensamos que ... bebe do mesmo fundamento político criminal de luta contra as penas curtas de prisão e de evitamento dos seus efeitos criminógenos, traços típicos das penas substitutivas presentes no regime especial do n.º 2 do art. 44.º..." in Lamas Leite, A., ob. cit. pág. 626 nota 93, para quem tal medida é uma forma de cumprimento da pena privativa da liberdade (prisão). No sentido de ser uma pena de substituição detentiva – Antunes, Maria João, *Consequências Jurídicas do Crime,* citado na nota (pág. 17). No sentido de que a prisão por dias livres e o regime da semidetenção no CP 1982 são formas de execução da prisão e não são penas de substituição ou alternativas – Lopes de Almeida, A.F. *Das execuções,... cit.* pág. 516.

São requisitos das penas de substituição da prisão em sentido próprio: deverem ser cumpridas em liberdade, a pena de prisão é determinada na sentença e a pena de substituição é executada em vez da prisão – cf. Maria João Antunes, *As Consequências ... cit.*, págs. 16/17.

[22] A *suspensão da execução da pena de prisão* é hoje considerada uma outra modalidade ou *espécie de pena,* uma *pena de substituição.* Como salienta Figueiredo Dias *"as penas de substituição são verdadeiras penas autónomas" – Direito Penal Português,... cit. p. 329, § 494* – apud STJ AFJ n.º 8/2012 cit..

sendo pena de substituição da prisão[23], pode ser visto como pena detentiva, na medida em que *"responde ... ao requisito da determinação prévia da medida da pena de prisão, sendo aplicado e executado em vez desta, e que por isso, em nada difere da prisão em dias livres ou da prisão em regime de semidetenção"*[24] ou como não detentiva, na medida em que é cumprida fora (extramuros) do estabelecimento prisional.

4. No que concerne às penas acessórias, o CP não tem um *numerus clausus* de penas acessórias – pois para além das situações previstas nos arts. 66.º a 69.º CP (proibição e suspensão do exercício da função e proibição de conduzir veículos com motor) e pelas penas que pelo art. 3.º da Lei 103/2015 de 24/8 foram ora aditadas ao Código Penal com a introdução dos arts. 69.º-B e 69.º-C e por essa via criando novas penas acessórias traduzidas quanto ao agente de crime contra a autodeterminação sexual e a liberdade sexual, na proibição do exercício de funções, que envolvam contacto regular com menores (art. 69.º-B) e na proibição de confiança de menores (em especial a adopção, tutela, curatela, acolhimento familiar, apadrinhamento civil, entrega, guarda ou confiança de menores) e inibição de responsabilidades parentais (art. 69.º-C) – outras existem em leis extravagantes, v.g. no âmbito das infracções contra a economia (art. 8.º Lei n.º 28/84 de 20/1), do direito tributário (art. 16.º Lei n.º 15/2001 de 5/6), do tráfico de estupefacientes (art. 34.º Dec. Lei 15/93 de 22/1), além de outras ainda insertas em normas específicas como o art. 246.º CP: incapacidade para eleger e ser eleito, ou ainda a introduzida pelo art. 5.º da mesma Lei 103/2015 (que alterou o art. 2.º da Lei n.º 113/2009 de 17/9 – Estabelece medidas de protecção de menores contra a Exploração Sexual e o Abuso Sexual de Crianças), em que o crime previsto no n.º 13, consistente em admitir para o exercício de funções, que envolva contacto regular com menores, pessoa condenada na pena acessória do art. 69.º-B

[23] As penas de substituição visam também evitar o *"carácter estigmatizante e criminógeno da pena de prisão"* tudo finalidades [que] obriga(m) a ponderar e a promover formas de reacção criminal alternativas e valorativas das vertentes reparadoras e ressocializadoras das penas *"para que se cumpra "o princípio da ressocialização das pessoas condenadas, designadamente no que respeita ao reconhecimento do direito ao trabalho, da justa remuneração e da sua reintegração social"* nota 9, pág. 55, Pinto de Abreu, Carlos, *Execução de penas ... cit.*.

[24] Pinto de Abreu, C. *Execução de penas ... cit.* pág. 55.

CP pode ser sancionado também com as penas acessórias previstas no n.º 14 do mesmo art. 5.º.

A aplicação da pena acessória depende da condenação numa pena principal (prisão ou multa) e tem o seu fundamento no art. 30.º, n.º 4 da CRP que determina "*Nenhuma pena envolve como efeito necessário a perda de quaisquer direitos civis, profissionais ou políticos.*" e é reproduzido no art. 65.º, n.º 1 CP, o que leva a considerar que não estamos perante um complexo de penas acessórias mas perante um sistema de "*efeitos penais não automáticos da condenação*"[25].

5. Outras medidas sancionatórias estão previstas na legislação penal, como é a perda dos instrumentos e objectos[26], produtos e vantagens[27] do

[25] Figueiredo Dias, J., *Direito Penal Português,... cit.*, pág. 177.

[26] São os "*instrumenta scelerls*", abrangendo os objectos utilizados na prática do crime e os destinados a essa utilização, são os meios do crime.

[27] São os objectos que foram produzidos pela prática do crime, são o seu efeito. Mas novos problemas vêm sendo colocados à Jurisprudência atinente ao perdimento das vantagens a favor do Estado, de que nos dão conta o Ac. R P 7/12/2016 www.dgsi.pt (M.ª Dolores Silva e Sousa): "*I – A perda de vantagens do art. 111.º 2 CP tem a natureza jurídica de* providência sancionatória de natureza análoga à da medida de segurança, *onde está em causa um propósito de prevenção da criminalidade em globo. II – Em face do art. 111.º 2 CP a vantagem adquirida com o crime (recebimento de quantias, devidas, liquidadas e não entregues) é susceptível de ser declarada perdida a favor do Estado, sem prejuízo dos direitos do ofendido; III – Quando as vantagens do crime não vão além do prejuízo da vítima e o lesado não prescinde da reparação apresentando o respectivo pedido, a providência não terá justificação. IV – A indemnização das vítimas do crime e a prevenção deste são as finalidades subjacentes ao instituto da perda das vantagens do crime; V – A vantagem do crime pode deixar de ser declarada perdida a favor do Estado quando o ofendido possa ver restabelecido o seu direito de forma mais eficaz, ou menos onerosa, ou mais vantajosa, por outras vias legais*"; o Ac. R P 14/09/2016 (Jorge Langweg) www.dgsi.pt: "*I – Não tendo sido apreendida a coisa furtada, não poderá ter lugar a entrega da mesma ao lesado (o ofendido de boa-fé), nem ser declarada a sua perda a favor do Estado (n.º 2 do artigo 111.º do Código Penal). II – Não tendo sido deduzido pedido de indemnização civil por parte do lesado, há lugar à condenação do autor do furto a pagar ao Estado o valor correspondente à coisa furtada, da qual o arguido se apropriou ilegitimamente, por ter sido requerido pelo Ministério Público (n.º 4 do artigo 111.º do Código Penal)*", ou ainda o Ac. R P de 23/11/2016 (João P.N. Maldonado) www.dgsi.pt: "*I – Só, podem ser declaradas perdida a favor do Estado as coisas, direitos e vantagens que, através do facto ilícito típico, tiverem sido adquiridas pelo agente e representem uma vantagem patrimonial, com fundamento no art. 111.º 2 CP. II – A perda de vantagens não pode prejudicar o direito de reparação do património do titular do interesse que a lei especialmente quis proteger com a incriminação e que sofreu danos ocasionados pelo facto ilícito típico. III – Nos casos em que a perda de vantagens corresponda à obrigação de indemnização*

crime – arts. 109.º a 111.º CP, que a lei não qualifica e cuja natureza jurídica não sendo aceite de modo uniforme pela doutrina passa pela sua consideração como pena acessória, efeito da pena, medida de segurança ou comungando de todas essas características.[28]

civil decorrente da prática do facto ilícito típico apenas pode ser decretada se o titular dos danos causados pelo mesmo se desinteressar pela reparação do seu direito. IV – Não pode ser decretada a pena de perda de vantagens (quantia correspondente ao IVA apropriado pelo arguido) nos casos em que a Autoridade Tributária e Aduaneira comunicou ao M.ºP.º que não pretendia deduzir pedido de indemnização civil por considerar suficiente os meios legais previstos para a execução fiscal da vantagem;" e Ac. R P 22/2/2017 (M.ª Deolinda Dionísio) www.dgsi.pt: "*I – A perda de vantagem patrimonial prevista no art. 111.º CP, reveste carácter sancionatório com intuitos exclusivamente preventivos e não carácter indemnizatório; II – A renúncia ao direito à indemnização, a fixar judicialmente, devida pelo facto ilícito, por parte do credor/ofendido, não constitui obstáculo à decisão sobre a perda de vantagens; III – Prescindindo a A.T. da formulação do pedido de indemnização civil por crime de abuso de confiança fiscal, nada obsta ao decretamento da perda de vantagens obtidas com a prática do crime, traduzido no valor do imposto devido e apropriado*";

[28] Figueiredo Dias, *Direito Penal Português,... cit.* pág. 614; Maia Gonçalves, M., *Código Penal Português, anotado*, Almedina, 9.ª edição, pág. 474 entende que "*a perda é uma espécie de medida de segurança*", por estar em causa a perigosidade do instrumento do crime e ou oferecer o risco de ser utilizado de novo.

Cf. também, entre outros, Ac. R Lx 1/2/2011 www.dgsi.pt (Margarida Blasco): "*I.º A perda de objectos, não é uma pena acessória, porque não tem qualquer relação com a culpa do agente, nem um efeito da condenação, porque não depende da existência de condenação, nem uma medida de segurança, pois não se baseia na perigosidade do agente; II.º A perda de objectos é exclusivamente determinada por necessidades de prevenção; III.º Incluindo-se o veículo cujo perdimento é pedido, nos denominados "instrumenta sceleris" (objectos que tiverem servido ou estivessem destinados a servir para a prática de um facto ilícito típico), é necessário, além do mais, que "pela sua natureza ou pelas circunstâncias do caso ofereça séria risco de ser utilizado para o cometimento de novos factos ilícitos típicos"; IV.º Para a declaração da perigosidade do objecto, não deverá atender-se somente à sua natureza e características, mas também às circunstâncias do caso e à sua ligação ao agente do facto ilícito típico; (...)*".

Ac. R Lx 28/9/2010 (Jorge Gonçalves) www.dgsi.pt: "*I – O fundamento da perda de «instrumentos e produtos» regulada no artigo 109.º radica nas exigências, individuais e colectivas, de segurança e na perigosidade dos bens apreendidos, ou seja, nos riscos específicos e perigosidade do próprio objecto e não na perigosidade do agente do facto ilícito (daí que não possa ser considerada uma medida de segurança) ou na culpa deste ou de terceiro (daí que não possa ser vista como uma pena acessória). II – A perda de objectos a favor do Estado regulada no Código Penal (dotada de eficácia real, já que se opera a transferência da propriedade do objecto a favor daquele) apresenta-se como uma providência sancionatória de natureza análoga à medida de segurança, não sendo um efeito da pena ou da condenação, visto poder ter lugar sem elas, como se infere do artigo 109.º, n.º 2. III – Constitui pressuposto formal da perda de instrumentos e produtos prevista no artigo 109.º que os mesmos tenham sido ou estivessem destinados a ser utilizados numa actividade criminosa ou que por esta tenham sido produzidos. A lei fala num «facto ilícito típico», não sendo necessário que o crime se tenha consumado, nem que seja imputável ao arguido. (...)*".

Em face do que dispõe o art. 109.º, n.º 1 CP "*São declarados perdidos a favor do Estado os objectos que (...) oferecerem sério risco de ser utilizados para o cometimento de novos factos ilícitos típicos*" não há dúvida de que participam nas finalidades preventivas das sanções penais.

A Jurisprudência, reage da mesma maneira e diverge na sua apreciação e tanto considera que:

"*A perda a favor do Estado dos objectos a que alude o art. 107.º do CP não é pena nem um efeito da pena, mas uma medida autónoma essencialmente preventiva, que não depende sequer da efectiva condenação do réu, não beneficiando da suspensão da execução da pena*" – Ac. STJ 13/11/1985 BMJ 351, 206, como entende que:

"*I – A perda de objectos em processo crime não tem natureza jurídica unitária, revestindo uma mescla de medida preventiva e de reacção penal. II – Apresenta-se como preventiva, quando é imposta independentemente da questão da propriedade ou para protecção social (existência de perigo para a prática de outros factos ilícitos. III – Tem carácter quase-penal complementar quando o agente for dono do objecto utilizado na prática da infracção (...)*" – Ac. R Ev. 22/3/1988 BMJ 375, 468, ou ainda "*...ora aparece como medida de carácter preventivo moti-*

Ac. STJ 28/5/2008 (Raul Borges) www.dgsi.pt: "*I – O disposto no art. 30.º, n.º 4, da CRP, segundo o qual «nenhuma pena envolve como efeito necessário a perda de quaisquer direitos civis, profissionais ou políticos», princípio recolhido fielmente pelo legislador ordinário no art. 65.º, n.º 1, do CP, impede uma aplicação automática, meramente ope legis, relativamente a efeitos penais da condenação ou penas acessórias – neste sentido se pronunciaram, v.g., os Acs. do TC n.ºs 282/86, 284/89, 288/94 e 41/95 (in, respectivamente, DR, Série I, de 11-11-1986, DR, Série II, Suplemento, de 22-06-1989, DR, Série II, de 17-06-1994, e DR, Série II, de 27-04-1995). II – Esta orientação foi acolhida pelo STJ no Acórdão de Uniformização de Jurisprudência n.º 14/96, de 07-11-1996 (in DR, Série I-A, n.º 275, de 27-11-1996, e BMJ 461.º/54), firmado a propósito da pena acessória de expulsão de estrangeiros, então prevista no art. 34.º, n.º 2, do DL 430/83, de 13-12, defendendo-se que a expulsão não podia ser decretada automaticamente, funcionando ope legis, ou como consequência necessária da condenação, antes devendo ser obrigatoriamente fundamentada e justificada, aí se ponderando que a proibição dos efeitos decorrentes da aplicação automática, seja na sequência da imposição de uma certa pena, seja na de condenação por certos crimes, não obstando a que a lei os preveja «com o conteúdo possível da condenação por determinado crime ou simples consequência, também possível, de uma pena», parte da premissa de que a sua ocorrência em cada caso concreto tenha como pressuposto a apreciação judicial de que, in casu, se mostram adequados e justificados pelas circunstâncias do crime. III – Estas considerações são de aplicar à declaração de perda a favor do Estado dos instrumenta sceleris, quer sejam encarados como pena acessória, como efeito penal da condenação, como espécie de medida de segurança, como medida especial, ou ainda como censura adicional, sendo a solução do Acórdão de Uniformização de Jurisprudência expressão da jurisprudência dominante anterior*".

vada pelo perigo típico que certas coisas oferecem...ora se apresenta como reacção penal secundária contra o delinquente, por delinquir (art. 109.º 2)" – Ac. STJ 12/10/88 CJ XIII, 4, 8.

Mas estas diferenças de concepção e estas novas perspectivas, não revestem acentuado relevo, pois tantas vezes se discute e se observa que as medidas sancionadoras não têm um fundamento conceptualmente puro mas revestem características de diversos institutos diferentes mais ou menos próximos entre si, como nos parece ser o caso.

De estranhar seria a não adopção de medidas preventivas e sancionatórias neste âmbito e por isso justifica-se citar Figueiredo Dias[29], quando relativamente à pena acessória da inibição de conduzir expressa que "*... à proibição de conduzir deve também assinalar-se (e pedir-se) um efeito de prevenção geral de intimidação, que não terá em si nada de ilegítimo porque só pode funcionar dentro do limite da culpa (...). Por fim, mas não por último, deve esperar-se desta pena acessória que contribua, em medida significativa, para a emenda cívica do condutor imprudente ou leviano*".

3. Fins das penas e penas de substituição

3.1. Fins das penas

3.1.1. Breve síntese

1. A "*Lei de Talião*" que comporta em si mesma a ideia de retribuir o mal com o mesmo mal[30], não deixou de servir de suporte às teorias absolutas sobre os fins das penas, que traduzem essas mesmas ideias de expiação, retribuição, reparação ou compensação, de pagamento do mal feito, pois para estas teorias a pena tem o seu suporte axiológico na expiação do crime praticado, em que interessa apenas a equivalência do castigo a infligir.

Como encontrar a *justa medida* entre o mal causado (crime) e o castigo a infligir (pena) ao agente era a grande questão – dado que a "*Lei de*

[29] *Direito Penal Português,... cit.* pág. 165.

[30] Santos, Cláudia Cruz, A Justiça Restaurativa: Um modelo de reacção ao crime diferente da Justiça Penal. Porquê, para quê e como?, Coimbra Editora, editada em Março de 2014, pág. 111, nota 167, por referência a José de Faria Costa, "*...o talião traduzia-se em a vingança não poder exceder o mal causado pelo agente ou delinquente. Podemos, assim, afirmar que o talião corresponde a uma evolução positiva relativamente ao instituto da perda de paz*".

Talião" deixou de responder às novas concepções filosóficas do Ideal de Justiça – questão que foi resolvida tendo em conta o facto (a sua ilicitude) praticado e o seu autor (a culpa deste).

Este modo de pensar nada trazia de positivo para a sociedade e para o agente do crime, antes se traduzia numa mera atitude negativa de punição e virada para o passado – *punir o facto ocorrido (passado)* – nada construindo para o bem individual ou social[31].

O mérito da teoria retributiva residiria afinal em centrar a sua visão sobre a pessoa enquanto ser dotado de dignidade arvorando a culpa em pressuposto e limite da pena[32].

2. As teorias relativas são teorias da prevenção e partem do reconhecimento de que a pena é sempre um mal para quem a sofre, mas pretendem ver nela um instrumento para evitar novos crimes e virada para o futuro – *prevenir o futuro* – e distinguem-se entre teorias da prevenção geral e teorias da prevenção especial ou individual[33].

As teorias da prevenção geral vêm a pena como modo de actuar sobre o agente que praticou o crime, mas com uma função de intimidação geral – prevenção geral negativa: o receio da pena impede a prática do crime por outrem. A pena aplicada àquele agente funciona como "*exemplo*" para afastar as demais pessoas da sua prática, ameaçando-as com a severidade de igual pena e, com uma mensagem para a sociedade, de que o acto praticado é intolerável pela Ordem Jurídica, que continua a assegurar a tutela dos bens jurídicos que com ela se protegiam e que se mantém em vigor: a lei apesar dessa violação mantém-se vigente e actuante, punindo os infractores – prevenção geral positiva ou de integração – razão da sua existência e desse modo tem por ideal a *restauração da paz social*, que aquele crime praticado havia perturbado, restabelecendo o *sossego* anterior e dando-lhes *confiança* de que continuam *protegidas* daquelas ofensas.

[31] FIGUEIREDO DIAS, J., *Direito Penal, Parte Geral, I*, 2.ª ed. Coimbra editora 2007 pág. 48 "*... é uma doutrina social negativa...*".

[32] FIGUEIREDO DIAS, J., *Direito Penal, cit.* pág. 47 escreve: "*...a concepção retributiva teve – histórica e materialmente – o mérito irrecusável de ter erigido o princípio da culpa em princípio absoluto de toda a aplicação da pena, e deste modo ter levantado um veto incondicional à aplicação de uma pena criminal que viole a eminente dignidade da pessoa*".

[33] Idem, pág. 50.

Enquanto teorias de prevenção especial cuja finalidade é a actuação sobre a pessoa do agente do crime, diversas foram as respostas sobre a forma como tal devia ser prosseguido: através da intimidação da pena, da segregação do condenado do meio social ou da correcção, reforma moral ou tratamento às tendências do criminoso como doente, entrando assim no campo da execução da pena de prisão (que deram lugar a outras tantas concepções sobre os modelos prisionais, incluindo a arquitectura prisional[34],[35] constituindo um sistema de prevenção especial negativo ou de neutralização, ou ao invés criar ao condenado "*...as condições necessárias para que ele possa, no futuro continuar a viver a sua vida sem cometer crimes*"[36] como têm por escopo as doutrinas da prevenção especial positiva ou de socialização, cuja base assenta na ideia posteriormente aceite por muitos de que todo o homem tem uma parte boa e, por isso, se traduzem, na essência, na *prevenção da reincidência* [37].

Face às particularidades do pensamento jurídico-filosófico e ao mesmo tempo às realidades evolutivas de cada época histórica e à mutação valorativa das necessidades humanas, aliada à necessidade de conformação e adequação social em cada momento exigida pela humanidade, novos desafios se colocam levando a repensar a razão da punição e assim se vai dando maior valor à mediação, à concertação e acordo entre a vítima e o agente, a novas concepções sobre a necessidade da punição e a adopção de princípios de oportunidade na procedibilidade penal.

[34] Correia Gonçalves, *A pena privativa ... cit.* pág. 109 e segs., onde destaca os regimes penitenciários: regime filadelfiano ou pensilvaniano, regime auburniano, sistema de Maconochie, sistema inglês, regime progressivo irlandês, sistema de Obermayer, de Montesinos e sistema penitenciário reformatório ou de Elmira.

[35] O projecto do Código Penal Português de 1861 adoptara como sistema penitenciário o "*sistema de Filadélfia*" e apesar de não aprovado o projecto de código o sistema penitenciário veio a ser o adoptado pela Lei de 01/07/1867 e vigorou até 1913 (ao mesmo tempo que aboliu a pena de morte e os trabalhos forçados) altura em que foi substituído pelo sistema penitenciário de Auburn pela Lei de 29/1/1913 (F. Dias, *Direito Penal, ob. cit.* págs. 69 e 72).

[36] Figueiredo Dias, J., *Direito Penal, cit.* pág. 55.

[37] Idem, pág. 57.

3. Entre as novas ideias sobressaem as da justiça restaurativa *(restorative justice)*[38] relativas à reparação do dano, a que o Direito Penal Português não só não é alheio como lhe atribui eficácia condicionante da aplicação de diversos institutos e no fundo não traduzem outra ideia, nem são mais que modos que visam restabelecer a paz entre o ofensor e o ofendido e desse modo a paz na sociedade, que constitui escopo visado pela prevenção especial positiva.

Não se estranha por isso o aparecimento de teorias que repescando as ideias antigas procuram misturá-las ou unificá-las, como as que partindo da ideia de retribuição acrescentam-lhe a ideia de prevenção[39], ou a da prevenção mas visando uma prevenção integral onde não tem em conta o princípio da culpa e logo a dignidade da pessoa humana, passando por Roxin[40] para quem visando a pena finalidades preventivas (geral e especial) atribui à culpa o papel fundamental de pressuposto e limite inultrapassável da pena, através da moldura da culpa dentro da qual o juiz deverá encontrar a pena justa.

[38] Cujo *objectivo* é restaurar o equilíbrio perturbado pelo crime; o *método* centra-se na reparação e nas consequências; a vítima e o arguido participam no encontro, na aplicação e execução da sanção, que se quer compensatória mais que punitiva, através de uma justiça negociada e consensual – Cf. MORÃO, Helena, *Justiça Restaurativa e crimes patrimoniais na Reforma Penal de 2007*, in Stvdia ivridica 100, BFD, Estudos em Homenagem ao Prof. Jorge de Figueiredo Dias, Vol. III, Coimbra Ed. págs. 527/528.

[39] Figueiredo Dias, J., *Direito Penal, ob. cit.* pág. 61: "*Concepção esta que pode de algum modo ligar-se a uma outra que se designa teoria diacrónica dos fins das penas: no momento da sua ameaça abstracta a pena seria, antes de tudo, instrumento de prevenção geral; no momento da sua aplicação ela surgiria basicamente na sua veste retributiva; na sua execução efectiva, por fim ela visaria, predominantemente fins de prevenção especial*".

[40] FIGUEIREDO DIAS, J., *Direito Penal, ob. cit.* pág. 63). Traduzida inicialmente numa "*Teoria unificadora dialéctica*" em que a missão do direito penal era a "*protecção subsidiária de bens jurídicos e prestações de serviços estatais, mediante prevenção geral e especial que salvaguarda a personalidade no quadro traçado pela medida de culpa individual*" Roxin, Claus, *Sentido e limites da pena estatal*, in Problemas Fundamentais de Direito Penal, Vega Universidade, Direito e Ciência jurídica, 2.ª ed., 1993, pág. 43.

3.1.2. Fins das penas no Código Penal Português

A estas concepções está atento o Código Penal Português que no seu art. 71.º estatui: "*1 – A determinação da medida da pena, dentro dos limites definidos na lei, é feita em função da culpa do agente e das exigências de prevenção*"[41],[42].

O direito penal tem por base ou fundamento social a protecção de bens jurídicos, (que o art. 40.º, n.º 1 CP expressa), no fundo bens individuais ou colectivos que a pessoa humana necessita para a sua completude individual e colectiva.

Assim e porque o direito penal, no final, visa a aplicação de uma pena a um dado comportamento humano lesivo, a finalidade dessa pena será a de tutelar, protegendo, o bem jurídico violado e desse modo restabelecer a paz social e comunitária (a paz em geral e naquele local) que o crime pôs em causa ou a ordem e harmonia na convivência social que existia antes dessa violação.

A medida da pena deve, assim, ser nem mais nem menos do que a necessária a repor essa paz (prevenção geral), pois o direito penal apenas tutela os bens jurídicos carecidos de protecção que de outra forma não a alcançariam (tutela subsidiária), a qual não deve ir além do necessário e logo também a pena não pode exceder essa necessidade, tal como não pode ficar abaixo do necessário face à finalidade visada, sob pena de ser inútil[43].

Deve por isso, através da pena procurar-se, como ensina Figueiredo Dias[44], a "*medida óptima de tutela dos bens jurídicos e das expectativas comuni-*

[41] Mas tendo por base o art. 40.º CP que nos seus n.ºs 1 e 2 dispõe: "*1 – A aplicação de penas e de medidas de segurança visa a protecção de bens jurídicos e a reintegração do agente na sociedade. 2 – Em caso algum a pena pode ultrapassar a medida da culpa*".

[42] As finalidades da pena no Código Penal de 1886 aproximaram-se da "*teoria da reparação moral de Welcker, através da qual se procurava harmonizar, como finalidades da sanção criminal, a retribuição, a prevenção especial e a própria prevenção geral: nos limites de uma pena retributiva visava-se satisfazer tanto as necessidades de reinserção social do delinquente, como as exigências de intimidação individual e colectiva*" – Figueiredo Dias, J., *Direito Penal cit.* pág. 71 – mas acentuando as ideias de prevenção especial correctiva, através de legislação avulsa (com os institutos da suspensão da pena e da liberdade condicional). O C.P. 1982 versão original dispunha por seu lado no art. 72.º, n.º 1 "*A determinação da medida da pena, dentro dos limites definidos na lei, far-se-á em função da culpa do agente, tendo ainda em conta as exigências de prevenção de futuros crimes*".

[43] Cf. Ac. STJ 1/4/98 CJSTJ, 1998, II, 175 onde expressa que "*uma pena insuficiente para satisfazer os fins de prevenção constitui um desperdício*".

[44] *Direito Penal, cit.* pág. 80.

tárias que a pena se deve propor alcançar..." – que também não pode ser excedida, sob pena de violar o princípio da necessidade, expresso no art. 18.º, n.º 2 CRP que dispõe: "*A lei só pode restringir os direitos, liberdades e garantias nos casos expressamente previstos na Constituição, devendo as restrições limitar-se ao necessário para salvaguardar outros direitos ou interesses constitucionalmente protegidos*" – como não deve ser ultrapassado o limite mínimo da mesma sob cominação de a pena aplicada não surtir o efeito desejado e não contribuir para a convicção comunitária da manutenção da validade da norma como factor de paz social e de manutenção e "*defesa do ordenamento jurídico*"[45] e meio eficaz de proteger os bens jurídicos, ou seja de cumprir a sua finalidade intrínseca.

Figueiredo Dias[46] resume a teoria dos fins das penas nos seguintes considerandos:

"*1 – Toda a pena serve finalidades exclusivas de prevenção geral e especial;*

2 – A pena concreta é limitada, no seu máximo inultrapassável, pela medida da culpa;

3 – Dentro desse limite máximo ela é determinada no interior de uma moldura de prevenção geral de integração, cujo limite superior é oferecido pelo ponto óptimo de tutela dos bens jurídicos e cujo limite inferior é constituído pelas exigências mínimas de defesa do ordenamento jurídico;

4 – Dentro desta moldura de prevenção geral de integração a medida da pena é encontrada em função das exigências de prevenção especial, em regra positiva ou de socialização, excepcionalmente negativa, de intimidação ou de segurança individuais", que por essa via, se mostra ínsita no ordenamento jurídico-penal português, decorrendo do disposto no art. 18.º CRP que a restrição de direitos e liberdades é apenas o mínimo indispensável, dando a máxima autonomia e responsabilidade ao indivíduo de conduzir a sua vida[47], e do art. 40.º, n.ºs 1 e 2 CP, do qual decorre que:

"*1 – A aplicação de penas e de medidas de segurança visa a protecção de bens jurídicos e a reintegração do agente na sociedade.*

[45] Idem, pág. 81.

[46] Idem, pág. 84.

[47] Tendo por fundamento último o princípio da dignidade da pessoa humana, que a CRP erige como princípio fundamental e base do Estado Português ao proclamar no art. 1.º "*Portugal é uma República soberana, baseada na dignidade da pessoa humana...*".

2 – *Em caso algum a pena pode ultrapassar a medida da culpa*", e sem prejuízo da manutenção no art. 71.º, n.º 2, al. f) CP da circunstância de, na medida da pena, se considerar "*A falta de preparação para manter uma conduta lícita, manifestada no facto, quando essa falta deva ser censurada através da aplicação da pena*" mantendo uma ligação à concepção ético-retributiva na pena concreta, ligada à culpa e às exigências de prevenção especial de socialização professada tão ao jeito do Prof. Eduardo Correia, de "*culpa na formação (ou pela não formação) da personalidade*"[48] do agente, conforme à Ordem Jurídica e aos valores/bens jurídicos tutelados.

3.1.3. Fins das penas e a Constituição

O exposto acerca das finalidades da pena no Código Penal tem de ter fundamento constitucional bastante, essencial para a sua validade, pelo que importa surpreender nesta as normas e princípios (v.g. o princípio da legalidade, da referência constitucional, da culpa, da socialidade e da preferência pelas reacções não detentivas) que dêem cobertura àqueles dispositivos legais[49].

O art. 40.º, n.º 1 CP ao estatuir que "*a pena visa a protecção de bens jurídicos*", só pode significar que a pena visa fins de prevenção, o que tem de ser feito perante todos os potenciais lesantes (a generalidade das pessoas), ou seja, fins de prevenção geral negativa ou de intimidação de molde que o "*medo*" da pena afaste os agentes da prática de crimes. Mas, como a prevenção só existe se essa protecção for eficaz, isso só é conseguido através do sentimento de confiança da comunidade na força e vigência da norma (prevenção geral positiva ou de integração) tendo presente que só se justifica essa protecção se ela não puder ser conseguida de outro modo, dada a função de tutela subsidiária dos bens jurídicos pelo direito penal.

E ao visar a "*reintegração do agente na sociedade*" mais não faz do que, considerando que é sobre a pessoa condenada que actua a pena (prevenção especial negativa), actuar, não para evitar que torne a praticar novos crimes através da repressão, mas para o reintegrar na sociedade (prevenção especial positiva) criando as condições necessárias para que ele possa

[48] Figueiredo Dias, *Direito Penal, cit.* pág. 74.

[49] Figueiredo Dias, J., *Direito Penal Português,..., cit.* pág. 71 e segs., que seguimos.
Antunes, Maria João, *Consequências Jurídicas do Crime*, Coimbra, 2007/2008, págs.8/9.

viver em sociedade sem cometer novos crimes. Visa-se com a pena que o agente não volte a delinquir (*prevenção da reincidência*).

O Código Penal estatui no n.º 2 do art. 40.º: "*Em caso algum a pena pode ultrapassar a medida da culpa*" e no art. 71.º, n.º 1 manda que na determinação da medida concreta da pena para além das exigências de prevenção se atente na culpa do agente, e, isso implica que a culpa é, pelo menos, o limite da pena que não pode ser ultrapassado.

1. A pena como expressão do poder punitivo do Estado constitui uma limitação da liberdade e da autonomia da pessoa, exigida pela dignidade da pessoa humana e é esta que fundamenta aquele – art. 1.º da CRP.

Os direitos, liberdades e garantias (direitos fundamentais) são direitos de liberdade perante o Estado e os indivíduos impondo que sejam respeitados por todos e não restringidos e, é neste âmbito que o art. 18.º, n.º 2 CRP ao estabelecer que "*A lei só pode restringir os direitos, liberdades e garantias nos casos expressamente previstos na Constituição, devendo as restrições limitar-se ao necessário para salvaguardar outros direitos ou interesses constitucionalmente protegidos*", determina que a restrição está limitada pelo princípio da necessidade (da pena) e que os direitos e interesses (bens jurídicos) que legitimam a restrição (porque carentes de tutela) são também bens constitucionais e consequentemente a pena (restrição) só pode ser imposta para proteger outros bens jurídicos constitucionais (sempre subordinada pelo princípio da proporcionalidade em sentido amplo/proibição do excesso que contém em si os princípios da adequação, necessidade/exigibilidade e proporcionalidade em sentido restrito).

Ora sendo essas restrições apenas as necessárias para a protecção de outros bens jurídicos constitucionais, verifica-se que a finalidade da restrição, *rectius*, da pena é de prevenir a lesão daqueles bens essenciais e carecidos de protecção que de outro modo não a podem alcançar, seja qual for o modo como se previna ou procure evitar a lesão.

E como a pena apenas pode ser imposta após a lesão efectiva ou tentativa de lesão do bem jurídico, com a sua aplicação procura evitar-se que não ocorram outras lesões, pelo mesmo agente ou por outrem.

No ensinamento de Figueiredo Dias, decorre de tal normativo que a pena visa a tutela necessária do bem jurídico, no caso concreto, na perspectiva da confiança e das expectativas da comunidade na manutenção da vigência da norma violada, restabelecendo a paz jurídica abalada pelo crime (prevenção geral positiva/integração).

2. Ao estabelecer no art. 30.º, n.º 1 o princípio da natureza temporária, limitada e definida das penas e, no art. 29.º, n.º 3 o princípio da legalidade das penas, a CRP, permite que tal tenha de ser interpretado como dando resposta à crítica comummente feita à teoria da prevenção especial positiva ou de integração, que permitiria a aplicação da pena ou outra medida até que o agente se mostrasse socializado e ao fazê-lo (contrariando a crítica), adopta aquela finalidade e, ao impor limites à pena (de prisão) permite a sua integração no movimento contra as curtas penas de prisão, de cariz socializador, através da reserva, pela via do princípio da proporcionalidade do art. 18.º, n.º 2 CRP, da prisão para os crimes mais graves.

Proibindo a perda de quaisquer direitos civis, profissionais e políticos como efeito *necessário* da pena, no n.º 4 do art. 30.º a CRP pretende "*retirar às penas efeitos estigmatizantes, impossibilitadores da readaptação social do delinquente, e impedir que, de forma mecânica, sem se atender aos princípios da culpa, da necessidade e da jurisdicionalidade, se decrete a morte civil, profissional ou política do cidadão*"[50] e por essa via favorece a "*socialização do condenado*".

Ao prescrever no n.º 5 que o condenado a pena de prisão mantém todos os seus direitos fundamentais, equipara o cidadão detido ao cidadão livre porque mantém a plenitude dos seus direitos, o que só pode ter por fundamento a dignidade da pessoa humana que os torna iguais e por essa via impõe a não descriminação. A ausência de uma tal imposição se eventualmente poderia ser vista como pondo em causa o princípio da igualdade entre os cidadãos, não deixaria decerto de poder constituir uma via de segregação dos condenados, factor impeditivo ou restritivo da sua adequada reinserção social, e assim ao proibir essa segregação a CRP opta pelo efeito socializador da pena.

A CRP mais não pretende do que a restrição da liberdade por efeito da pena seja a mínima possível de molde a que o arguido mantenha o máximo dos seus direitos e por essa via que a sua integração na sociedade seja o mais ampla possível e apenas limitada por aquela pena minimizando o efeito *dissocializador* desta.

[50] CANOTILHO, J.J. Gomes/Vital Moreira, *Constituição da República Portuguesa Anotada*, Vol. I, 4.ª ed. revista, Coimbra ed. 2007 pág. 504.

Mantendo os mesmos direitos, o condenado numa pena tem direito, tal como os demais cidadãos a todas as prestações sociais devidas pelo Estado, vertente essencial ínsita na ideia de Estado de direito democrático e social.

A CRP (no art. 1.º) ao impor a dignidade da pessoa humana como base do Estado e por isso "*dado prévio*" coloca o indivíduo e a sua individualidade no cerne de toda a intervenção estatal, positiva ou negativa e, colocando todos os homens em igualdade, impede não só que aquele valor seja desrespeitado (evitando a sua lesão) como impõe a sua protecção quando carecida, ao mesmo tempo que proíbe a diferenciação depreciativa sobre a pessoa que cometeu um crime, pois todos têm a mesma dignidade;

Vista como dignidade individual justifica que todos e cada pessoa possa ter uma vida digna, de acordo com a liberdade individual de orientar a sua vida, contribuindo todos e cada um para o bem comum e para o desenvolvimento pessoal e individual consoante as suas necessidades a satisfazer pelo Estado, nisto se traduzindo a socialidade e tudo isso no respeito recíproco entre todos os indivíduos e cada um.

É aqui que a ressocialização como *finalidade da pena* ganha sentido, por ao praticar o crime o seu agente ter desrespeitado os bens jurídicos que a comunidade reconhece como seus, sendo mister que o agente do crime reconheça esse valor e o respeite e não volte a praticar tal ofensa (prevenção da reincidência) e, porque necessita de reconhecer esse valor – no pressuposto de que o agente praticou o facto por deficiente (carência de) conhecimento – impõe-se ao Estado que crie as condições necessárias para que o agente possa no âmbito da sua liberdade reconhecer e respeitar esse valor, esse bem lesado.

Estando o Estado empenhado na construção de uma sociedade livre, justa e solidária (art. 1.º) é manifesto o apelo à liberdade pessoal, à solidariedade e à entreajuda e co-responsabilidade entre todas as pessoas/cidadãos, de modo a que o valor da dignidade humana se manifeste em todos e seja justa: "*suum cuique tribuere*" dar a cada um o que é seu, não apenas de acordo com o que tem, ou de acordo com o seu mérito, mas também de acordo com as suas necessidades.

Ao adoptar o conceito de Estado de direito democrático a CRP (art. 2.º) impõe o "*respeito e a garantia de efectivação dos direitos e liberdades fundamentais*" implicando um "*facere*" visando a integração dos seus cidadãos numa sociedade em que todos participem, incumbindo ao Estado, no âmbito penal, promover a ressocialização do agente do crime, como terceiro contra quem devem ser efectivados os direitos fundamentais e de modo a que respeite aqueles direitos e não pratique nova ofensa; e ao estabelecer como finalidade a *realização da democracia económica, social e cultural* (art. 2.º) transporta-nos para o conceito de estado social, o que neste âmbito tem a ver não apenas com o acesso de todos ao cidadãos em condições de igualdade às prestações sociais (educação, saúde, segurança social, habitação), mas com o objectivo da plena integração social de todos os seus membros e daqueles que dela mais carecem, através do comando impositivo de adopção de medidas necessárias à realização efectiva da "*justiça social*".

Dos arts. 24.º e 25.º da CRP (inviolabilidade do direito à vida e direito à integridade pessoal) podem extrair-se comandos normativos ressocializadores, sendo o direito a viver com dignidade uma das vertentes do direito à vida e se manifestam ao proibir a tortura e as penas degradantes e desumanas; no art. 26.º, n.º 1, ao consagrar o direito ao livre desenvolvimento da personalidade, proíbe a ingerência ou o estabelecimento de um modelo estatal de personalidade, em especial perante o delinquente que reclama o direito à ressocialização.

A CRP "*sugere*"[51] pois, indicações sobre o fim das penas e, através de acções positivas, promove a prevenção geral de integração tendo em vista a integração social do delinquente[52].

Através da recepção na ordem interna das convenções internacionais (art. 8.º, n.º 2) a CRP vincula o Estado às suas normas e, é neste âmbito que o Pacto Internacional sobre os Direitos Civis e Políticos, aprovado para ratificação pela Lei 29/78 de 12/6 estabelece no seu art. 10.º, n.º 3 que a execução da pena de prisão tem como fim essencial a emenda e a recuperação social do recluso[53].

[51] Figueiredo Dias, *Direito Penal Português,... cit.* pág. 84.

[52] Para Costa Andrade todavia, "*é seguramente à prevenção especial de ressocialização que a Constituição da República reserva o primado. Mais: pode mesmo dizer-se que a Constituição erige a ressocialização em imperativo ou obrigação do Estado*" *apud* Santos, Cláudia Cruz, ob. cit. págs. 494 e 495 e nota 787.

[53] Também a CEDH aprovada para ratificação pela Lei 65/78 de 13/10 – arts. 8.º, 10.º, 11.º e 18.º – consente as restrições para defesa da ordem e prevenção das infracções penais.

Mercê dos princípios da igualdade (art. 13.º), da legalidade das penas e da certeza jurídica, a CRP permite também outras leituras, como a que faz o Prof. Faria Costa[54] ponderando o fim retributivo da pena no contexto da determinação da medida concreta da pena.

3. Manda o art. 40.º, n.º 2 CP que a pena no seu *quantum* nunca "*pode ultrapassar a medida da culpa*" o que implica que tem de se entrar em linha de conta com a culpa do agente.

A culpa é reconhecidamente obra da teoria retributiva da pena, de acordo com a qual não há pena sem culpa, traduzindo uma vontade livre de agir, permitindo que essa referência possa ser interpretada como um tributo àquela concepção.

Só que a teoria retributiva prescinde de quaisquer finalidades atribuídas à pena e é incompatível com a consideração do direito penal como protecção de bens jurídicos que constitui o fundamento constitucional da restrição dos direitos e liberdades individuais.

Assim e em face dos fins das penas que a CRP indica, a necessidade de harmonia entre as normas jurídicas implicará que se considere a culpa não como justa medida da retribuição pelo mal do crime, mas como princípio emergente da inviolabilidade da dignidade da pessoa humana limitador da intervenção estatal inerente à concepção do Estado de Direito Democrático, existindo o Estado para o homem e não o homem para o Estado.

A função da culpa reside, assim, na proibição do excesso (ou princípio da necessidade do art. 18.º, n.º 2 CRP) e por esta via constitui o limite inultrapassável e estabelece o máximo da pena (o mínimo da restrição e máximo da liberdade) consentido pela dignidade da pessoa humana e da garantia do livre desenvolvimento da personalidade da pessoa que um Estado de direito democrático deve preservar.

Têm assim as normas legais relativas à finalidade da pena fundamento bastante na Constituição.

54 *O princípio da igualdade, o direito penal e a Constituição*, RLJ, Ano 141, Maio/Jun./2012, n.º 3974, págs. 282 a 296.

3.1.4. Breve análise crítica

Mostra-se assim no essencial superada a ideia de retribuição do mal causado ínsito na pena, e a prevenção geral positiva na vertente da defesa do ordenamento jurídico[55] erigida em fundamento social desta e a ressocialização ou prevenção especial de integração e de prevenção de reincidência como razão para a punição individual a qual mercê da dignidade da pessoa humana tem como limite inultrapassável no seu *quantum* a culpa concreta.

Partindo da lei vigente e do seu confronto com a lei fundamental podemos concluir que esta contém as indicações necessárias que permitem extrair das suas normas e princípios que a pena tem como fim primordial a prevenção geral positiva e a ressocialização do delinquente de acordo com a dignidade da pessoa humana e a concepção de um Estado para todos os cidadãos em pé de igualdade.

Mas da Constituição e da legislação penal ordinária podemos também questionar outras potencialidades interpretativas, pois a Constituição encerra em si mesma o *princípio da concordância prática* das suas normas

[55] Ac. STJ 27/11/2008 www.dgsi.pt/jstj (Soares Ramos): "*I – Afastada, no domínio das finalidades da pena, uma visão retributiva qua tale da culpa, relegada a expiação desta para a condição de mera consequência positiva, sendo caso disso, do concreto sancionamento, somos inevitavelmente convocados, num primeiro momento reflexivo, para a necessidade do exercício da efectiva defesa do ordenamento jurídico, entendida esta postura, nuclearmente, como o que se vem designando por sustentação de uma "medida mínima da tutela dos bens jurídicos e das expectativas comunitárias na validade das normas". Tanto assim, anotar-se-á, na linha do que escreveu, entre nós, Figueiredo Dias, in "Direito Penal II, As Consequências Jurídicas do Crime", Coimbra Editora, 1993, págs. 72-73, afirmando predominar, aqui, "a ideia de que só finalidades relativas de prevenção, geral e especial, não finalidades absolutas de retribuição e expiação, podem justificar a intervenção do sistema penal e conferir fundamento e sentido às suas reacções específicas. A prevenção geral assume, num tal contexto, o primeiro lugar como finalidade da pena. Prevenção geral, porém, não como prevenção geral negativa, de intimidação, do delinquente e de outros potenciais criminosos, mas como prevenção positiva ou de integração, isto é, de reforço da consciência jurídica comunitária e do seu sentimento de segurança face à violação da norma ocorrida, em suma, na expressão de Jakobs, como estabilização contrafáctica das expectativas comunitárias na validade e vigência da norma infringida"; ou no exterior, mais significativamente, Jescheck e Weigend, in "Tratado de Derecho Penal", tradução espanhola, 5.ª Ed., pág. 949 (referindo-se aí o "interesse na conservação e estabilização da norma na vida social, que foi infringida pelo agente"), decerto influenciados, todos, pelo dito autor, Jakobs, reportando-se, efectivamente, esse autor – que terá tido, aliás, no domínio do discurso dos fins das penas, a maior influência na introdução da referida categoria das finalidades de "prevenção geral de integração ou prevenção geral positiva" – ao "fim de estabilização contrafáctica das expectativas comunitárias na validade da norma violada".*

e princípios, não constituindo um círculo fechado sobre si mesma, nem impede que possam ser feitas outras leituras.

Na verdade mercê dos princípios da Justiça e da Igualdade e da Certeza do direito (e por esta via do Princípio da Legalidade) são possíveis outras leituras interpretativas e porque, como expressão do princípio da igualdade "*o direito penal vale para toda e qualquer pessoa que pratique um facto criminoso que possa ser abrangido pelo âmbito das leis de aplicação do direito penal no espaço*"[56] é esse princípio da igualdade, para Faria e Costa "*parâmetro reitor na determinação concreta da pena. E precisamente porque o é, faz com que nos tenhamos de afastar de qualquer ideia de prevenção geral (negativa ou positiva pouco monta) e nos atenhamos a uma profunda e renovada ideia de neo-retribuição no que se refere à compreensão e fundamentação das penas.*

Com efeito, a pena representa a reacção de uma comunidade de homens àqueles comportamentos penalmente proibidos por essa mesma comunidade. O que bem demonstra, em nosso ver, que a pena é o reflexo dos valores dessa comunidade em um certo tempo e em certo espaço. A pena é, por sobre tudo, a refracção do entendimento do homem sobre si próprio, ou seja, do seu modo de ser historicamente situado"[57] e em que a pena compensando a ocorrência do crime reveste, porque repõe o equilíbrio relacional que o crime rompeu, a natureza e eficácia de um bem e assim "*o princípio da retribuição nada tem de metafísico ou irracional, antes se assumindo como a mais lídima expressão das ideias fortes e estruturantes da responsabilidade e igualdade*"[58].

Do mesmo passo na parte especial do Código Penal se surpreendem normas e soluções jurídicas em cuja génese se podem redescobrir fundamentos de compensação e equilíbrio.

Assim: o tribunal pode dispensar da pena em caso de crime contra a integridade física quando entre o agente e a vitima "*tiver havido lesões recíprocas e se não tiver provado qual dos contendores agrediu primeiro*", ou "*o agente tiver unicamente exercido retorsão sobre o agressor*"[59] (art. 143.º, n.º 3, a) e b) CP), sendo que em ambos os casos – onde não existe legitima defesa – subsiste ou existe a ideia de compensação de danos, de retribuição e de

[56] Faria Costa, J., *O princípio da igualdade ... cit.*, pág. 292.

[57] Idem, ibidem, págs. 292 /293.

[58] Idem, ibidem pág. 293.

[59] Situação em que o agressor (1.º agredido) se limita a responder (agredindo o 1.º agressor) a uma primeira conduta ilícita do ora ofendido (agredido) empregando, no caso, a força física.

desnecessidade da pena, que por via desse equivalente[60], se não se aproxima da ideia da pena privada, representa "*um equilíbrio social de coisas que o direito penal tem que reconhecer*"[61].

Cremos que a igual pensamento nos pode levar a situação que emerge do art. 186.°, n.°s 2 e 3 CP no que aos crimes contra a honra respeita, podendo o tribunal decidir pela dispensa de pena quando "a *ofensa tiver sido provocada por uma conduta ilícita ou repreensível do ofendido*" ou "*se o ofendido ripostar, no mesmo acto, com uma ofensa a outra ofensa*".

Não sendo esse o posicionamento de Figueiredo Dias – para quem estão em causa na aplicação da pena apenas finalidades exclusivamente preventivas e, uma ausência da necessidade *in casu* da tutela dos bens jurídicos e não sendo caso de evitar que o agente pratique novos crimes[62], existe, ao invés, tão-só uma desnecessidade da pena – podemos constatar as diferentes leituras que uma norma ou instituto jurídico pode envolver.

3.1.5. Síntese conclusiva

Uma leitura, mesmo normativamente consagrada, não limita a liberdade de pensamento e a procura incessante que lhe subjaz. O pensamento humano na procura de sentido para as sanções criminais e o caminho percorrido com avanços e recuos[63] está em constante evolução, tal como a Humanidade e a sociedade que serve, dando lugar ao aparecimento de novas ideias ou misturando-as com ideias antigas com "*retorno aos valores da retribuição e da prevenção geral*"[64] como as novas ideias sobre a teoria da

[60] "*a resposta restaurou o equilíbrio normal das coisas*" Faria, Paula Ribeiro de, *Comentário Conimbricense do Código Penal*, 2.ª ed. pág. 335.

[61] Faria, P. Ribeiro de, *Comentário ... cit.* pág. 332.

[62] *Direito Penal Português,... cit.* pág. 324.

[63] As ideias de prevenção especial vão-se ora buscar a Platão. cf. Correia, Eduardo, *Ainda sobre o problema da ideologia do Tratamento: Algumas palavras sobre o Serviço Social de Justiça*, in Cidadão Delinquente: Reinserção Social?, Ed. Instituto de Reinserção Social, Set/1983, pág. 7 nota 1 onde escreve "*A ideia ligada à prevenção especial já era apontada por PLATÃO (é célebre a sua passagem – Leis IX-854 e IX-6-862): "Nenhuma pena infligida segundo a lei se estabelece para causar um mal, mas para converter em melhor o que a sofre (...) É necessário dizer que o fim da justiça tende a isto – a quê? – a que a lei instrua a quem comete a injustiça, grande ou pequena e o constranja a não praticar jamais acções voluntárias no futuro"). (...) Julgamos que o ponto de vista de PLATÃO da prevenção geral (ne peccetur) a alcançar pelo caminho da instrução do delinquente para que não reincida, continua a ser um dos vectores permanentes na luta contra o crime*".

[64] Costa Andrade, M., *O novo Código Penal ... cit.*, pág. 197.

retribuição (neo retributivas)[65], tal como surgem as novas ideias sobre a reparação da vítima[66] dando lugar às ideias da *restorative justice* relativas à reparação do dano e em que a vítima é chamada a participar na solução do conflito que o crime constitui para o indivíduo e/ou para a sociedade, mas sem se definir ainda se estamos perante uma alternativa à pena ou uma alternativa ao sistema penal[67], e, em relação a estas Cláudia C. Santos expressa-se do seguinte modo "*A admissão da reparação como consequência para o crime que dispensaria a aplicação de uma pena ou de uma medida de segurança tem de pressupor, portanto, a verificação de que aquela reparação pode cumprir, também ela, uma função que ultrapasse a satisfação das necessidades individuais da vítima do crime, sendo eficaz ainda à protecção dos bens jurídicos através da consecução das exigências preventivas*"[68].

Mas todas estas concepções e ideias não podem deixar de lado o sentir social no que à pena criminal respeita como mal infligido ao autor de um crime, que vê nela uma mescla das ideias de expiação e de retribuição, de intimidação (pessoal) e prevenção (colectiva), associada às ideias de emenda, readaptação e ressocialização do condenado[69], pois todas elas estão presentes na memória colectiva da Humanidade.

[65] Rodrigues, Anabela M., *Sistema Punitivo Português,* in Sub judice, 1996, Jan./ Jun. n.º 11, págs. 29 a 31.

[66] "*... a reparação da vítima readquiriu o seu significado penal originário, funcionando já hoje como forma de sanção, já como expediente de diversão, já como critério da concessão de benefícios (v.g. regime de prova ou a sentença condicional) já como reivindicação dirigida directamente ao Estado*" – Costa Andrade, M., *O novo Código Penal... cit.* pág. 199.

[67] Palermo, Pablo Galain, *Reflexões sobre alternativas à pena e uma aproximação à alternatividade penal,* RPCC, ano 21, n.º 1, Jan/Março 2011, Coimbra Ed., pág. 95.

[68] ob. cit. pág. 382.

[69] Jeandidier, Wilgrid, *Droit Pénal Général,* Montchrestien, 1988, págs. 347/348; Soares, Fernando Luso, *O processo Penal como jurisdição voluntária,* Almedina, Coimbra,1981, pág. 43: "*Mais do que retribuição (...) a pena desenha-se-nos como uma restituição*"; Ac. do STJ de 13/1/2010, CJSTJ, XVIII, I, 181 "*A prevenção especial está orientada no sentido de desenvolver uma influência inibitória do delito no próprio autor, subdividindo-se em três fins: intimidação (preventivo-individual), ressocialização (correcção) e segurança.*"
Santos, Cláudia Cruz, A Justiça Restaurativa, ob. cit. págs. 349/350 "*Afirmou-se..., a convicção de que na pena convivem (...) considerações de retribuição com considerações de prevenção. Com isto não se pretende dizer, pela positiva e na sua formulação mais simples, que a pena serve para retribuir o mal do crime e para prevenir crimes futuros. Pretende-se antes significar que a pena não é exclusivamente retribuição nem é exclusivamente prevenção. Há na pena, numa certa acepção, um sentido de retribuição, na medida em que é da sua natureza manifestar-se através da imposição coactiva de um mal que é consequên-*

O Código Penal no art. 40.º toma posição sobre a finalidade da pena em conformidade com uma leitura constitucional e, de tais normativos decorre que o direito penal tem como fundamento social a protecção de direitos fundamentais que a pessoa necessita para a sua completude individual e pessoal, colectiva e comunitária.

Assim sendo e porque o direito penal, no final, visa a aplicação de uma pena a um dado comportamento humano lesivo, a finalidade dessa pena será a de proteger o bem jurídico violado (bem de natureza constitucional) e, desse modo restabelecer a paz social e comunitária (a paz em geral e naquele local e entre aquelas pessoas) que o crime pôs em causa, ou a ordem e harmonia de convivência social que existia antes dessa violação e, também mercê da reprovação[70] do crime, evitar que o arguido torne a infringir a ordem social (prevenção da reincidência) ou outra pessoa lhe siga o mau exemplo.

E por isso, face à dignidade da pessoa humana, a medida da pena em face da violação concreta do bem jurídico deve ser só a necessária a repor essa paz (prevenção geral). A tutela não deve ir além do necessário e é feita através da pena pelo que também esta não pode exceder essa necessidade, tal como não pode ficar abaixo do necessário face ao fim em vista de evitar que o agente do crime torne a praticar novas violações de bens jurídicos (prevenção da reincidência) mas tendo em conta as razões, motivos e a vontade de realização do acto criminoso (culpa)[71] e tendo presente que a finalidade da pena só será atingida se ela for eficaz (produzindo os efeitos desejados) e a sua eficácia depende da sua execução.

cia e que está limitado por um mal anterior. Já no que respeita aos fins (logo, quanto ao que está além da pena, ou fora da pena, aquilo que com ela se pretende), a pena é prevenção".

[70] Como "*elemento valioso da prevenção geral*" – Figueiredo Dias, J., *Direito Penal Português, cit.* pág. 334, citando Santos, Beleza dos Santos, "*a reprovação, imposta por um princípio de justiça, actua simultânea e poderosamente sobre a generalidade das pessoas. É portanto um elemento valioso da prevenção geral*", "*quis ... chamar a atenção para que uma pena alternativa ou de substituição não poderá ser aplicada, se com ela sofrer inapelavelmente, ainda nas palavras de Beleza dos Santos "o sentimento de reprovação social do crime*" ou nas palavras do Ac. STJ referido no §499 [de 21/3/1990 – RPCCl 1991 242] "*o sentimento jurídico da Comunidade*".

[71] "*... a política penal, por definição, orienta-se em direcção preventiva. O sentido especificamente das leis penais é ne peccetur – é o evitar ofensas à convivência social...*" – Rodrigues, Anabela M. *Sistema Punitivo Português, cit.* pág. 29 nota 15.

E por isso não deixa também de estar presente na aplicação concreta do direito penal o ensinamento do STJ expresso no Ac. 4/5/2011 www.dgsi.pt/jtstj: "*I – A medida concreta da pena é um puro derivado da concepção que o ordenamento jurídico adopta em matéria de sentido, limites e finalidades da aplicação das penas.*

II – A maior ou menor gravidade das penas está bem patente na amplitude da moldura, consentindo esta suficiente margem de individualização para responderem à teleologia que visam, enunciada no art. 40.º, n.º 1, do CP, de protecção dos bens jurídicos e de reinserção do agente.

III – Historicamente as penas nunca se dissociaram da finalidade de reeducação do agente para convivência futura em condições de não voltar a afrontar o tecido social, esta sendo a sua finalidade particular, concomitantemente com um fim público que aquele sobreleva quando em colisão, de prevenção geral positiva ou de integração, orientado para tutela das expectativas comunitárias na manutenção da validade e eficácia da lei, endereçado à contenção de potenciais impulsos criminosos.

IV – O legislador penal atribui, pois, à pena uma função pragmática e utilitária, se bem que, na prática, ao aplicador da lei não seja indiferente a uma ideia de retribuição do mal causado, pela ponderação da culpabilidade do agente, que em caso algum aquela finalidade de prevenção pode ultrapassar,- n.º 2 do art. 40.º do CP – culpabilidade apreendida pela manifestação da resolução da vontade antijurídica, quando podia afirmar uma vontade de acordo com a norma jurídica.

V – A medida da pena não pode assim exceder a medida da culpa, na esteira do postulado por Roxin, Direito Penal, 2004, págs. 65 e 66, fórmula que permite fixar a pena a montante da culpabilidade se as exigências de prevenção tornarem desnecessária ou desaconselharem mesmo a pena num limite máximo da culpa.

VI – Sobre a interacção entre as finalidades de prevenção, teoriza o Prof. Figueiredo Dias, Direito Penal Português, As Consequências Jurídicas do Crime, pág. 229, que é sempre desejável uma medida óptima de protecção dos bens jurídicos para defesa da comunidade, mas abaixo desse limite é, ainda, viável descortinar outros patamares de protecção, pela consideração de razões de prevenção especial, que a influenciam decisivamente, até se atingir um limiar mínimo abaixo do qual se não pode descer sob pena de se colocar irremediavelmente em causa a sua função tutelar.

VII – Dos princípios gerais inspiradores da pena à sua fixação em concreto, tal qual o art. 71.º, n.º 1 do CP no-lo indica, não vai uma diferença substancial, porque continua a enunciar-se que no seu "quantum" interfere a culpa e a preven-

ção, acrescendo, ainda, circunstâncias que não fazendo parte do tipo, atenuam ou agravam a responsabilidade penal, umas respeitantes à pessoa do agente e outras às condições que o envolvem e condicionam o cometimento do crime e que, sem o justificarem, o tornam compreensível. Só assim se alcançará uma pena justa, porque merecida e dela irradiará a advertência sobre o condenado como resposta da comunidade ao seu comportamento desviante e como factor de correcção social, de efeito pedagógico social sobre a própria colectividade, que dessa forma ver restabelecida a força da lei".

A aplicação do princípio da igualdade, está sempre presente no pensamento do julgador, não apenas quando pondera e diferencia ou iguala as penas aplicadas aos co-autores de um crime julgados em conjunto, como quando procede à aplicação do direito num dado espaço, adequando a decisão ao sentir comunitário[72].

[72] Diz-se no Ac. STJ de 16/2/2006 proc. 06P124, *in* www.dgsi.pt/jstj: "3 – *O princípio da igualdade, no domínio da aplicação do direito significa que nessa aplicação não há lugar a discriminação em função das pessoas; todos beneficiam por forma idêntica dos direitos que a lei estabelece, todos por forma idêntica se acham sujeitos aos deveres que ela impõe.*
4 – *Um dos princípios fundamentais do direito penal é o da igualdade nas decisões de justiça, preocupando quase todas as sociedades democráticas o problema conexo das disparidades na aplicação das penas. Com efeito, a desigualdade no sistema de justiça penal é uma questão fundamental pois que, mal é notada, perturba não só a paz social mas também as infracções a que pretende responder, problema a abordar de maneira operacional, pois seria uma operação vã confrontar os sistemas de justiça penal com um ideal absoluto e mítico – por essência, inacessível.*
5 – *Na individualização da pena o juiz deve procurar não infringir o princípio constitucional de igualdade, o qual exige que, na individualização da pena, não se façam distinções arbitrárias. Sem deixar de reconhecer que considerações de justiça relativa impõem que se considerem na fixação de penas em caso de comparticipação as penas dos restantes co-autores, importa notar que a questão das disparidades injustificadas nas penas deve gerar essencialmente uma resposta sistémica, tendente a, em geral, compreender e reduzir o fenómeno.*
6 – "*No plano constitucional, ao lado do princípio da igualdade, ao menos no mesmo plano, situam-se os princípios da proporcionalidade, da adequação, da necessidade e da justiça e devem ser especialmente considerados os princípios da legalidade e da culpa, uma vez que devem ser respeitados os critérios e valores legais e a pena deve ser ajustada à culpa, que constitui um limite inultrapassável.*"
Cf. Sobre a aplicação concreta do princípio da igualdade, o nosso Ac. R P 24/2/2016 www.dgsi.pt: "*V – O princípio da igualdade dos cidadãos perante a lei (no art. 13.º CRP) impõe também a igualdade na aplicação do direito e nas penas, o que pressupõe em geral para a sua relevância que estamos perante uma igualdade de situações de facto, e constituindo uma proibição de discriminação, exige que as diferenciações de tratamento sejam fundadas e não discricionárias ou arbitrárias e se fundem numa distinção objetiva e se revelem necessárias. VI – O princípio da igualdade na aplicação das penas, na "sua função 'negativa' de princípio de 'controle' impõe que a apreciação a fazer não é apenas a de saber se se justifica a*

Cremos, por isso que se pode concluir "*...com as necessárias revisões, aperfeiçoamentos e actualizações, todos os clássicos fins das penas têm ainda lugar. Tudo depende da sua combinação e da sua concretização.*

A retribuição talvez se deva tornar mais simbólica e nunca o culminar da infâmia e da excomunhão. A prevenção geral jamais deverá constituir uma advertência amedrontadora do povo tido por plebe com a dureza da punição exemplar (...). A prevenção especial nunca deverá ser uma dissecação da pessoa e a sua catalogação taxonómica preconceituosas e a sua passiva inserção na máquina de punir e vigiar (...)"[73].

E é fundamental ter presente que estão de ambos os lados pessoas que vivem numa mesma sociedade e que o direito só interveio porque ocorreu uma alteração não consentida do *status quo* existente. Importante é fazer retornar a paz social ao seio da comunidade e para isso os valores da prevenção geral devem ser "*coordenados, em concordância prática*"[74] com as exigências da prevenção especial de modo a que essa paz não seja mais abalada[75].

desigualdade de tratamento entre a pena aplicada a dois ou mais arguidos condenados mas também a de saber se não deve ser minorada essa desigualdade, numa situação em que a desigualdade se evidencie. VII – O princípio da igualdade justifica a suspensão da pena de prisão sob condição de reparação do dano, até onde lhe for possível, a uma pessoa de humilde condição social e carenciada em contraponto à do arguido de médio e estabilizado estatuto socioeconómico, por ilícito patrimonial da mesma natureza, a quem fora concedida essa suspensão".

[73] CUNHA, Paulo Ferreira da, *Das penas e dos seus fins ...cit.* págs. 26/27.

[74] Ac do STJ 26/10/2011 proc. 62/10.2PEBRR.S1, *in* www.dgsi.pt:
"*II – As imposições de prevenção geral devem, pois, ser determinantes na fixação da medida das penas, em função da reafirmação da validade das normas e dos valores que protegem, para fortalecer as bases da coesão comunitária e para aquietação dos sentimentos afectados na perturbação difusa dos pressupostos em que assenta a normalidade da vivência do quotidiano.*
III – Porém, tais valores determinantes têm de ser coordenados, em concordância prática, com outras exigências, quer de prevenção especial de reincidência, quer para confrontar alguma responsabilidade comunitária no reencaminhamento para o direito do agente do facto, reintroduzindo o sentimento de pertença na vivência social e no respeito pela essencialidade dos valores afectados."
Ac. STJ 15/5/2013 CJSTJ, Ano XXI, 2, pág. 180 "*II – A pena visa essencialmente a justa retribuição do ilícito e da culpa, tendo esta última uma função delimitadora da pena.*"

[75] «*Par ailleurs, ne peut-on pas considérer qu'une évolution récente au moins aussi importante réside dans l'acceptation simultanée d'une pluralité d'objectifs ? Cette conception plurielle est parfaitement illustrée par les propositions faites récemment en Belgique par la Commission dite Holsters. Lors de l'imposition ou de la réquisition d'une peine, il convient de tendre vers les objectifs de la peine suivants : 1° exprimer la désapprobation de la société à l'égard de la violation de la loi pénale; 2° promouvoir la solution du*

3.2. Penas de substituição em geral e o princípio da preferência pelas penas não detentivas

1. As penas de substituição são as que são aplicadas ao arguido pelo crime que cometeu em vez da pena que a lei prevê na estatuição da norma para punir a conduta criminosa.

A prisão sendo a pena principal e padrão actual, por força da forma como é executada e da ausência ou insuficiência das estruturas penitenciárias, revelou-se um fenómeno de dessocialização[76], criando nos condenados um efeito pernicioso motivado pela necessidade de se readaptar ao meio prisional em vez de interiorizar os valores sociais (de cujo convívio foi retirado). Mercê desse efeito criminógeno[77], essencialmente no que às penas curtas de prisão respeita, nasceram os movimentos contra a pena de prisão, que tem o seu apogeu com a criação das penas alternativas (essencialmente a pena pecuniária: a multa) e as penas substitutivas que não pretendem apenas atacar aquele efeito nocivo (evitando-o na medida do possível e desejável) mas também reinserir socialmente o condenado, não apenas evitando a reincidência, mas tornando-o útil à sociedade, mas sem por em causa o livre desenvolvimento da sua personalidade.

2. No direito penal português as penas substitutivas são as enunciadas supra (n.º 2.2.) e porque o são da pena principal, comungam da mesma finalidade desta, e a sua aplicação depende apenas e no essencial de o cumprimento da pena principal não ser exigido pela necessidade de pre-

problème et la réparation du dommage causé par l'infraction; 3°favoriser l'intégration sociale de l'auteur; 4°protéger la société (Commission « tribunaux de l'application des peines», 2003, article 6bis" apud, Dan Kaminski et al. *«Mutations dans le champ des peines et de leur exécution», Déviance et Société* 4/2007 (Vol. 31), p. 487-504. URL: www.cairn.info/revue-deviance-et-societe-2007-4-page-487.htm DOI: 10.3917/ds.314.0487

[76] Rodrigues, Anabela M., *Sistema ... cit.*, pág. 32.
A pena de prisão teve o seu auge no séc. XIX e princípios do séc. XX e é reconhecido hoje o efeito pernicioso da pena de prisão; Lopes de Almeida A. F., *Das execuções, cit.*.

[77] Costa Andrade, *O Novo Código Penal... cit.*, pág. 195: "*Quanto às consequências da estigmatização, a criminologia nova veio a chamar a atenção para ao carácter intrinsecamente criminógeno e reprodutivo do sistema penal*" e "*... a experiência carcerária cuja eficácia criminógena é hoje geralmente reconhecida. As numerosas investigações empíricas feitas (...) vieram pôr em crise os ideais de reabilitação e ressocialização intra-muros para que apelava a legitimação oficial da prisão*" e reconhecido no "*Relatório de 12/2/2004 da Comissão de Estudo e debate da Reforma do Sistema Prisional*", citado por Carlos Pinto de Abreu, *Execução ...cit.*, in ROA, Lisboa, Ano 71, Jan./Março 2011.

venir o cometimento de novos crimes ou o cumprimento da pena substitutiva realizar de forma adequada e suficiente as finalidades da punição.

E no que à pena privativa da liberdade respeita visam combatê-la, inserindo-se, por isso, no movimento contra as penas de prisão sendo essa uma das razões que leva o legislador, por força do princípio da legalidade das penas – *nulla poena sine legem* – a proporcionar ao julgador reacções criminais alternativas e diversas da prisão, numa tentativa de adequação da sanção à pessoa do delinquente, com vista à ressocialização deste e à sua construção como pessoa útil a si e à sociedade em que se insere.

3. Esse movimento teve o seu início pouco tempo após a generalização da pena de prisão, de tal maneira que já em 1872 no International Penitentiary Congres[78] em Londres se punha em causa a aplicação das curtas penas de prisão, movimento que teve o seu primeiro sucesso com a suspensão da execução da pena de prisão.

Mercê das novas concepções sobre os fins das penas, das prementes necessidades económicas, com o custo que envolve a manutenção da prisão e em face da superlotação das prisões, tal movimento ganhou novo ânimo tornando realidade o aparecimento de penas de substituição não detentivas, cada uma com a sua própria especificidade mas integradas nos objectivos da política criminal: a cessação da perturbação social, a reinserção do condenado e a reparaçao do dano e através delas assegu-ram-se não apenas os fins tradicionais da pena, mas também a paz social e a resolução do conflito originado pelo crime[79].

4. Inserido no mesmo movimento e como enformador dessas penas de substituição surge o princípio da preferência pelas penas não detentiva[80], que tem expressa consagração legal no art. 70.º CP que dispõe: "*Se*

[78] Snacken Sonja, *Les courtes peines de prison,* in: Déviance et société. 1986 – Vol. 10 – N.º 4. pp. 363-387. http://www.persee.fr/web/revues/home/prescript/article/ds_0378-7931_1986_num_10_4_1494.

[79] Gaillardot Dominique. *Les sanctions pénales alternatives.* In: Revue internationale de droit comparé. Vol. 46 N°2, Avril-juin 1994. pp. 683-693.doi : 10.3406/ridc.1994.4897. http://www.persee.fr/web/revues/home/prescript/article/ridc_0035-3337_1994_num_46_2_4897

[80] No Congresso sobre a Prevenção do Delito e o Tratamento do Delinquente, da ONU (Londres 1960) foram aprovadas recomendações sobre a substituição das penas de prisão, que consideravam inconveniente a aplicação desta espécie de penas e propunham a sua redução

ao crime forem aplicáveis, em alternativa, pena privativa e pena não privativa da liberdade, o tribunal dá preferência à segunda sempre que esta realizar de forma adequada e suficiente as finalidades da punição".

Tal princípio emerge do art. 18.º, n.º 2 da Constituição (supra n.º 3.1.3.) e é consequência dos princípios da necessidade e da subsidiariedade da intervenção penal, dos quais "*resulta, por um lado, a exigência de preterição da aplicação da pena de prisão em favor de penas não detentivas, sempre que estas se revelem suficientes, in casu, para realização das finalidades da punição. Deriva, por outro lado, a obrigação para o legislador de enriquecer, até ao limite do possível, a panóplia das alternativas à prisão posta à disposição do julgador; e na verdade, de alternativas que se não esgotem do lado de quem as cumpre num sofrimento passivo da pena, mas possam representar uma prestação activa em favor da comunidade... ...*"[81] e ele impõe a ponderação da possibilidade de aplicação de uma pena substitutiva perante a verificação dos respectivos requisitos e a adopção da mais adequada[82] aos factos, à culpa e à personalidade do arguido, submetida em geral apenas à exigência de que a tal se não oponham as fina-

gradual e a sua substituição por outras medidas tais como a remissão condicional da pena, o regime de prova, as multas, o trabalho fora da prisão e outras de igual natureza que não significassem privação da liberdade, ou "*quando as penas curtas de prisão constituam a única sanção adequada, o seu cumprimento deve ter lugar em estabelecimentos penais adequados, preferencialmente em estabelecimentos abertos...*" – Bueno Arus, Francisco, Panorama moderno de la pena de prisión, Boletim da Faculdade de Direito da Universidade de Coimbra (BFDUC), vol. LXX, Coimbra 1994, pág. 253 (tradução nossa).

[81] Figueiredo Dias, J., *Direito Penal português,... cit.*, pág. 75.

[82] Mas sem que haja entre elas uma hierarquização – Ac. R Ev. 24/04/2012, in www.dgsi.pt: "*I. A nossa lei não estabelece hierarquia entre as penas de substituição. Não obstante, o Tribunal deve dar preferência às não detentivas, quando o possa fazer e tenha ao seu dispor diferentes penas de substituição.*" Cf. Ac. R Ev de 6/10/2015, proc. 213/14.8PFSTB.E1, in www.dgsi.pt: "*A aplicação de penas de substituição deve ocorrer "por degraus", consoante o grau das exigências de prevenção, e, no caso, não se poderá concluir pela desadequação da pena de prisão por dias livres (que permitirá a manutenção da atividade laboral do arguido) só pelo facto de o arguido ter delinquido no período de suspensão da execução de pena de prisão, até porque nunca foi sujeito a tal tipo de pena*" e o Ac. R P de 16/09/2015, proc. 19/15.7PHGDM.P1 (Ernesto Nascimento), in www.dgsi.pt: "*Numa situação de concorrência entre as penas de substituição dos art.ºs 45.º e 58.º CP, os critérios legais de adequação e suficiência, de acordo com as necessidades de prevenção especial positiva, impõem, face ao princípio da proporcionalidade, que o tribunal escolha a pena de substituição menos grave*" e o nosso Ac. R P 7/4/2016 www.dgsi.pt: "*I – O legislador não estabeleceu uma hierarquia de penas de substituição: é em função dos critérios de adequação e suficiência da pena, das necessidades de prevenção especial (positiva) de reinserção social e tendo presente o comando ínsito no art. 18.º, n.º 1, da CRP (principio da proporcionalidade e da menor*

lidades da punição traduzidas na protecção dos bens jurídicos e na reintegração do agente na sociedade (art. 40.º, n.º 1 CP) ou seja finalidades preventivas.

É neste enriquecimento das penas não detentivas que se centra a pesquisa da doutrina e é na ponderação da pena mais adequada que a jurisprudência se vem firmando, expressando-se o STJ "*XIII – O tribunal só deve negar a aplicação de uma pena alternativa ou de uma pena de substituição quando a execução da prisão se revele, do ponto de vista da prevenção especial de socialização, necessária ou, em todo o caso, provavelmente mais conveniente do que aquelas penas; coisa que só raramente acontecerá se não se perder de vista o já tantas vezes referido carácter criminógeno da prisão, em especial da de curta duração. Uma vez recusada pelo tribunal a aplicação efectiva da prisão, resta ao seu dispor mais do que uma espécie de pena de substituição (v.g. multa, prestação de trabalho a favor da comunidade, suspensão da execução da prisão), sendo ainda considerações de prevenção especial de socialização que devem decidir qual das espécies de penas de substituição abstractamente aplicáveis deve ser a eleita.*"[83]

E no mesmo sentido se expressa a Relação de Lisboa: "*I – Sendo o crime punível com pena de prisão ou multa, após optar pela primeira, há que fazer nova escolha, nos casos em que é admissível: se é de aplicar, ou não, uma pena de substituição de entre as previstas nos artigos 44.º a 60.º do Código Penal;*

II – Isso não significa que o juiz tenha de percorrer sucessivamente cada uma das penas de substituição que, por se verificar o respectivo pressuposto formal, são, em abstracto, aplicáveis ao caso antes de se decidir pela aplicação de uma delas;

III – Sendo passíveis de aplicação mais que uma das penas de substituição, o tribunal aplicará aquela que melhor realize essas finalidades, sem ter que justificar por que não aplicou outra. Decidindo que a mais adequada à realização das finalidades preventivas é a suspensão da execução da prisão, não tem que fundamentar por que não aplicou, por exemplo, a prestação de trabalho a favor da comunidade e vice-versa;

IV – Se preterir a pena de substituição (em sentido próprio ou impróprio) em favor de uma pena detentiva, o tribunal tem de fundamentar, clara e convincentemente, por que considera imperioso o cumprimento efectivo e contínuo dessa pena, sem ter que afastar, sucessivamente, cada uma das penas de substituição cujos pres-

restrição) que deve ser escolhida a pena de substituição. II – Assim, justificada a aplicação de uma pena de substituição entende-se que com essa opção se excluiu a aplicação de todas as outras."

[83] Ac. 31/3/2011, in www.dgsi.pt.

supostos de aplicação se mostrem verificados e que, por conseguinte, seriam, em abstracto, aplicáveis" – Ac. 17/04/2012, in www.dgsi.pt; com igual entendimento o Ac. R C de 25/09/2013 www.dgsi.pt: "*1. A sentença não tem que constituir um repositório de todas as possíveis penas previstas em abstrato no Código. Bastando que da motivação resulte, de forma fundamentada, em concreto, aquela que dentro das múltiplas penas de substituição é tida por mais ajustada ao caso concreto; 2. Não faz sentido exigir que o tribunal enuncie, em abstrato, todas as penas aplicáveis e afaste, uma a uma, a sua aplicação, quando da opção fundamentada por uma delas resulta o afastamento das restantes ou quando os pressupostos das não aplicadas não se mostram verificados em concreto*" e o Ac. R P 17/2/2016 www.dgsi.pt (Maria Luísa Arantes): "*I – Não ocorre omissão de pronúncia se o tribunal fundamenta a necessidade do cumprimento efectivo da pena de prisão para assegurar as finalidades da punição por tal pressupor o afastamento da aplicação das penas de substituição não detentivas*".

5. Mas se as penas substitutivas nasceram para combater as curtas penas de prisão[84], hoje em dia o seu âmbito de intervenção expandiu-se e abarca quase todos os diferentes tipos de crimes em virtude de a sua aplicação o ser em função da duração da pena de prisão em que o arguido foi condenado. Hoje "*vários autores constatam que as curtas penas de prisão são pelo menos tão eficazes senão mais que as longas penas*"[85] no que à prevenção da reincidência diz respeito, pelo que importará combater a pena de prisão *tout court*, pois por outro lado "*as curtas penas de prisão não são mais eficazes que as sanções alternativas, nem em face da prevenção especial nem perante a prevenção geral*"[86].

[84] A crise da pena de prisão deixou de ser limitada às chamadas penas curtas de prisão, sendo que quanto a estas "*A razão é que a duração de tais penas (até um ou dois anos) é insuficiente para um tratamento ressocializador eficaz, ao mesmo tempo que, infelizmente, é mais que suficiente para produzir um efeito negativo no condenado, de um lado pela separação do seu mundo habitual, familiar e de trabalho, e do outro pelo contacto com os delinquentes de maior perigosidade ou de personalidade criminal mais acentuada, o que pode ocasionar uma efectiva dessocialização daqueles, que no momento do seu ingresso na prisão, eram apenas responsáveis por delitos de pequena gravidade*" – Bueno Arus, Francisco, Panorama moderno de la pena de prisión, Boletim da Faculdade de Direito da Universidade de Coimbra (BFDUC), vol. LXX, Coimbra 1994, págs. 252/253 (tradução nossa).

[85] Snacken Sonja, *Les courtes peines de prison. cit.* pág. 371.

[86] Snacken Sonja, *Les courtes peines ... cit.* pág. 376 «*Les courtes peines de prison ne sont donc point plus efficaces que les sanctions alternatives, ni envers la prévention spéciale ni envers la prévention génerale.*"

Assim é que no Código Penal Português (desde a Lei 59/2007 de 4/9), as penas de substituição não se restringem às curtas penas de prisão (não superiores a 6 meses), mas abrangem as penas de prisão de média duração (não superiores 3 anos) e também as de longa duração (superiores a 3 anos e inferiores a 5 anos), o que assume especial relevo na pena de suspensão da prisão, entrando no domínio da chamada "*grande criminalidade*"[87].

Tal ocorre com a condenação na pena de prestação de trabalho a favor da comunidade do art. 58.º CP desde que a pena não seja superior a 2 anos de prisão; na pena de proibição de exercício de profissão, função ou actividade pública ou privada, prevista no art. 43.º, n.º 3 CP em que a pena de prisão aplicada pode ascender aos 3 anos de prisão; e com a suspensão da execução da pena de prisão, do art. 50.º CP que é aplicável desde que a pena aplicada não seja superior a 5 anos de prisão, demonstrativos de que as penas de substituição ganharam no ordenamento jurídico português uma grande amplitude na possibilidade da sua aplicação, com acentuado relevo para a pena suspensa de que cuidaremos a seguir.

[87] Figueiredo Dias, *Direito Penal ..., cit.*, pág.106, "*...a distinção em causa é particularmente relevante na medida em que possui uma clara correspondência às categorias criminológicas da pequena criminalidade, da criminalidade média e da grande ou grave criminalidade*" – págs. 107 e 153; Diversa é a graduação feita por Maria João Antunes, Consequências Jurídicas do Crime, Coimbra 2007/08, pág. 11, onde expressa "*Atendendo ao direito vigente justifica-se distinguir as penas de prisão de curta, média e longa duração; as primeiras não superiores a um ano; as segundas não superiores a 5 anos; e as últimas superiores a 5 anos*".

II
Suspensão da pena de prisão

1. Suspensão da execução da pena de prisão

A suspensão da pena ("*sursis*") ou "*suspensão condicional da pena*" aparece pela 1.ª vez no projecto legislativo francês de Bérenger em 1884, mas veio a ser consagrada legislativamente primeiro na Bélgica, em 31 de Maio de 1888, e só depois em França, em 26 de Março de 1891. O modelo denominado de "*franco-belga*" da condenação condicional foi depois adoptado por vários países da Europa, sendo pelo Luxemburgo em 1892, por Portugal em 1893, Itália em 1904, Suíça em 1906, Espanha em 1908 e pela Alemanha em 1936[88].

Através dela suspendia-se durante um certo tempo a execução da pena de prisão, condenação que ficaria sem efeito, caso no decurso do período da suspensão, o condenado não praticasse qualquer crime, e traduzindo-se numa substituição da pena[89] constituía uma reacção contra as curtas penas de prisão, cujos efeitos nefastos se faziam sentir ("*grande perigo de contágio com maus elementos,... fazem sofrer uma degradação social irreparável, sem a compensação de uma possibilidade séria ... de reeducação dos criminosos*"[90]).

É de entre as penas de substituição, não apenas a mais antiga, mas também a que assume maior relevo prático, pois é a pena mais aplicada

[88] Segundo, Correia, Eduardo, *Direito Criminal*, II, pág. 395 cuja lição nos serve de fonte, e Figueiredo Dias, J., *Direito Penal Português,..* cit., e *Velhas e novas questões sobre a pena de suspensão da execução da prisão*, in RLJ ano 124, 65 e segs..

[89] Correia, Eduardo, *ob. cit.*, pág. 395, ou para o Prof. Beleza dos Santos, numa verdadeira pena, RLJ 74, 119 *apud* Correia, Eduardo, ob. cit. pág. 397 nota 2.

[90] Correia, Eduardo, *ob. cit.* pág. 396.

pelos tribunais e tem a preferência legal por ser a que maior leque de crimes, em face da moldura penal, abarca e daí a sua importância acrescida.

Os requisitos para a sua aplicação, que determinam também o seu âmbito estão hoje centrados no Código Penal Português no art. 50.º com o seguinte teor:

"*1 – O tribunal suspende a execução da pena de prisão aplicada em medida não superior a cinco anos se, atendendo à personalidade do agente, às condições da sua vida, à sua conduta anterior e posterior ao crime e às circunstâncias deste, concluir que a simples censura do facto e a ameaça da prisão realizam de forma adequada e suficiente as finalidades da punição.*

2 – O tribunal, se o julgar conveniente e adequado à realização das finalidades da punição, subordina a suspensão da execução da pena de prisão, nos termos dos artigos seguintes, ao cumprimento de deveres ou à observância de regras de conduta, ou determina que a suspensão seja acompanhada de regime de prova.

3 – Os deveres e as regras de conduta podem ser impostos cumulativamente.

4 – A decisão condenatória especifica sempre os fundamentos da suspensão e das suas condições.

5 – O período de suspensão tem duração igual à da pena de prisão determinada na sentença, mas nunca inferior a um ano, a contar do trânsito em julgado da decisão."

Vejamos o caminho percorrido para se chegar aos dias de hoje.

2. Resenha histórica: do código penal português de 1886 a 2012

1. A pena suspensa ou suspensão condicional da pena de prisão é instituída em Portugal pela Lei de 06/07/1893 que de igual modo consagrou a liberdade condicional, e foi completada pelo art. 633.º CPP 1929 e pelo Decreto – Lei n.º 29 636, de 27 de Maio de 1939, que levou a que a suspensão parcial passasse a ser questão discutida em Portugal, com cabimento "*em face dos arts. 9.º e 10.º do Dec-Lei n.º 29 636 de 27 de Maio de 1939*" de que nos dá conta Maia Gonçalves[91] e que tinham o seguinte teor:

"*art. 9.º A pena de multa, incluindo aquela em que for convertida a de prisão, pode ser suspensa nos mesmos termos em que o pode ser a pena de prisão.*

[91] *Código Penal Português (1886)* 6.ª ed. actualizada Almedina, Coimbra, 1982, pág. 228 (anotação ao art. 88.º CP) defendendo Vítor Faveiro, *Código Penal Português anotado*, 7.º ed. pág. 265 a possibilidade de limitar a suspensão à pena principal, *apud* Correia, Eduardo, *ob. cit.* pág. 413 nota 4.

art. 10.º A pena pode ser suspensa nas mesmas condições em que pode ser concedida a liberdade condicional", regulamentação que posteriormente foi alterada e integrada no art. 88.º CP 1886, na redacção do DL 39 688 de 5/6/1954, que veio estabelecer a possibilidade da suspensão da pena de prisão ou de multa, ou de prisão e multa, pelo período de 2 a 5 anos e desde que o réu não tivesse "*ainda sofrido condenação em pena de prisão*", mantendo a condição de que podia ser subordinada ao cumprimento de determinadas obrigações "*similares às que acompanham a liberdade condicional*" [92] (§2.º) e pondo termo à querela que existia sobre a suspensão em razão da espécie de pena, abrangendo agora expressamente a multa e não consentindo a suspensão parcial das penas.

Em 1957, pelo art. 2.º do Dec. – Lei n.º 41 218 de 6/8/57 veio a ser permitida a suspensão da execução da pena de suspensão temporária dos direitos políticos (art. 60.º CP 1886).

A suspensão da pena era "*simples*" ou seja, não estava obrigatoriamente subordinada ou condicionada pela imposição de deveres ou regras de conduta ou acompanhada pela acção de agentes externos que acompanhassem a evolução social do arguido, que assim ficava entregue à sua sorte e à sua capacidade de não reincidir.

Para a concessão da suspensão da pena devia ponderar-se não apenas as circunstâncias do delito, o comportamento moral do delinquente e o grau de culpa do mesmo (art. 88.º CP 1886), mas também as circunstâncias relativas à medida da pena do art. 84.º, por fornecerem indicações sobre se a ameaça da pena era susceptível de actuar sobre o criminoso, regenerando-o[93], tanto mais que os motivos da suspensão da pena tinham de ser indicados na sentença (art. 88.º corpo *in fine*).

Através do Dec. – Lei n.º 29 636 de 27 de Maio de 1939, por influência da "*Probation*"[94] americana (1878) e anglo-saxónica (1907)[95], da necessidade de supervisão, vigilância e assistência do condenado, é introduzida a possibilidade de subordinação da suspensão da pena às condições da

[92] Ver as condições em Correia, Eduardo *ob. cit.* pág. 416.

[93] Idem, pág. 408.

[94] Notas essenciais: a existência de organismo oficial dotado de técnicos que acompanham o arguido a seguir um plano de vida e a não imposição de uma pena mas apenas a declaração de culpa, sendo a pena fixada apenas em caso de revogação do regime de prova.

[95] Correia, Eduardo, *ob.cit.*, pág. 400.

concessão da liberdade condicional. Por esta via passaram não apenas a poderem ser impostas ao condenado (durante o período da suspensão) as obrigações de adopção de boa conduta, não exercer determinadas profissões, não frequentar certos lugares, residir em determinado local, entre outros, mas, essencialmente o condenado passou a poder beneficiar da vigilância, auxílio e orientação dos assistentes sociais previstos na reforma prisional[96], e assim a suspensão da pena em Portugal aproveitando os benefícios da *sursis* e da *probation* (da qual integrava um elemento específico traduzido na interacção entre o condenado e o *probation-officer*) possibilitava e reforçava a acção pedagógica ou social sobre o condenado de modo positivo imbuída pela intenção "*correctiva*" e "*reintegradora*" *orientada para evitar a reincidência*"[97] e visando a *readaptação social* do condenado e, pese embora seja sempre uma intromissão mais ou menos profunda na condução da vida dos delinquentes, coarctando-lhes de alguma medida, a liberdade psicológica, constituía um mal menor em face da manutenção da liberdade física.

O instituto inicialmente concebido para as curtas penas de prisão (3 a 6 meses de prisão) cedo foi alargado à pena de multa e depois à pena de prisão até 2 anos[98] (arts. 88.° e 56.°, n.° 1.° CP 1886) e, de aplicável apenas a delinquentes primários, passou também a apenas não se aplicar a quem tivesse sofrido condenação em pena de prisão[99], não impedindo a aplicação a condenados em pena de multa ou outra pena e o período de suspensão foi fixado entre o mínimo de 2 anos e o máximo de 5 anos (segundo o modelo belga e não num período fixo de 5 anos segundo o modelo francês).

Salientamos já que no âmbito do Código Penal 1886, atento o disposto nos arts. 88.° §2.° e 121.°, n.° 1.°, à suspensão da pena podia (tal como à liberdade condicional) ser imposta a obrigação de proceder à "*reparação, por uma só vez ou em prestações, do dano causado às vítimas do crime*" ou "*tornar-se dependente do pagamento da respectiva indemnização por perdas e danos, dentro de um prazo fixado na sentença*" – art. 451.° §1 CPP 1929.

[96] Idem, pág. 418; cf. também o art. 121.° CP 1886 redacção DL 184/72 de 31/5.

[97] Lamas Leite, A., *A Suspensão da execução da pena ... cit.*, págs. 586/7.

[98] Correia, Eduardo, *ob. cit.*, pág. 416.

[99] Cf. entre outros, ac. STJ de 4/5/1966 BMJ 157, 127.

2. Estava aberto o caminho para o Projecto de Código Penal, Parte Geral, de 1963 do Prof. Eduardo Correia, que veio a culminar no Código Penal de 1982, em cujo preâmbulo[100] sobre esta matéria se escreve:

A suspensão da pena, ou "*condenação condicional, ou instituto da pena suspensa, correspondente ao instituto do sursis continental, significa uma suspensão da execução da pena que, embora efectivamente pronunciada pelo tribunal, não chega a ser cumprida, por se entender que a simples censura do facto e a ameaça da pena bastarão para afastar o delinquente da criminalidade e satisfazer as necessidades de reprovação e prevenção do crime (artigo 48.º, n.º 2). A possibilidade de imposição de certas obrigações ao réu (artigo 49.º), destinadas a reparar o mal do crime ou a facilitar positivamente a sua readaptação social, reforça o carácter pedagógico desta medida que o nosso direito já de há muito conhece, embora em termos não totalmente coincidentes com os que agora se propõem no Código*".

A suspensão da execução da pena abrangia as penas de prisão até 3 anos, com ou sem multa e até a pena de multa subordinada à impossibilidade de o arguido a poder pagar; as condições para a concessão da suspensão eram mais profundas e detalhadas e assentava num juízo de prognose de que a "*simples censura do facto e a ameaça da pena*" no caso concreto, seriam o bastante para afastar o arguido do crime (prevenindo a reincidência) e satisfaziam "*as necessidades de reprovação e prevenção do crime*" – art. 48.º CP82.

O período de duração da suspensão foi fixado entre o mínimo de 1 ano até ao máximo de 5 anos e podia ser subordinado ao cumprimento de deveres destinados a "*reparar o mal do crime ou a facilitar a sua readaptação social*" – art. 49.º.

Da sua regulamentação resultava que o instituto podia ser aplicável a qualquer arguido independentemente dos seus antecedentes criminais, posto que fosse possível emitir aquele juízo de prognose e, sendo aplicável quando a pena de prisão concreta não fosse superior a 3 anos alargava o seu âmbito de aplicação não apenas à média criminalidade, mas abrangia já franjas da criminalidade média alta.

O Código introduziu o instituto da "*Probation*" como pena autónoma, sob a denominação de "*Regime de prova*" – arts. 50.º a 58.º CP – abrangendo as situações da suspensão da pena, mas em que esta não se mostrava ade-

[100] N.º 11 do preâmbulo do Código Penal de 1982 (DL 400/82 de 23/9).

quada para a recuperação social do arguido (n.º 1); tinha a duração de 1 a 3 anos, prorrogável e assentava num plano individual de readaptação social, que requeria, sempre que possível, o acordo do condenado. Esse plano podia conter para além dos deveres da suspensão da pena, regras de conduta e era executado com a colaboração de um "*trabalhador social*" e implementado através da criação (art. 55.º CP) do Instituto de Reinserção Social cujos técnicos elaboravam o plano e acompanhavam a sua execução.

3. O DL n.º 48/95 de 15/3 procedeu à revisão do Código Penal de 1982 (aprovado pelo DL 400/82) e juntamente com o *Código Penal revisto* (art. 13.º) entrou em vigor em 1/10/1995 tendo procedido a profunda alteração na matéria que nos ocupa.

Desde logo condiciona a suspensão à imposição de deveres e a regras de conduta, indistinta ou cumulativamente e ainda permite que a suspensão seja acompanhada do regime de prova (art. 50.º, n.ºs 2 e 3 CP 95).

Com o novo código penal foi eliminada a possibilidade de suspensão da pena de multa e o regime de prova desapareceu como pena autónoma e passou a ser integrado como modalidade da suspensão da execução da pena[101], como já Figueiredo Dias preconizava e defendia[102] e a grande inovação do CP 1982[103] cessava.

[101] Diz-se no preâmbulo do Código Penal 1995: "*O regime de prova, descaracterizado como pena autónoma de substituição, passa a ser configurado como modalidade da suspensão da execução da pena ao lado da suspensão pura e simples e da suspensão com deveres ou regras de conduta, acentuando a vertente ressocializadora e responsabilizante da suspensão da execução da pena de prisão*".

[102] FIGUEIREDO DIAS, J., *Velhas e novas questões ... cit.*, págs. 100 e 207 a 209.

[103] Em cujo preâmbulo se escreve "*...o regime de prova – a probation de inspiração inglesa e norte-americana – é uma das grandes novidades do Código. O sistema proposto, e que corresponde à sua forma mais pura, consiste na suspensão da própria pronúncia da pena, ficando o agente submetido a um período de «prova» em meio livre (que pode durar de 1 a 3 anos, sem prejuízo da possibilidade de prorrogação), que servirá para avaliar até que ponto é o delinquente idóneo a uma reinserção completa na vida social. O tribunal poderá impor ainda ao delinquente certas obrigações ou deveres destinados a assegurar a sua readaptação (artigo 54.º, n.os 2 e 3).*

Mas o que verdadeiramente caracteriza esta medida – e lhe confere aquele sentido marcadamente educativo e correctivo que sempre a distinguiu da simples suspensão da pena – é, por um lado, a existência de um plano de readaptação social e, por outro, a submissão do delinquente à especial vigilância e controle da assistência social especializada.

O n.º 3 do art. 53.º CP 1995 estabelecia o seu carácter facultativo ao dispor que: "*O regime de prova é, em regra, de ordenar quando a pena de prisão cuja execução for suspensa tiver sido aplicada em medida superior a 1 ano e o condenado não tiver ainda completado, ao tempo do crime, 25 anos de idade*".

Mas com a Lei 59/2007 de 4/09, que alterou de novo o Código Penal, a suspensão da pena passou a ser aplicável aos condenados em pena concreta até 5 anos de prisão, o que alargou o âmbito dos ilícitos a que pode ser aplicável atingindo todo ou quase todo o tipo de crimes incluindo os de alta criminalidade (criminalidade violenta - art. 1.º al. j) CPP - DL 78/87 de 17/8); o período da suspensão passou a ser igual ao da pena mas nunca inferior a um ano e a suspensão da pena com regime de prova passou a ser obrigatória nos casos de suspensão da pena de prisão superior a 3 anos ou quando o condenado não tivesse ainda completado, ao tempo do crime, 21 anos de idade (art. 53.º n.º 3 CP).

Não se ficou por aqui a actividade legiferante sobre a suspensão da pena com regime de prova, pois dois novos casos de aplicação obrigatória foram estabelecidos:

- Com a Lei n.º 103/2015 de 24/8 (em vigor desde 24/9/2015 - art. 10.º, n.º 1) foi alterado o Código Penal introduzindo no art. 53.º com o seu n.º 4 uma nova obrigatoriedade de imposição do regime de prova em caso de suspensão da pena, quando esteja em causa um agente de crimes sexuais e a vítima seja menor, nos seguintes termos: "*O regime de prova é também sempre ordenado quando o agente seja condenado pela prática de crime previsto nos artigos 163.º a 176.º-A, cuja vítima seja menor*" (crimes contra a liberdade e autodeterminação sexual, *vulgo* crimes sexuais) com a finalidade específica de "*... visar em particular a prevenção da reincidência, devendo para o efeito incluir sempre o acompanhamento técnico do condenado que se mostre necessário, designadamente através da frequência de programas de reabilitação para agressores sexuais de crianças e jovens*" nos termos expressos pelo art. 54.º, n.º 4 CP (introduzido pela mesma lei).

Daí que, como forma de tratamento essencialmente individual, haja que pôr o maior cuidado na selecção dos delinquentes, devendo criteriosamente indagar-se das condições pessoais de cada um. E isto porque, repete-se, com a utilização desta medida não se espera só o mero efeito útil de substituir a prisão, uma vez que se acredita no seu alto valor ressocializador, comprovado por uma larga experiência, francamente positiva, em vários países, como, por exemplo, a Inglaterra, a Suécia ou os Estados Unidos da América".

– Por seu lado, a Lei n.º 129/2015 de 3/9 (em vigor desde 3/10/2015 – art. 7.º) ao alterar o regime jurídico aplicável à prevenção da violência doméstica (Lei n.º 112/2009 de 16/9), veio criar mais um novo caso de suspensão da pena condicionada ao regime de prova (em alternativa à suspensão da pena subordinada ao cumprimento de deveres ou à observância de regras de conduta) ao introduzir o art. 34.º-B, aí estabelecendo que:

"*1 – A suspensão da execução da pena de prisão de condenado pela prática de crime de violência doméstica previsto no artigo 152.º do Código Penal é sempre subordinada ao cumprimento de deveres ou à observância de regras de conduta, ou ao acompanhamento de regime de prova, em qualquer caso se incluindo regras de conduta que protejam a vítima, designadamente, o afastamento do condenado da vítima, da sua residência ou local de trabalho e a proibição de contactos, por qualquer meio.*

2 – O disposto no número anterior sobre as medidas de proteção é aplicável aos menores, nos casos previstos no n.º 2 do artigo 152.º do Código Penal", ao mesmo tempo que se impõem deveres próprios e se criam como condicionantes obrigatórios as medidas de protecção da vítima.

4. Entre os deveres que podem ser impostos como condição da suspensão da pena tem-se mantido o de "*a) Pagar dentro de certo prazo, no todo ou na parte que o tribunal considerar possível, a indemnização devida ao lesado*" – art. 51.º, n.º 1 a) CP95, reveladora da importância deste acto na sociedade e na cultura jurídico-penal portuguesa.

Por outro lado todo o regime da suspensão da execução da pena se enquadra na filosofia consagrada no sistema punitivo do Código Penal, no sentido de que a pena de prisão constitui a *ultima ratio* da política criminal, devendo sempre que possível ser aplicada pena não detentiva, de que é expressão acentuada o art. 70.º CP (supra n.º I.3.2).

E, inserindo-se num conjunto de medidas não institucionais que apesar de não determinarem a perda da liberdade física, importam sempre uma intromissão mais ou menos profunda na condução da vida dos condenados pelo que, embora funcionem como medidas de substituição, também não podem ser vistas, sob pena de perda de eficácia e desuso ou pouco uso, como formas de clemência legislativa, pois constituem, mais que nunca, autênticas medidas de tratamento bem definido, com uma variedade de regimes aptos a dar adequada resposta a problemas específicos de cada arguido, como o STJ tem reconhecido[104].

Parece assim desenhar-se uma tendência em direito penal de que todas as medidas não detentivas são preferíveis à prisão, posto que cumpram o mesmo desiderato e exerçam idêntica finalidade.

3. Fins da suspensão da execução da pena de prisão

1. Entre as penas substitutivas sobressai nos ordenamentos jurídicos actuais de índole ocidental, a suspensão da execução da pena privativa da liberdade (prisão)[105] e em Portugal, que esteve à frente dos países que a ela aderiram "*a suspensão da execução da pena privativa da liberdade é a sanção substitutiva de mais largo espectro*" e de mais larga aplicação [106] potenciado, ainda mais, pela reforma operada pela Lei n.º 59/2007 de 4/7 que estendeu a sua aplicabilidade aos arguidos condenados e punidos com pena até 5 anos de prisão.

Este alargamento, se levou a uma maior aplicação, fragilizou tal pena substitutiva, acentuando a ideia de uma *"absolvição"* e aumentando o sentimento de impunidade e a ideia de uma justiça para os pobres e outra para os ricos na medida em que alargou a sua aplicação a crimes em que anteriormente era impensável a sua aplicação, como o tráfico de droga, mercê da moldura abstracta (de 4 a 12 anos de prisão – art. 21.º DL 15/93 de 20/1) e outros envolvendo natureza política ou acentuadamente pública (pelo crime em si ou pelo seu agente), deteriorando o efeito de prevenção geral da pena e pondo em causa, inclusive, a convicção comunitária da manutenção da validade da norma como factor de paz social e de manutenção e "*defesa do ordenamento jurídico*"[107] e meio eficaz de proteger os bens jurídicos, ou seja de cumprir a sua finalidade intrínseca.

[104] Ac.s S.T.J. 3/4/ 2003, CJSTJ 2003, 2, pág. 157, e de 25/10/2007, CJSTJ 2007, 3, págs. 233/236.

[105] ou prisão e multa ou também multa (o CP 1982 previa a suspensão da prisão e multa ou só da multa em caso de insuficiência económica).

[106] LAMAS LEITE, A., *A Suspensão ... cit.*, pág. 604 e nota 38; FIGUEIREDO DIAS, J., *Direito Penal Português, ... cit.*, pág. 337.

[107] FIGUEIREDO DIAS, J., *Direito Penal... cit.* pág. 81.

2. A suspensão da execução da prisão não pode servir de panaceia a uma condenação[108] e antes inserida nas finalidades da pena, combatendo a pena de prisão e o efeito criminógeno que lhe está associado, visa o exercício de acção sobre o arguido/condenado como forma de obter a sua reinserção social (ressocialização) e evitar a reincidência afastando-o da prática de novos crimes da mesma ou diferente natureza.

Como expressa Figueiredo Dias[109] e a Jurisprudência do STJ[110] no Ac. de 27/3/2003: "*A finalidade político-criminal do instituto da suspensão consiste no afastamento do delinquente da prática de novos crimes ou, dito de outro modo, decisivo é aqui o «conteúdo mínimo» da ideia de socialização, traduzida na «prevenção de reincidência»*".

Daí que o art. 50.º, n.º 1 CP determine que a suspensão da pena deve ocorrer "*se for de concluir que a simples censura do facto e a ameaça da prisão realizam de forma adequada e suficiente as finalidades da punição*", o que incute desde logo a ideia da desnecessidade da pena de prisão[111] para aquele agente em concreto[112], para o qual basta a reprovação da conduta, por ter interiorizado a necessidade de proteger os valores que infringiu ou o dano social que causou e não voltará a delinquir.

Mas sendo finalidades exclusivamente preventivas que estão na base da suspensão da pena e não finalidades de compensação da culpa, visando o fim político-criminal de afastamento do delinquente, no futuro, da prática de novos crimes[113], dado que a aplicação dessa pena de substituição pode estar dependente de razões de prevenção geral (defesa do ordenamento jurídico), nem por isso cremos, dever afastar a tutela dos interesses particulares do ofendido, no que respeita às condições da suspensão, que a própria lei consagra no art. 51.º, n.º 1, al. a) e b) CP.

E tendo a suspensão da pena um sentido pedagógico e reeducativo para o condenado tem também, em face da necessidade de protecção do

[108] ou *em "andrajoso simulacro de condenação"* – Ac. STJ 27/3/2003 www.dgsi.pt/jstj.

[109] Figueiredo Dias, J., *Direito Penal Português ...cit.* págs. 343/344.

[110] Em www.dgsi.pt/jstj, acedido em Jan. 2014.

[111] A diminuição por forma acentuada da "*necessidade da pena*" constitui um dos fundamentos para a atenuação especial da pena – art. 72.º, n.º 1 CP (na revisão do CP 1982 operada pelo DL 48/95 de 15/3).

[112] Para a suspensão da pena há que atender "*à personalidade do agente, às condições da sua vida, à sua conduta anterior e posterior ao crime e às circunstâncias deste*" – art. 50.º, n.º 1 CP.

[113] Ac. R P 11/12/02, proc. n.º 0211729, www.dgsi.pt/jtrp acedido em Jan. 2014.

bem jurídico, finalidades de prevenção geral, pois "*importa que a comunidade não encare, no caso, a suspensão, como sinal de impunidade, retirando toda a sua confiança ao sistema repressivo pena*" – ac. STJ 27/11/08[114], – sem a qual a pena perde a sua eficácia e se torna inútil, pois que na decisão sobre a suspensão da execução da pena há que atender aos fins preventivos da pena (de prevenção geral positiva ou de integração e de prevenção especial de socialização) mas sem descurar que têm de ser satisfeitas as exigências de prevenção geral no que respeita às expectativas da comunidade na manutenção da validade da norma violada com o comportamento lesivo[115].

Podemos assim concluir que a suspensão da pena, visando em primeira linha a ressocialização do arguido – exigências de prevenção especial positiva – comunga integralmente dos fins das penas (supra n.º I.3), pois visando a protecção dos bens jurídicos, têm na sua base as finalidades de prevenção geral, que podem impedir a aplicação daquela pena de substituição, fins que o legislador consagrou expressamente no art. 40.º CP.

4. Natureza jurídica da suspensão da pena

Não sofre hoje grande contestação, em face dos textos legais, a sua classificação em Portugal, de pena substitutiva da pena principal (prisão ou e multa, cf. supra I. 3.2), revestindo por isso a natureza de verdadeira pena, de pena autónoma[116] sendo determinada/aplicada na sentença e por isso por decisão judicial do tribunal de julgamento e não em momento posterior à sentença (como seria se de medida de modificação da execução da pena se tratasse).

Dessa natureza resultará desde logo a necessidade de no momento da sentença o juiz procurar averiguar da sua aplicabilidade ao caso que julga, a qual fica nos termos legais dependente (requisito material) da emissão de um juízo de prognose favorável à reinserção social do arguido – art.

[114] Proc. n.º 08P1773 www.dgsi.pt/jstj acedido em Jan. 2014.

[115] Ac. STJ de 29/4/2009, CJSTJ, XVII, I, 246: "*O peso das exigências de prevenção geral vai aumentando em paralelo com a gravidade da pena privativa de liberdade*".

[116] Figueiredo Dias, *Direito Penal Português, cit.*, pág. 329: "*as penas de substituição são verdadeiras penas autónomas*"; Ac. STJ 14/6/2006 www.dgsi.pt/jstj "*A suspensão da execução da prisão não representa um simples incidente, ou mesmo só uma modificação, da execução da pena, mas uma pena autónoma e portanto, na sua acepção mais estrita e exigente, uma pena de substituição*".

50.º, n.º 1 CP – e verificado tal juízo impõe-se aplicação dessa pena como poder/dever, por constituir um poder vinculado[117] do juiz, a impor, na doutrina do STJ[118], uma fundamentação específica e mais exigente do que a decorrente do dever geral de fundamentação das decisões judiciais que não sejam de mero expediente.

E a isso não é alheio o facto de no dizer do STJ[119], o factor essencial à filosofia do instituto da suspensão da pena é a capacidade da medida para apontar ao próprio arguido o rumo certo no domínio da valoração do seu comportamento de acordo com as exigências do direito, impondo-se-lhe como factor pedagógico de contenção e auto-responsabilização pelo comportamento posterior e, por isso, para a sua concessão é necessária a capacidade do arguido sentir essa ameaça da sanção a exercer efeito contentor numa situação da vida que se lhe apresente como propícia para a prática do delito e a capacidade de vencer a vontade de delinquir e para isso importa fazer compreender tal finalidade ao arguido e à sociedade.

Mas, no caso português essa relevância vai mais longe, não impondo apenas a averiguação e a sua aplicação, demonstrados os requisitos legais (formais e materiais) mas também impõe que se fundamente a razão da

[117] Ac. STJ 14/5/2009 Proc. 09P0096 www.dgsi/pt/jstj: "*... a suspensão da execução da pena constitui um poder-dever, um poder vinculado do julgador,...*".
Figueiredo Dias, J. *Direito Penal Português, ... cit.* pág. 341, face ao artigo 48.º, n.º 1, do CP 1982 "*...não se trata aqui de mera «faculdade» em sentido técnico-jurídico, antes de um poder estritamente vinculado e portanto, nesta acepção, de um poder-dever.*".
Maia Gonçalves, M. *Código Penal Português Anotado,* 8.ª ed., 1995, pág. 314 "*Trata-se de um poder-dever, ou seja de um poder vinculado do julgador, que terá que decretar a suspensão da execução da pena, na modalidade que se afigurar mais conveniente para a realização das finalidades da punição, sempre que se verifiquem os apontados pressupostos.*"

[118] Ac. 27/3/2003 www.dgsi.pt/jstj acedido em Jan./2014.

[119] Ac. do STJ de 24/11/93, in BMJ n.º 467.º, 438 e segs..
Cf. também Ac. R P de 18/3/2015 Proc. 125/13.2PBMAI.P1 in www.dgsi.pt: "*I – A finalidade da suspensão da pena de prisão é a ressocialização do agente na vertente da prevenção da reincidência, visando afastar o arguido da criminalidade. II – Para atingir essa finalidade é fundamental a atitude do condenado, é essencial que ele tenha vontade de se reinserir socialmente e se empenhe na consecução desse objectivo*", acedido em Fev.2016.

sua não aplicação[120], constituindo essa omissão o vício da nulidade da sentença[121].

Este entendimento foi sufragado pelo Tribunal Constitucional que no acórdão n.º 61/2006 de 18/1/2006[122] decidiu: "*a) Julgar inconstitucionais, por violação do artigo 205.º, n.º 1, da Constituição da República Portuguesa, as normas dos artigos 50.º, n.º 1, do Código Penal e 374.º, n.º 2, e 375.º, n.º 1, do Código de Processo Penal, interpretados no sentido de não imporem a fundamentação da decisão de não suspensão da execução de pena de prisão aplicada em medida não superior a três anos;*" justificando no texto do acórdão que "*A decisão que venha a ser adoptada quanto à suspensão da execução da pena de prisão não pode deixar de ser objecto de fundamentação específica (não fungível com a fundamentação da determinação da medida da pena), por imposição do artigo 205.º, n.º 1, da Constituição, quer seja no sentido da suspensão, quer no sentido da não suspensão, sendo, aliás, de salientar que esta última solução, porque contrária à preferência do legislador pelas penas não privativas de liberdade (artigo 70.º do Código Penal), surge como a decisão mais desfavorável para o arguido, pelo que o dever da sua fundamentação até se pode considerar mais premente*".

A suspensão da pena reveste assim a natureza jurídica de uma pena autónoma de substituição a impor uma fundamentada decisão quanto à sua aplicação ou não.

5. Suspensão da pena de prisão em especial

5.1. Requisitos

Actualmente apenas a pena de prisão é susceptível de ser substituída pela pena suspensa e o seu âmbito de aplicação centrado no art. 50.º CP impõe

[120] "*O Supremo Tribunal tem vindo a entender, de forma pacífica, tratar-se a suspensão da execução de um poder-dever, de um poder vinculado do julgador, tendo o tribunal sempre de fundamentar especificamente, quer a concessão quer a denegação da suspensão*" – cf. a recolha da jurisprudência do STJ no Ac. STJ 14/5/2009 cit.; apenas há notícia de um acórdão do STJ contra: de 11 de Outubro de 2001, proc. 2761/01 *apud* Ac. TC 61/2006.
Idem, Figueiredo Dias, *Direito Penal Português cit.*, pág. 345, e Maia Gonçalves, *ob. cit.* pág. 316: "*O comando do n.º 4 tem nítido cariz processual. Foi, porém, introduzido no CP em atenção à relevância dos fundamentos da execução da prisão para a realização das finalidades da pena e para a sua correcta execução. A omissão da especificação dos fundamentos constitui nulidade de sentença, com o regime regulado no CPP.*"

[121] Art. 379.º, n.º 1, al. c) CPP.

[122] DR. II Série de 28/2/2006.

como seu requisito formal que ao arguido tenha sido aplicada pena de prisão em medida não superior a cinco anos (n.º 1), ou seja, a suspensão da pena é aplicável sempre que a pena concreta em que o arguido foi condenado não seja superior a 5 anos de prisão, e sempre que se contenha nesse limite é obrigatória a ponderação da sua aplicação e fundamentada a sua aplicação ou a sua não aplicação (supra n.º 4), sem prejuízo de ao arguido condenado vir a ser aplicada uma outra pena de substituição se verificados os respectivos requisitos e se revelar a mais justa.

A amplitude da sua actual abrangência revela que é esta a pena substitutiva por excelência, pela qual desse modo a lei manifesta preferência e é também na realidade a de mais larga aplicação pelos tribunais e daquele modo o âmbito de aplicação deste instituto alargou-se à média e alta criminalidade e por esta via à quase totalidade dos crimes[123].

E, um instituto criado para substituir as curtas penas de prisão vê-se com potencialidade de ser aplicado em abstracto a todos (ou quase todos) os segmentos da criminalidade, pelo menos, no seu tipo base.

Mas a sua aplicação, está dependente também da verificação do requisito substancial ou material, que consiste na emissão do juízo de *"que a simples censura do facto e a ameaça da pena realizam de forma adequada e suficiente as finalidades da punição"*.

E assim dele decorre que *"... só se deve optar pela suspensão da pena quando existir um juízo de prognose favorável, centrado na pessoa do arguido e no seu com-*

[123] Ac. STJ 5/12/2007 www.dgsi.pt *"XIV – A admissão da suspensão da execução da pena até 5 anos de prisão (art. 50.º, n.º 1, do CP, na redacção introduzida pela Lei 59/2007, de 04-09), que já nada tem a ver com uma reacção humanista contra os malefícios das penas curtas de prisão, mas tão-somente reflecte um mal-estar do legislador perante a pena carcerária, deve necessariamente reflectir-se num redobrado e atento exame da situação concreta, face às exigências da prevenção geral, perante penas que correspondem a crimes que de forma alguma aceitam a designação de criminalidade menor, pois que a suspensão da execução da pena deve afigurar-se como compreensível e admissível perante o sentido jurídico da comunidade. XV – E, apesar de a lei o não dizer, é uma questão de razoabilidade e lógica jurídica, dimanada dos princípios, a afirmação de que, em termos de prevenção especial, não tem o mesmo significado na aferição da possibilidade de suspensão da execução da pena uma pena de 6 meses de prisão ou uma pena de 5 anos de prisão."*

No mesmo sentido o Ac. R P de 11/2/2015 proc. 2246/11.7JAPRT.P1 www.dgsi.pt *"VI – O alargamento de 3 para 5 anos de prisão do pressuposto formal que permite a suspensão da pena de prisão faz realçar a necessidade de uma ponderação mais criteriosa dos pressupostos materiais que regulam a sua aplicação"* acedido em Fev. 2016.

portamento futuro"[124] de que o cumprimento da pena de prisão não é necessário, porque o arguido prosseguirá a sua vida sem cometer novos crimes, e para a sua ressocialização não é necessária mais do que a ameaça da pena, sendo com a censura da condenação suficiente para salvaguardar os bens jurídicos lesados e o cumprimento da pena não é exigido pela comunidade que mantém a confiança, através dessa pena suspensa, na validade e eficácia do ordenamento jurídico para evitar aqueles comportamentos.

Tendo a suspensão um sentido pedagógico e reeducativo para o arguido condenado tem também, em face da necessidade de protecção do bem jurídico, finalidades de prevenção geral, sem a qual a pena perde a sua eficácia, pois que na decisão sobre a suspensão ou não da execução da pena há que atender apenas aos fins preventivos da pena (de prevenção geral positiva ou de integração ou de prevenção especial de socialização) mas sem descurar que têm de ser satisfeitas as exigências de prevenção geral que têm a ver com as expectativas da comunidade na manutenção da validade da norma violada com o comportamento lesivo[125].

A emissão desse juízo de prognose deve ser efectuada no momento da sentença e da prolação da respectiva decisão e tem como parâmetros valorativos os factos em si mesmos, a personalidade do arguido (traduzindo o crime uma tendência ou personalidade criminosa ou apenas uma ocasião dele – por circunstâncias ocasionais) em conjunto com as condições da sua vida, as circunstâncias do crime e a conduta anterior (v.g. antecedentes criminais ou os crimes posteriores ao facto mas anteriores à decisão, que ajudam de igual modo a compreender a personalidade do arguido) e posterior ao crime (v.g. a sua conduta processual de assunção dos factos/confissão, arrependimento e de reparação do mal feito).

Tem como limite, todavia, a necessidade de realizaçao das finalidades de punição (art. 50.º, n.º 1 CP) – de protecção dos bens jurídicos e reintegração social do agente (ou seja de prevenção e reprovação do crime (art.

[124] Ac.s STJ de 27/11/08, de 27/3/2003 e de 9/1/2002, todos em www.dgsi.pt/jstj acedidos em Jan./2014, e ac. R G. 26/03/2007 www.dgsi.pt/jtrg acedido em Jan./2014.

[125] O citado supra Ac. STJ de 29/4/2009, CJSTJ, XVII, I, 246 "*O peso das exigências de prevenção geral vai aumentando em paralelo com a gravidade da pena privativa de liberdade*".

48.º, n.º 2 CP 82), como forma de "*exigência mínima e irrenunciável de defesa da ordem jurídica*"[126],[127] o que obsta à suspensão da execução da pena.

A questão que nesta sede se coloca com alguma acuidade, mercê da proliferação da aplicação de tal pena substitutiva é a de saber se não bastará a emissão de um juízo de prognose *não desfavorável à reinserção* do arguido.

Ciente de que qualquer juízo nunca será seguro e que se procura não uma certeza, mas uma "*esperança fundada de que a socialização em liberdade possa ser lograda*"[128], afigura-se-nos com Figueiredo Dias[129] e a Jurisprudência[130] que havendo sérias dúvidas de que o arguido possa ser reintegrado socialmente em liberdade deve ser negada a suspensão da pena, até porque esta exige do arguido o esforço por "*merecer a sua liberdade*"[131],[132].

[126] FIGUEIREDO DIAS, J., *Velhas e novas questões... cit.* pág. 69.

[127] Ac. R P 25/9/2013 www.dgsi.pt/jtrp "*II – Na operação de escolha da pena, a aplicação da pena de substituição impõe-se quando se verificam os seus pressupostos materiais, o que exige que se ponderem as razões de prevenção especial (carência de socialização do arguido) e que simultaneamente fique salvaguardado o "limiar mínimo de prevenção geral de defesa da ordem jurídica". Ou seja, quando se está na fase da escolha da pena (momento posterior ao da determinação da medida concreta da pena), o tribunal pondera as exigências de prevenção especial que se fazem sentir no caso concreto e, caso estas sejam satisfeitas através da aplicação de uma pena de substituição, não pode deixar de aplicar a pena de substituição se esta igualmente realizar as exigências mínimas (que são irrenunciáveis) de prevenção geral positiva*".

[128] Figueiredo Dias, J., *Direito Penal Português... cit.*, pág. 520; Ac. STJ 27/11/08, proc. n.º 08P1773 www.dgsi.pt/jstj "*importa que a comunidade não encare, no caso, a suspensão, como sinal de impunidade, retirando toda a sua confiança ao sistema repressivo penal*".

[129] *Direito Penal Português, ..., cit.* pág. 344.

[130] Ac. STJ 27/3/2003 www.dgsi.pt/jstj basta uma "*expectativa*" fundada – Ac.s STJ 08/07/98 CJ VI, II, 25 e de 24/05/2001, CJ IX, II, 201.

[131] Ac. STJ 16/5/91, AJ. n.º 19 cit. Simas Santos et alli, *Jurisprudência Penal*, Rei dos Livros 1995, pág. 149.

[132] Ac STJ 3/4/2003 Proc. 03P853 www.dgsi.pt/jstj "*V – Sendo a finalidade político-criminal do instituto da pena suspensa o afastamento do delinquente da prática de novos crimes, é impensável a sua aplicação a casos de persistente reiteração criminosa, já que, assim, ao invés do pretendido com a sua aplicação, o arguido seria mesmo encorajado a delinquir. Impõe-se, então, nesses casos, a pena efectiva que lhes couber, mormente a aplicação de uma pena de prisão, ainda que de curta duração.*
VI – Em matéria de crimes rodoviários, impõe-se hoje, como meio de tratamento penal preventivo mais adequado ao desenfreado e cada vez mais alarmante desregramento reinante nas estradas portuguesas, o recurso às penas de prisão, ainda que por vezes de curta duração – short sharp shock – por terem uma especial eficácia curativa, dado o seu cariz intimidatório sobre pessoas socialmente estabelecidas".

Todavia muitas vezes mostra-se difícil ao juiz, mercê da conduta processual do arguido, no exercício dos seus direitos[133] de apreender a sua personalidade e, outras vezes a ausência de confissão e de arrependimento dos factos dolosos ou intencionalmente dirigidos, cria ou pode criar um obstáculo à apreensão da sua personalidade – vista esta como influenciável ou não pela ameaça da pena, – susceptível de obviar à emissão de um juízo positivo a favor do arguido.

Tal situação e apesar dela, tem levado amiudadas vezes os tribunais, encarando a prisão como *ultima ratio*, a suspender a pena de prisão aplicada, o que sendo encarado pela sociedade como inadequado[134] está tam bém, aliada a outras circunstâncias (como v.g. o incumprimento das condições de suspensão da pena, em especial no que se refere ao pagamento da indemnização), na origem do sentimento geral da comunidade de "*absolvição*" do arguido condenado em prisão suspensa na sua execução.

5.2. Modalidades de suspensão da pena

Com vista à adequação de cada sanção à individualidade de cada arguido e com o fim de obter a sua reinserção social, a lei criou diversas modalidades de suspensão da pena de prisão, que se tornam cada vez mais exigentes e que vão no actual código penal desde a suspensão simples, à suspensão condicionada sendo esta com deveres, com regras de conduta ou com ambas, até à suspensão com regime de prova.

1. A suspensão simples (art. 50.º, n.º 1 CP) procede como todas as outras modalidades à análise da "*personalidade do agente, às condições da sua vida, à sua conduta anterior e posterior ao crime e às circunstâncias deste*" com vista a concluir se a não execução da pena é suficiente para acautelar os fins das penas (art. 40.º CP).

[133] Não prestar declarações em audiência de julgamento, exercendo o seu direito ao silêncio.

[134] Ac. STJ 5/12/2007 www.dgsi.pt "*XV – E, apesar de a lei o não dizer, é uma questão de razoabilidade e lógica jurídica, dimanada dos princípios, a afirmação de que, em termos de prevenção especial, não tem o mesmo significado na aferição da possibilidade de suspensão da execução da pena uma pena de 6 meses de prisão ou uma pena de 5 anos de prisão*".
Cf. o Ac. R P de 11/2/2015 proc. 2246/11.7JAPRT.P1, www.dgsi.pt.

Com a suspensão da execução da pena, o arguido fica adstrito ao cumprimento da obrigação geral face ao seu carácter preventivo da reincidência que é a condição de não cometer crimes.

2. A suspensão com cumprimento de deveres, para além daquela obrigação geral, implica a adição de deveres que têm como desiderato – para além de "*ajudar*" o arguido no seu caminho da reintegração[135] ou reinserção social (e por isso se trata de obrigações de "*facere*" através do apoio e fiscalização dos serviços de reinserção social (n.º 4 do art. 51.º CP) e que pressupõem uma atitude activa do arguido por implicarem uma acção e não uma atitude passiva ou inacção) – o de "*reparar o mal do crime*".

O n.º 1 do art. 51.º CP enumera de forma exemplificativa ("*nomeadamente*") os deveres que podem ser impostos ao arguido como condição da suspensão da pena:

"*a) Pagar dentro de certo prazo, no todo ou na parte que o tribunal considerar possível, a indemnização devida ao lesado, ou garantir o seu pagamento por meio de caução idónea;*

b) Dar ao lesado satisfação moral adequada;

c) Entregar a instituições, públicas ou privadas, de solidariedade social ou ao Estado, uma contribuição monetária ou prestação de valor equivalente."

Tais deveres têm como limitação (para além da conformidade legal) a decorrente da "*inexigibilidade*" por falta de razoabilidade do dever imposto traduzida na proibição de "*não podem em caso algum representar para o condenado obrigações cujo cumprimento não seja razoavelmente de lhe exigir*" (n.º 2) do que resulta a necessidade de adequação e proporcionalidade dos deveres à situação concreta do arguido, com uma abrangência que vai além do sentido e do alcance da norma inicial do CP 1982 (art. 49.º, n.º 2) que proibia a imposição de qualquer acção vexatória, qualquer dever contrário aos bens costumes ou susceptível de ofender a dignidade pessoal do arguido.

Adequação que importa sempre salvaguardar, como o fez o Tribunal da Relação do Porto no acórdão de 29/4/2015, www.dgsi.pt ao decidir quanto ao *pedido de desculpas* que "*I – Um pedido de desculpas é um dos possíveis meios de dar ao lesado uma satisfação moral adequada, dever previsto no art.*

[135] Art. 40.º, n.º 1 CP.

51.º1 b) CP. II – Só faz sentido um pedido de desculpas pessoal quando o mesmo é o resultado de um arrependimento sincero, e não se podendo impor o arrependimento não faz sentido o pedido de desculpas, que assim se revela inadequado como dever a observar com vista à suspensão da pena".

Os deveres impostos ainda se encontram sujeitos à possibilidade de modificação permanente por alteração das circunstâncias existentes ou só posteriormente (após a decisão) conhecidas (n.º 3).

3. A suspensão com observância de regras de conduta a assumir pelo arguido condenado tem um conteúdo positivo e visam de igual modo promover, por esta via, a reintegração do arguido, afastando-o de factores criminógenos.

Assumem também carácter exemplificativo as regras expressas no art. 52.º, n.º 1 CP e que são:

"*a) Residir em determinado lugar;*

b) Frequentar certos programas ou actividades;

c) Cumprir determinadas obrigações."

e complementarmente podem ser impostas regras de conteúdo negativo, como seja as do n.º 2 do mesmo art. 52.º CP:

"*a) Não exercer determinadas profissões;*

b) Não frequentar certos meios ou lugares;

c) Não residir em certos lugares ou regiões;

d) Não acompanhar, alojar ou receber determinadas pessoas;

e) Não frequentar certas associações ou não participar em determinadas reuniões;

f) Não ter em seu poder objectos capazes de facilitar a prática de crimes", de conteúdo altamente restritivo da liberdade individual e com o consentimento do condenado pode ser sujeito a tratamento médico ou cura (situação que visa em especial a toxicodependência e o alcoolismo).

Estas regras de conduta ou proibições estão também sujeitas à limitação de inexigibilidade e aos princípios de adequação e proporcionalidade e à sua modificação permanente e ainda ao acompanhamento dos Serviços de Reinserção Social (arts. 52.º, n.º 4 e 51.º, n.º 4 CP).

Apesar da diferente natureza, a lei permite, no art. 50.º, n.º 3 CP, a suspensão da pena com subordinação cumulativa a deveres e a regras de conduta, sem qualquer ordem de precedência ou prevalência entre elas, a não ser a sua adequação ao arguido razão pela qual devem ser especificados os fundamentos da suspensão da pena e das condições impostas (art. 50.º, n.º 4 CP), sendo que aqueles deveres têm a ver com a reparação do mal (o dano causado patrimonial ou não patrimonial) e estas regras de conduta mais com o desiderato de afastar o arguido do crime (retirando--o da proximidade de factores criminógenos e afastando-o deles).

4. Substituindo o regime da prova (CP1982 – art. 53.º e segs.), prevê agora o CP (art. 53.º redacção da Lei 59/2007) a suspensão com regime de prova, transformando-a numa "*terceira modalidade da suspensão da execução da prisão*"[136] e será aplicada se o tribunal facultativamente mas no exercício do seu poder/dever, o considerar "*conveniente e adequado a promover a reintegração do condenado na sociedade*" – art. 53.º, n.º 1 CP, ou obrigatoriamente se o condenado ao tempo do crime não tiver ainda completado 21 anos de idade, ou a pena de prisão em que o arguido foi condenado for superior a 3 anos de prisão (art. 53.º, n.º 3 CP).

Acrescem com carácter de subordinação obrigatória ao regime de prova a suspensão da pena ao arguido condenado por crime sexual e pelo crime de violência doméstica (art. 53.º, n.º 4 do Código Penal alterado pela Lei 103/2015 e art. 34.º-B da Lei 129/2015 de 3/9 – cf. supra II.2.3), com a especialidade, em relação a esta, de conteúdo também obrigatório consistente na imposição de medidas de protecção da vítima.

Caracteriza-se este regime de prova pela elaboração, pelos Serviços de Reinserção Social (de preferência com o acordo do arguido) e aprovação, de um plano de reinserção social que "*contém os objectivos de ressocialização a atingir pelo condenado, as actividades que este deve desenvolver, o respectivo faseamento e as medidas de apoio e vigilância a adoptar pelos serviços de reinserção social*" – art. 54.º, n.º 1 CP – e pode conter, entre outras, as obrigações de:

"*a) Responder a convocatórias do magistrado responsável pela execução e do técnico de reinserção social;*

b) Receber visitas do técnico de reinserção social e comunicar-lhe ou colocar à sua disposição informações e documentos comprovativos dos seus meios de subsistência;

[136] FIGUEIREDO DIAS, J., *Velhas e novas questões ... ob. loc. cit.*.

c) Informar o técnico de reinserção social sobre alterações de residência e de emprego, bem como sobre qualquer deslocação superior a oito dias e sobre a data do previsível regresso;

d) Obter autorização prévia do magistrado responsável pela execução para se deslocar ao estrangeiro", para além de lhe poderem ser impostos os deveres e regras de conduta das demais modalidades de suspensão da pena, quer no próprio plano, quer directamente pelo tribunal na condenação, a que acrescem actualmente, ainda, as exigências impostas no art. 54.º, n.º 4 CP e as medidas de protecção do art. 34.º-B da Lei 129/2015 de 3/9.

Plano de reinserção social em cuja execução e cumprimento por parte do arguido este conta com o apoio e fiscalização dos Serviços de Reinserção Social.

6. Alusão especial à reparação como condição da suspensão da pena

Da regulamentação das diversas modalidades do regime da suspensão da pena de prisão resulta que em qualquer uma é possível impor a reparação do mal causado.

Nesse caso a reparação surge como condição de suspensão da pena de prisão e reveste especial importância penal, pois por um lado desfaz o mal praticado, tornando inútil a prática do crime na medida em que, nos casos em que o crime visa a apropriação da coisa ou seu valor, com a condição deve ser reposto esse valor pelo que devia ter eficácia preventiva acentuada, quer, em geral, repondo a paz social que a violação da ordem jurídica pelo crime e a justiça sofreram, manifestando desse modo a vigência da norma infringida, quer, em especial, por revestir acentuado valor ressocializador por exigir do arguido uma conduta contrária ao crime, de regresso aos valores da Ordem Jurídica, através do apelo à própria vontade para se reintegrar na sociedade, no que tem como dissuasor a ameaça da execução futura da pena em caso de incumprimento.

Podendo embora o lesado, formular no processo penal a sua pretensão indemnizatória civil de reparação dos danos causados (art. 71.º CPP – princípio da adesão), mesmo contra quem não é arguido mas mero responsável civil (art. 73.º CPP) e devendo a pretensão indemnizatória ser julgada de acordo com as leis civis (art. 129.º CP) o certo é que a imposição do dever de pagar ao lesado a indemnização devida reveste natureza iminentemente penal, pois que pode e deve ser aplicada mesmo que não exista pretensão indemnizatória (pedido civil de indemnização) formulada no processo por parte do lesado[137] e não tem de coincidir com os danos verificados, podendo sê-lo em montante inferior e dependente da possibilidade económica (presente e previsivelmente futura) do condenado, fazendo apelo a lei a tais condicionalismos ao prescrever: "*a) Pagar dentro de certo prazo, no todo ou na parte que o tribunal considerar possível, a indemnização devida ao lesado, ou garantir o seu pagamento por meio de caução idónea*".

Assim tal como o lesado não tem de formular pretensão indemnizatória para que o tribunal condene o arguido a satisfazer essa condição, nem pode exigir ao tribunal a sua aplicação, também o lesado não pode obstar ao seu cumprimento, renunciando ao seu recebimento[138], pois ela visa a satisfação de fins de direito penal e não de direito privado nomeadamente de direitos disponíveis.

Razão pela qual se entende com Figueiredo Dias[139], que a reparação reveste aqui uma "*função adjuvante da realização da finalidade de punição*", doutrina que o Tribunal Constitucional, no acórdão n.º 305/2001 de 27/06/2001 (DR. II - Série, de 19/11/2001), sufragou admitindo que a indemnização devida ao lesado a que se refere o artigo 51.º, n.º 1 a) do CP tem diferente natureza da que é objecto do pedido de indemnização cível e, é tida como que um *tertium genus*, com uma natureza jurídica própria (cumprindo a "função adjuvante da realização da finalidade da punição"), em resultado do que o incumprimento desse dever é apreciado pelas regras próprias derivadas do instituto da suspensão da pena, e não de acordo com os condicionalismos específicos substantivos e processuais próprios do direito civil[140], e nomeadamente o lesado a quem foi atribuído o benefício não pode executar civilmente essa condição para obter a indemnização pelos danos sofridos.

[137] Ac. STJ 3/4/91 CJ 1991, II, pág.14; Ac. STJ 11/11/1992 BMJ 421, 305.

[138] Ac. R C de 23/05/2012 www.dgsi.pt/jtrc: "*A quantia cujo pagamento à ofendida foi imposto à arguida como condição da suspensão da execução da pena, constitui a imposição de um dever que reforça o sancionamento penal, e como tal não está na disponibilidade da ofendida renunciar ao seu recebimento*".

[139] *Direito Penal Português...*, cit. págs. 352 e 353.

[140] Ac.s STJ 31/05/2000, CJSTJ 2000, 2, 208; de 19/02/2003 e de 26/02/2003 CJSTJ 2003, 1, 201 e 220.

Escreve Claus Roxin[141] "*A reparação do dano não é, segundo esta concepção (a da inclusão da reparação do dano no Direito Penal), uma questão meramente jurídico-civil, pois que também contribui de forma essencial para a consecução dos fins das penas. Tem um efeito ressocializador pois obriga o agente a confrontar-se com as consequências do facto e a aprender a conhecer os interesses legítimos da vítima. Pode ser por si interiorizada, por vezes mais do que a pena, como algo necessário e justo e pode fomentar um reconhecimento das normas. Por último, a reparação do dano pode levar a uma reconciliação entre agente e vítima e, desse modo, facilitar fortemente a reintegração do culpado. Para além disso, a reparação do dano é muito útil para a prevenção integradora por oferecer uma contribuição significativa à restauração da paz jurídica. Pois só quando se tenha reparado o dano, a vítima e a comunidade consideram eliminada – muitas vezes independentemente do castigo – a perturbação social originada pelo crime.*

A legitimação político-jurídica da reparação do dano como uma «terceira via» do nosso sistema de sanções é favorecida pelo princípio da subsidiariedade. Assim como a medida (de segurança) completa a pena como «segunda via» nos casos em que o princípio da culpa não pode, ou só pode de forma limitada, satisfazer as necessidades de prevenção especial, do mesmo modo a reparação do dano substituirá como «terceira via» a pena, ou levará a atenuá-la de forma complementar nos casos em que se satisfaçam os fins das penas e as necessidades da vítima de forma igual ou melhor do que com uma pena não atenuada".

A reparação envolvendo uma prestação pecuniária (alíneas a) e c) do n.º 1 do art. 51.º CP), que deve ser cumprida no prazo fixado pelo juiz na sentença, tem para ser eficaz de revestir alguma onerosidade e deve representar para o arguido um sacrifício, mas um sacrifício que ele possa cumprir, e por isso um sacrifício que não pode exceder determinados limites.

O primeiro limite é o montante do dano, pelo que não deve ser superior ao dano real[142], e o segundo tem a ver com as possibilidades económicas do condenado, que podem levar a que o montante a reparar seja

[141] *Derecho Penal, Parte General*, Tomo I, Civitas 2008, pág. 109 (tradução livre da edição espanhola).

[142] Ac. R P 19/11/2008 www.dgsi.pt/jtrp "*Tendo havido condenação em indemnização, no processo penal ou em processo civil, não pode subordinar-se a suspensão da execução da pena de prisão ao pagamento de quantia superior ao montante daquela condenação*".

inferior ao dano real[143], (diz a lei "*ou na parte que o tribunal considerar possível*"), razão pela qual o tribunal deve averiguar e ponderar da situação económica e financeira do arguido e inclusive do valor patrimonial que obteve com o crime.

Um terceiro limite substancial tem a ver com a inadmissibilidade de uma obrigação cujo cumprimento não seja "*razoavelmente*" de lhe *exigir*, o que neste âmbito pode constituir uma condição impossível de cumprir materialmente (ac. R P 9/10/85 CJ X, 4, 266) que não se confunde com uma condição onerosa, a qual não fere o princípio da razoabilidade da condição e é perfeitamente legitima[144],[145] (ac. STJ 3/4/92 BMJ 421.º,

[143] Ac. R Ev. 7/2/2012 www.dgsi.pt: "*III. O montante da indemnização a suportar pelo arguido como condição da suspensão da execução da pena não pode ser tão oneroso que, na prática, se traduza num adiamento da execução, nem tão ligeiro que não cumpra a sua função de reforço do conteúdo reeducativo da pena de substituição*", acedido em Jan./2014.

[144] Ac. STJ de 13/12/2006 www.dgsipt/jstj acessível em Fev./2014: "*IV – Consagra, também, no n.º 2 do art. 51.º do CP, o chamado princípio da razoabilidade, que, (...), significa que a decisão de imposição do dever ali previsto deve ter na devida conta "as forças" do destinatário, de modo a não frustrar, à partida, o efeito reeducativo e pedagógico que se pretende extrair da medida, sem contudo se cair no extremo de tudo se reconduzir e submeter às possibilidades económicas e financeiras oferecidas pelos proventos certos e conhecidos do condenado, sob pena de se inviabilizar, na maioria dos casos, o propósito que lhe está subjacente, qual seja o de dar ao arguido margem de manobra suficiente para desenvolver diligências que lhe permitam obter recursos indispensáveis à satisfação do dever ou condição*".

Ac. R Ev. 14/07/2015, proc. 4249/99.4JALRA-G.E1, in www.dgsi.pt "*I – O dever de pagar a indemnização devida ao lesado, como condição da suspensão da execução da pena de prisão, é instrumentalizado à prossecução das finalidades das penas, com as limitações (e mesmo os sacrifícios) que lhes são inerentes, pelo que o condenado não pode tomá-lo como se de uma mera obrigação civil se tratasse. II – São, essencialmente, finalidades de prevenção geral positiva que, desde a reforma do Código Penal de 1995, constituem o fim específico da imposição de deveres ao condenado, os quais, nos termos do disposto no artigo 51.º do Código Penal, se destinam a reparar o mal do crime. III – O núcleo indispensável à subsistência, com dignidade, da pessoa condenada e do seu agregado familiar, constitui um limite oponível ao cumprimento do dever imposto, mas a satisfação de outras necessidades pessoais e familiares, à custa dos rendimentos ou do património do arguido, deixa de pautar-se unicamente por critérios de racionalidade económica (ou de qualquer outra natureza), ficando incontornavelmente condicionada pelo dever de o arguido satisfazer a obrigação pecuniária imposta na condenação penal, enquanto condição da suspensão da execução da pena de prisão*", acedido em Fev./2016.

Ac. R G de 5/10/2015, proc. 457/13.0GAFAF.G1, in www.dgsi.pt: "*II Em certos casos, a suspensão da execução da pena de prisão só realiza, de forma adequada e suficiente, as finalidades da punição, quando subordinada à condição de reparar os danos causados ao lesado. Se tal acontecer, permite a alínea a) do n.º1, do artigo 51.º, do Código Penal, a imposição do dever do condenando, pagar, em certo prazo, o todo ou parte da indemnização devida ao ofendido. III – Porém, estes deveres não podem, em caso algum,*

305; ac. STJ 9/4/91 BMJ 406, 499 e ainda que não pedida a indemnização) estando assegurada a sua conformidade constitucional (Ac. TC n.º 440/87 *in* DR II Série de 17/2/88 e BMJ 371, 178), ou uma condição legalmente impossível, caso em que a condição se deve considerar nula ou não escrita[146], mas subsistindo a suspensão.

Acresce ainda, em face da pertinência das condições de suspensão ao caso concreto, que os deveres e regras de conduta a impor estão limitadas àqueles cujo cumprimento seja exigível no caso concreto, o que determina a sua adequação – e ligação ao caso aí fazendo sentido a sua imposição, – e a sua proporcionalidade, não sendo de impor mais do que

representar para o condenado obrigações cujo cumprimento não seja razoavelmente de lhe exigir, como o estatui o n.º 2, do citado artigo 51.º. IV – O princípio da razoabilidade se, por um lado, impõe que não se exija mais do que o necessário para atingir o fim que se pretende, por outro lado, obriga também a que se não estabeleçam condições desmesuradas em relação à capacidade do condenado. V – A condição de pagar à assistente a quantia de 2 000,00€, em 4 anos, constitui uma condição razoável para a suspensão da execução da pena, quando o arguido, para além, das prestações sociais que recebe, aufere, ainda, rendimentos como jornaleiro, na actividade agrícola", acedido em Fev./2016; Ac. R Ev. de 12/04/2016 in www.dgsi.pt: "*I – A obrigação de reparação do mal do crime como condicionante da suspensão da prisão cumpre uma importante função adjuvante das finalidades da punição, contribuindo para a reinserção social do arguido (que se reabilita colmatando os efeitos do seu ato criminoso), facilitando a reposição da situação do lesado antes do cometimento do crime, permitindo em suma "cuidar ao mesmo tempo do delinquente e da vítima". II – Mas, para que se cumpra tal desiderato, deve o condenado encontrar-se em condições de cumprir a obrigação pecuniária na quantidade e no tempo determinados na sentença, devendo adequar-se a condição imposta às capacidades económicas do arguido, de modo a tornar possível o cumprimento do dever e, como tal, legal e constitucionalmente compatível com os fins e os princípios que justificam a pena*"; Ac. R Ev de 16/02/2016 in www.dgsi.pt: "*1. O dever de pagar a indemnização devida ao lesado como condição da suspensão da execução, é instrumentalizado à prossecução das finalidades das penas, com as limitações e mesmo sacrifícios que lhes são inerentes, pelo que o condenado não pode tomá-lo como se de mera obrigação civil se tratasse. 2. São essencialmente finalidades de prevenção geral positiva que, desde a reforma do C. Penal de 1995, constituem o fim específico da imposição de deveres que, nos termos do artigo 51.º do C. Penal, se destinam a reparar o mal do crime. 3. O núcleo indispensável à subsistência, com dignidade, da pessoa condenada e do seu agregado, constitui um limite oponível ao cumprimento do dever imposto, mas a satisfação de outras necessidades pessoais e familiares à custa dos rendimentos ou do património do arguido, deixa de pautar-se unicamente por critérios de racionalidade económica, ou de outra natureza, ficando incontornavelmente condicionada pelo dever de o arguido satisfazer a obrigação pecuniária imposta na condenação penal, enquanto condição da suspensão da pena de prisão*".

[145] Figueiredo Dias, *Direito Penal Português..., cit.* pág. 351, defende que deve ser negada a legitimidade da sua imposição quando os deveres de criação judicial são ofensivos dos direitos fundamentais.

[146] Ac. R P 9/10/1985 CJ X, 4, 266.

o necessário e exequível face aos fins visados, e por isso "*I – Os deveres e regras de conduta impostos como condicionante da pena suspensa devem ser escolhidos ponderando a sua adequação e proporcionalidade em face da finalidade preventiva visada com aqueles, impondo uma especifica fundamentação. II – Se a finalidade visada com a pena suspensa é a ressocialização do agente não se justificam que se imponham deveres e regras de conduta que visem coadjuvar a eficácia preventiva dessas medidas se o arguido se encontra socialmente inserido*" – Ac R P 7/4/2016 (Neto de Moura) www.dgsi.pt – e no mesmo sentido vai o Ac. R Lx 31/01/2017, proc. 645/14.1PECSC.L1-5 in www.dgsi.pt, ao entender que "*Na imposição de deveres e tendo em conta o respectivo objectivo, havendo uma vítima do crime, o tribunal deve dar sempre preferência à reparação do mal causado à vítima, em vez da entrega de quantias a instituições ou ao Estado, (...).- Por princípio, só perante crimes sem vítima é que deve impor-se uma contribuição pecuniária ou prestação de valor equivalente a favor de instituições de solidariedade social ou do Estado, mas estando a vítima ressarcida nada impede a imposição de pagamento de determinada quantia a favor de instituição de solidariedade social.- Em caso algum deve tal obrigação ser imposta a favor de outro tipo de instituições de natureza privada, que não sejam instituições de solidariedade social, pois, o que está em causa é, na falta de vítima, compensar a sociedade pelo mal que a esta foi causado pelo crime, dando o arguido um contributo para uma melhor satisfação do interesse público prosseguido por aquele tipo de instituições, ainda que de natureza privada, ao lado do Estado. É, por isso, incompreensível que se fixem obrigações ao condenado, no sentido de este pagar quantias em dinheiro a outro tipo de instituições privadas que não prossigam, exclusivamente, os aludidos fins de interesse público, quando as mesmas nenhuma relação têm com o crime, ou com a vítima*".

No fundo razões de adequação e de bom senso fixam o limite do sacrifício a impor como condição da suspensão da pena de prisão.

Como impossibilidade legal, violando o princípio da legalidade, se deve considerar também, a condição de suspensão da pena, frequentemente imposta pelos tribunais[147] consistente na prestação de trabalho

[147] E sufragadas pelos tribunais superiores: ac. R P 25/9/2013 www.dgsi.pt/jtrp em cujo texto se insere "*... conclui-se que a pena de substituição (não de «clemência») da suspensão da execução da pena de prisão de 3 anos de prisão por igual período de tempo, subordinada ao regime de prova, com o dever de executar 200 horas de serviço cívico, mediante o acompanhamento e a supervisão da DGRS e com a obrigação de sujeitar-se a acompanhamento médico e a eventual tratamento a hábitos aditivos, quer*

quer em entidades públicas quer particulares durante algum tempo (seja qual for o *nomem* que se lhe atribua: prestação de trabalho ou serviço cívico, posto que signifique a mesma realidade) pois traduz-se em aplicar a um mesmo crime duas penas, ainda que ambas de substituição[148].

6.1. Considerações críticas

A suspensão da pena com obrigação para o condenado de pagar a indemnização ao lesado, exige do arguido um esforço para satisfazer essa obrigação, traduzindo para ele a vontade de regressar ao direito, e para o ofendido um bem que de outro modo não obteria ou poderia ser mais difícil de obter.

No entanto a suspensão da pena tem-se revelado pouco eficaz na prevenção do crime, quer em geral, face ao sentimento de *absolvição* que gera e logo não cumprindo a sua função de intimidação, sendo sentida como a pena *regra ou normal* para quem pratica um crime que venha a ser condenado com prisão[149], quer em especial, pois não evita que o arguido volte a delinquir (e muitas das vezes não se pode falar em reincidência, porque esta pressupõe entre outros requisitos, o cumprimento de pena de

de substâncias estupefacientes, quer quanto à ingestão de bebidas alcoólicas, enquanto verdadeira pena autónoma, revela-se suficiente e adequada à realização das finalidades da punição, sendo, assim, possível alcançar a almejada ressocialização do arguido em liberdade".

[148] Figueiredo Dias, *Direito Penal Português,... cit.* pág. 354.

Ac R G de 5/11/2012 www.dgsi.pt: "*III. A suspensão da execução da pena de prisão e a pena de prestação de trabalho a favor da comunidade constituem penas de substituição alternativas, não sendo, pois, possível cumulá-las, sob pena de violação do princípio da legalidade da pena. IV. No âmbito da suspensão da execução da pena de prisão, o Tribunal pode, contudo, impor ao condenado a frequência de «certos programas ou actividades» e em sede de regime de prova pode fixar um plano de reinserção social, no qual aluda à prestação laboral*". No mesmo sentido mas com conteúdo divergente o Ac. R Ev de 20/01/2015 www.dgsi.pt: "*1. As penas encontram-se submetidas ao princípio da legalidade e da tipicidade (art. 29.º, n.ºs 1 e 2 da CRP e art. 1.º do CP) que abrange a sua definição, as condições de aplicação, o controlo das fontes, a proibição da retroactividade e a proibição da analogia contra reo. 2. A «suspensão da execução da prisão» e a «prestação de trabalho a favor da comunidade» são duas penas de substituição de diferente natureza, com um sentido e pressupostos próprios, que o Código Penal trata separadamente nos arts 50.º a 57.º e nos arts 58.º e 59.º, respectivamente. 3. Condicionar a suspensão da prisão a uma obrigação de prestação de trabalho comunitário é uma fusão arbitrária de duas diferentes penas de substituição e, como tal, violadora do princípio da legalidade*".

[149] Ac. R P de 10/02/2010 www.dgsi.pt e CJ, XXXV, I, 207 "*I – A suspensão generalizada e tida como "normal" ou "corrente" das penas de prisão de amplitude elevada, prejudica grandemente, por motivos óbvios de afrouxamento da reacção penal executiva, a eficácia do direito penal.(...)*".

prisão – art. 75.º, n.º 1 CP – ou porque na acusação pelo novo crime não lhe é sequer imputada essa circunstância qualificativa[150]), nem mesmo quando é subordinada à condição de indemnizar o lesado ela surge com uma maior eficácia preventiva, não apenas porque a fuga ao pagamento/reparação voluntária (antes ou depois do crime) é algo comum, mas também face ao regime de incumprimento do dever imposto por se facilitar a extinção da pena sem cumprir esse dever face à exigência do incumprimento doloso ou com grosseira violação dos deveres (arts. 55.º e 56.º CP) e face à ligeireza, muitas vezes, presente na avaliação da situação de incumprimento, consequência da falta de estruturas para investigar a situação económica real de condenado, quer antes quer depois da decisão e da falta de acompanhamento do arguido para o fazer sentir a necessidade de cumprir o dever imposto e de se esforçar para tal, aliado ainda à necessidade humana e institucional de ver terminado o processo o mais rapidamente possível.

Por vezes a sensação com que se fica é que a imposição dessa condição não passa de uma panaceia, de um tapar de olhos.

É aplicada porque sim: o crime ocasionou danos e o ofendido reclama indemnização; porque "*parece mal*" suspender a pena a arguido que se apoderou de quantias indevidas sem o condenar a pagar as mesmas, ou porque o arguido não merece a pena suspensa sem ser condenado nesse pagamento.

Depois o arguido sabe que para revogar a suspensão da pena é necessário ter bens e não ter pago e, os bens que possuía já foram todos colocados em bom recato e que não há meios judiciais ou eles não são efectiva-

[150] Cf. por todos Ac. STJ 1/4/2004 www.dgsi.pt/jstj "*1 – A simples indicação de que o arguido foi condenado, por crime cometido nos 5 anos anteriores, em pena de prisão superior a 6 meses, que cumpriu, não basta para que se considere verificada a reincidência, ainda que deva agora ser condenado por crime semelhante e em pena de prisão superior a 6 meses, pois na acusação e na sentença não foram recolhidos factos que demonstrassem que a condenação anterior não constituiu suficiente advertência. 2 – Para tanto, a acusação tem de descrever os factos concretos dos quais se intui que o arguido não sentiu a advertência da condenação anterior. Serão eles, por exemplo, que não voltou a procurar trabalho, ou que continuou a conviver com delinquentes, ou que fez do crime o seu modo de vida, etc. 3 – Não constando da acusação e do acórdão condenatório tais pressupostos factuais, não pode o arguido ser considerado reincidente*", acedido em Fev./2014.

dos pelo M.º P.º, para fazer responder os bens[151] (onde quer que estejam) pelo dano.

Mais se agrava a situação quando se coarcta ao ofendido ou ao assistente beneficiário, a possibilidade de uma intervenção processual que poderia, pelo conhecimento pessoal que tem ou pode ter da situação patrimonial do condenado, impedir esse efeito, como ocorre quando não se permite ao assistente ou à parte civil/ofendido que intervenha aquando do incidente de incumprimento para averiguar da razão do não cumprimento da condição de pagamento da indemnização[152].

[151] Nomeadamente através de acções paulianas.

[152] Sobre a questão a Jurisprudência não é uniforme: cf. Ac. R P de 12/2/97 "*III – O assistente não tem legitimidade para recorrer do despacho que, por entender inexistirem no processo elementos que comprovem que o não pagamento, no prazo estabelecido na sentença condenatória, da quantia arbitrada a seu favor como condição da suspensão da execução da pena, se deveu a conduta culposa ou infracção grosseira do arguido, indeferiu o pedido de revogação da suspensão da execução da pena formulado pelo mesmo assistente*"; o nosso Ac. R P de 18/5/2011: "*I – O art. 495.º, n.º 2, do CPP [Falta de cumprimento das condições de suspensão], deve ser interpretado extensivamente de modo a, na consulta prévia à decisão, abranger todos os sujeitos processuais (incluindo o assistente) ou, pelo menos, os sujeitos que tenham um interesse directo na decisão, sejam por ela afectados e a tenham suscitado. II – A falta de concessão da possibilidade de o assistente se pronunciar sobre os factos recolhidos com vista à apreciação do incumprimento da condição da suspensão que ele próprio havia suscitado, constitui irregularidade susceptível de afectar o valor do acto praticado – determinando, assim, a invalidade do acto [art. 123.º, do CPP]*"; Ac. R G. 27/2/2012 "*I – O assistente tem legitimidade para recorrer da decisão que julgou extinta a pena relativamente a arguido que incumpriu a condição da suspensão da execução da prisão se, no decurso do processo, pugnou pela sua condenação e criou a expetativa, defraudada pelo despacho recorrido, de que o arguido cumpriria a sentença, seja pelo cumprimento do dever imposto como condição da suspensão da execução da prisão, seja pelo cumprimento efetivo da pena. II – Se o incumprimento dos deveres não se deve a culpa do condenado, não pode haver lugar à revogação da suspensão da execução da prisão*", todos em www.dgsi.pt acedido em Fev./2014.

Todavia cremos que a situação se alterou em face do estatuto jurídico da vítima face ao seu direito de audição, tal como já foi ponderado no Ac. R P de 11/1/2017 proc. 1317/09.4TAVFR.P2 (Manuel Soares) www.dgsi.pt "*I – A impossibilidade ou dificuldade de pagar tudo o que foi estipulado, como condição de suspensão da pena, não afasta a qualificação do seu comportamento como infração grosseira e repetida dos deveres impostos, na medida em que alguma coisa poderia e deveria ter pago e nada pagou. II – Só uma situaçao de impossibilidade completa ou de excessiva e desproporcionada onerosidade no cumprimento dos deveres impostos poderia afastar a aplicabilidade do art. 56.º n.º 1 al. a) do CP. III – À vítima, em face do disposto no art. 67.º -A, n.º 4 CPP deve ser reconhecido o direito a que os seus interesses sejam ponderados na fase da execução da pena e em especial no momento da avaliação do cumprimento das condições de suspensão da pena. IV – Tal decorre também do art. 495.º 2 CPP que determina a audição da vítima no momento daquela avaliação sempre que seja considerado necessário.*

7. Revogação da suspensão da pena por incumprimento do dever de reparação

7.1. Incumprimento da condição e a revogação da suspensão

Se decorrido o período da suspensão não houver motivo que possa conduzir à revogação da suspensão é a pena declarada extinta (art. 57.º CP) e, pode conduzir à revogação da suspensão e ao cumprimento da pena a prática de um crime posterior à condenação e for de concluir que a suspensão da pena não surtiu o feito ressocializador pelo qual foi aplicada, ou se o arguido infringir de modo grosseiro ou repetidamente os deveres e ou regras de condutas impostas ou o plano de reinserção social (art. 56.º CP) não sendo caso, adequado e suficiente, de mera alteração ou modificação das condições iniciais da suspensão (art. 55.º CP) e, em cujo âmbito, se inclui o não cumprimento do dever de reparar o mal causado.

E se nas diversas modalidades do regime da suspensão da pena é possível impor a reparação do dano, também o arguido pode a final ver a sua pena declarada extinta, sem o fazer, o que nos leva à fragilidade desta condição de suspensão[153].

Fragilidade essa que em Portugal assume especial relevo, face ao comportamento do arguido que após o cometimento do crime (se antes não o fez) procura, por vezes, dissipar e esconder os seus bens para que não respondam pelo ressarcimento pelos danos causados, – de um lado, e para infringir um mal acrescido ao lesado e – do outro, para prover ao sustento dos seus familiares que sem ele (ou com ele preso e sem poder prover ao seu sustento) ficam ou podem ficar em precária situação económica.

Da regulamentação legal citada resulta que o mero incumprimento do dever imposto não determina nem a revogação da suspensão da pena nem o incidente de incumprimento, mas apenas e só a ocorrência de um incumprimento culposo tem essa potencialidade.

V – Essa audição visa permitir ao tribunal verificar se e em que medida a execução da pena restaurou o direito da vítima ofendida pelo crime".

[153] Para superar as situações de incumprimento e a desconfiança comunitária quando está em causa a reparação do dano como condição da suspensão da pena de prisão, e sendo esta vista como acto premial, a condição poderia ser só imposta se o arguido manifesta a vontade de reparar o dano ou se ele demonstra que tem condições económicas para a cumprir.
Se sem a reparação do dano, a pena não devia ser suspensa por ser inadequada não satisfazendo as exigências de prevenção, então não deveria ser aplicada a pena suspensa.

E mesmo esse incumprimento culposo não determina a revogação da suspensão da pena desde logo "*ipso facto*", pois o tribunal tem ao seu dispor com vista a "*motivar*" e a "*permitir*" ao arguido que se decida ainda pelo cumprimento do dever, desde "*a solene advertência*" à "*exigência de garantias de cumprimento*" e, desde a submissão à regra da modificação dos deveres até à prorrogação de prazo para cumprir (art. 55.º CP), e só a infracção grosseira e ou repetida desse dever ou em caso de condenação por novo crime praticado durante o período da suspensão, pode levar à revogação e ao cumprimento da pena aplicada, mas neste caso só assim será se se "*revelar que as finalidades que estavam na base da suspensão não puderam, por meio dela ser alcançadas*" art. 56.º, n.º 1 b) CP[154].

É nesse sentido que se tem manifestado a Jurisprudência ao decidir que:

"*I – A revogação da suspensão da pena por incumprimento do agente das obrigações impostas só pode ocorrer se o incumprimento se verificar com culpa, e só terá lugar como ultima ratio, isto é, quando estiverem esgotadas ou se revelarem de todo ineficazes as restantes providências contidas no Artigo 55.º, do CP.*

II – Para que se possa afirmar que o condenado agiu com culpa ao não pagar as quantias a que ficou subordinada a suspensão da execução da pena é necessário, antes de mais, demonstrar que ele tinha condições económicas para efectuar o pagamento, ou, então, que se colocou voluntariamente na situação de não poder pagar"[155], acrescentando que:

"*I – Por violação grosseira dos deveres ou regras de conduta impostos há-de entender-se a actuação indesculpável em que o comum dos cidadãos não incorre, que não merece, por isso, ser tolerada*"[156].

A averiguação dessa culpa tem sido posta a cargo do tribunal "*Não há qualquer disposição legal que faça recair sobre o condenado o ónus da prova de que o incumprimento do dever que condiciona a suspensão da pena não foi culposo*"[157], e

[154] Na sequência do defendido por FIGUEIREDO DIAS, *Direito Penal Português,... cit.* pág. 356, pondo fim à revogação automática "*ope legis*" que resultava da condenação em ulterior crime de pena de prisão efectiva.

[155] Ac. R P de 12/1/2011 www.dgsi.pt/jtrp.

[156] Ac. R P de 5/5/2010 www.dgsi.pt/jtrp.

[157] Ac. R P de 11/1/2012 proc. 212/01.0TAOVR-A.P1, in www.dgsi.pt: "*II – Se não está esclarecido, o juiz deve, por si, procurar a verdade material, produzindo as provas necessárias, adequadas e possíveis à decisão que tiver de proferir, com observância do princípio do contraditório*".

não a demonstrar pelo condenado, que sempre estaria em melhores condições para provar as causas do seu incumprimento e consequentemente que o fez sem culpa.

Estas condicionantes, aliadas ao facto de muitas vezes o prazo fixado para a reparação ser igual ao período da suspensão da pena, à morosidade inerente ao processamento do incidente de incumprimento com audição presencial do condenado e parecer do M.ºP.º[158],[159] e recolha das provas, em especial a averiguação das condições financeiras do condenado[160] (incumprimento do dever de reparação), para além das diligências oficiosas de averiguação (pedidos de informação, relatório social etc.)[161], tornaram quase ineficaz a imposição da obrigação de reparação do dano, quando o condenado não pretende cumprir voluntariamente, levando a que a pena suspensa seja declarada extinta sem que a obrigação seja cumprida, ou que haja uma decisão sobre o incidente de incumprimento depois do período da suspensão da pena, "*com a consequência de, se a decisão for inadmissivelmente tardia, isso poder constituir motivo suficiente para que a*

[158] Art. 495.º 2 CPP "*2 – O tribunal decide por despacho, depois de recolhida a prova, obtido parecer do Ministério Público e ouvido o condenado na presença do técnico que apoia e fiscaliza o cumprimento das condições da suspensão*".

[159] E eventualmente outros sujeitos processuais: Ac. R P 18/5/2011 www.dgsi.pt/jtrp (assistente).

[160] Ac. R P de 27/10/2010 www.dgsi.pt/jtrp "*I – O juízo sobre a culpa na falta de cumprimento dos deveres ou regras de conduta impostos (art. 55.º, n.º 1, do CP) terá de incidir sobre a conduta e a situação do arguido na fase do cumprimento da pena. II – Assim, antes da decisão, deve o tribunal apurar a situação social, económica e familiar do arguido para, também por comparação com o que se considerou na sentença, poder aquilatar da culpa do recorrente, sob pena de a revogação da suspensão carecer de fundamento válido*".

[161] Ac. R C de 7/5/2003 www.dgsi.pt/jtrc "*I – Na perspectiva da alínea b) do art. 56.º do C.P. independentemente da obrigatoriedade da audição prévia do condenado, deve o tribunal antes de ordenar a revogação da suspensão, proceder a diligências tendentes a averiguar das razões ou motivos que levam o condenado a delinquir novamente. II – A não revogação automática, implica algo mais que uma simples notificação ao arguido para justificar o não cumprimento da obrigações que lhe foram impostas. É necessário que o Juiz reúna os elementos necessários para, em consciência, tomar uma decisão que vai afectar a liberdade do condenado, já que a prisão é um mal que deve reduzir-se ao mínimo necessário*".

revogação ou a prorrogação não sejam decretadas"[162], ou que entretanto a pena suspensa seja declarada extinta por prescrição[163].

7.2. A desconfiança comunitária quanto à suspensão da pena

1. Sendo aquelas razões que levam a que a pena suspensa seja encarada com desconfiança pela comunidade (por não *satisfazer as necessidades de estabilização contrafáctica das expectativas comunitárias na vigência da norma violada)*, outras lhe estão subjacentes:

a) A previsão e a aplicação da suspensão simples, que para além do dever geral de conduta de não cometer crimes, implica a ausência de sacrifício, sendo por isso socialmente encarada como *ausência* de pena;

b) O alargamento de 3 para 5 anos de prisão como limite da pena a que é aplicável a pena suspensa alargou a possibilidade de aplicação desta pena de substituição não apenas à grande criminalidade, como à criminalidade violenta (art. 1.º al. j) CPP) e por força dos limites da pena abstracta à criminalidade altamente organizada (art. 1.º, al. m) CPP) gerando a sensação de um regime punitivo demasiado brando para estes sectores

[162] FIGUEIREDO DIAS, *Direito Penal Português, ... cit.* pág. 358.
Ac. R. Ev 18/11/2010, www.dgsi.pt: "*1. Três anos para apreciar uma simples necessidade de prorrogação ou revogação da suspensão da pena é um exagero, independentemente de saber das razões que estiveram na sua base. Na prática significou o decurso de dois períodos de suspensão da execução da pena, ultrapassando em dois anos o próprio período possível de prorrogação*".
Ac R P de 23/11/2016, proc. 622/12.7PCMTS-A.P1, in www.dgsi.pt: "*Se a decisão de revogação da suspensão da pena de prisão for inadmissivelmente tardia, isso pode constituir motivo suficiente para que a revogação ou prorrogação não sejam decretadas*".

[163] Cf. entre outros Ac. STJ 13/11/2014, proc. 464/07.1PCLSB-A.S1, www.dgsi.pt onde se pode ler "*Tratando-se de pena de prisão de execução suspensa, o prazo de prescrição é o da alínea d), do n.º 1, do art. 122.º do CP, dado que é uma pena autónoma (pena de substituição), que se não confunde com qualquer pena de prisão (cf. acórdão do Supremo Tribunal de Justiça, de 13/02/2014, Proc. n.º 1069/01.6PCOER-B.S1, da 5.ª Secção).O prazo de prescrição é, por isso, de 4 anos. Esse prazo iniciou-se em 02/11/2009. Porém, foi logo interrompido nessa mesma data com o começo de execução da pena aplicada, nos termos do art. 126.º, n.º 1 do CPP (veja-se o acórdão citado).A interrupção durou continuadamente até 02/05/2011, o tempo por que ficou suspensa a execução da pena de prisão*"; Ac. R P 12/11/2014, www.dgsi.pt: "*I – As penas de substituição estão sujeitas a prazo autónomo de prescrição em relação à pena principal substituída, integrando-se nos "casos restantes" previsto na al. d) do n.º1 do art. 125.º CP, com o prazo prescricional de 4 anos; II – A interposição de sucessivos recursos do despacho que revogou a suspensão da pena é susceptível de integrar causa de suspensão da prescrição, durante a sua pendência dado o efeito suspensivo dos recursos (art. 125.º 1 a) CP)*".

da criminalidade, em regra associados a sectores ou a pessoas de grande poder económico e financeiro;

c) A não revogação da suspensão e a aplicação das medidas do art. 55.º CP[164] em caso de incumprimento, é sentida como se a advertência que se pretendia séria e solene feita pelo tribunal ínsita na condenação seja sem significado e inútil, gerando o sentimento de que a suspensão não é revogada sem a concessão de uma segunda oportunidade para cumprir, fomentando por essa via o não cumprimento;

d) A duração da suspensão da pena passou a ser igual ao tempo da prisão (mas nunca inferior a um ano – art. 50.º, n.º 5 CP) contribuindo para a sua ineficácia quando acompanhada de outros deveres (reparação do dano ou obrigação de tratamento e ou regime de prova) por ser demasiado curto ou não possibilitar que se atenda à real situação económica e social do condenado, pois o cumprimento dos deveres não pode ir para além do período de suspensão e desse modo pode inviabilizar a ressocialização do condenado e a prevenção da reincidência;

e) A suspensão da prisão é sentida como a pena *regra* aplicada pelos tribunais e é-o mesmo em caso de dúvida sobre o juízo de prognose favorável à reinserção social necessário à suspensão da pena, e é ela aplicada em vez da prisão efectiva, como manifestação de um *"in dubio pro reo"* que não releva, ou um *"favor reo"*, como acontece quando os dados de facto apurados sobre o arguido não permitem a emissão de um tal juízo, configurando-se a opção por aquela pena substitutiva como uma adesão aos fundamentos da política criminal subjacentes ao Código Penal (sendo a prisão a *ultima ratio* e a preferência legal pela aplicação de medidas não detentivas) associada à envolvente comunitária da superlotação das prisões e ao movimento contra a pena de prisão;

f) Por outro lado, não existe em regra uma averiguação ou investigação adequada e suficiente das razões do incumprimento das condições de

[164] *"Se, durante o período da suspensão, o condenado, culposamente, deixar de cumprir qualquer dos deveres ou regras de conduta impostos, ou não corresponder ao plano de reinserção, pode o tribunal:*
a) Fazer uma solene advertência;
b) Exigir garantias de cumprimento das obrigações que condicionam a suspensão;
c) Impor novos deveres ou regras de conduta, ou introduzir exigências acrescidas no plano de reinserção;
d) Prorrogar o período de suspensão até metade do prazo inicialmente fixado, mas não por menos de um ano nem por forma a exceder o prazo máximo de suspensão previsto no n.º 5 do artigo 50.º."

suspensão que vai a pouco mais do que a audição do arguido (em especial em face da não reparação do dano), pouco ou nada se investigando sobre as condições económicas e financeiras actuais do arguido[165] e sobre as suas possibilidades de pagar, nomeadamente sobre *o esforço* que o condenado fez para cumprir a obrigação, permitindo-se que o arguido nada faça (melhorando a sua situação económica) para cumprir a obrigação[166], e vindo no final a ver extinta a pena, por não ser possível imputar-lhe o incumprimento culposo, quando em boa verdade por força da suspensão da pena, se deve exigir ao arguido *um esforço sério* para cumprir, e

g) Os próprios tribunais contribuem para fragilizar a suspensão da pena, ao alterar uma jurisprudência constante e sedimentada. É o caso da Jurisprudência do STJ fixada pelo Ac. n.º 8/2012[167] relativa à aplicação do art. 14.º, n.º 1, do RGIT que estabelece que "*A suspensão da pena de prisão aplicada é sempre condicionada ao pagamento, em prazo a fixar até ao limite de cinco anos subsequente à condenação, da prestação tributária e legais acréscimos...*"

Na verdade era constante o entendimento[168] de que se tratava da única forma de suspensão da execução da pena no caso dos crimes tributários e o juízo de prognose favorável que a lei exige visava, apenas, concluir se a censura do facto e a ameaça de prisão acompanhadas do sacrifício de reparação do mal do crime através do pagamento da prestação tributária, de que se apropriou, e legais acréscimos realizavam de forma adequada as finalidades da punição. Por essa imposição legal estaria arredada a cláu-

[165] Ac. R P de 27/10/2010, www.dgsi.pt citado na nota 156.

[166] Ac. R P de 12/1/2011, www.dgsi.pt, acedido em Fev./2014: "*I – A revogação da suspensão da pena por incumprimento do agente das obrigações impostas só pode ocorrer se o incumprimento se verificar com culpa, e só terá lugar como ultima ratio, isto é, quando estiverem esgotadas ou se revelarem de todo ineficazes as restantes providências contidas no Artigo 55.º, do CP. II – Para que se possa afirmar que o condenado agiu com culpa ao não pagar as quantias a que ficou subordinada a suspensão da execução da pena é necessário, antes de mais, demonstrar que ele tinha condições económicas para efectuar o pagamento, ou, então, que se colocou voluntariamente na situação de não poder pagar*".

[167] Com o seguinte teor: "*No processo de determinação da pena por crime de abuso de confiança fiscal, p. e p. no artigo 105.º, n.º 1, do RGIT, a suspensão da execução da pena de prisão, nos termos do artigo 50.º, n.º 1, do Código Penal, obrigatoriamente condicionada, de acordo com o artigo 14.º, n.º 1, do RGIT, ao pagamento ao Estado da prestação tributária e legais acréscimos, reclama um juízo de prognose de razoabilidade acerca da satisfação dessa condição legal por parte do condenado, tendo em conta a sua concreta situação económica, presente e futura, pelo que a falta desse juízo implica nulidade da sentença por omissão de pronúncia*" – DR. 1.ª Série de 24/10/2012.

[168] Cf. texto do AFJ onde abundantemente se anota tal uniformidade.

sula da razoabilidade prevista no art. 51.º, n.º 2 CP, estando a suspensão da execução da pena por crimes tributários sujeita a um regime específico, diferente do estabelecido para os crimes previstos no Código Penal, e se encontrava já assegurada a sua conformidade constitucional de modo essencialmente uniforme e constante[169].

De acordo com a jurisprudência do STJ, em face do citado AFJ n.º 8/2012, o tribunal tem de averiguar da situação económica e financeira do arguido e emitir um juízo de razoabilidade sobre a possibilidade de o arguido proceder ao pagamento no período da suspensão da prestação tributária em falta e legais acréscimos, sob pena de omissão de pronúncia e consequente nulidade da sentença – art. 379.º, n.º 1 al. c) CPP – para aquilatar da opção pela escolha da pena e pela suspensão da execução da pena de prisão.

A alteração da jurisprudência sobre tal matéria e, porque se refere a questões de incriminação e cobrança de receitas fiscais e da Segurança Social relativos a sectores da vida económica, conotados como social e politicamente influentes, é vista com desconfiança e como submissão a tais poderes.

2. Por outro lado a suspensão da pena não deve ser decretada por razões de prevenção geral, pese embora a tal se não oponham razões de prevenção especial.

Figueiredo Dias é expressivo ao escrever que "*Apesar da conclusão do tribunal por um prognóstico favorável – à luz, consequentemente, de considerações exclusivas de prevenção especial de socialização -, a suspensão da execução da prisão não deverá ser decretada se a ela se opuserem «as necessidades de reprovação e prevenção do crime (...) estão aqui em questão não quaisquer considerações de culpa, mas exclusivamente considerações de prevenção geral sob forma de exigências mínimas e irrenunciáveis de defesa do ordenamento jurídico. Só por estas exigências se limita – mas por elas se limita sempre – o valor da socialização em liberdade que ilumina o instituto em causa*"[170] no que foi seguido pela demais doutrina e pela jurisprudência[171].

[169] Idem.

[170] *Direito Penal Português, ... cit.* pág. 344.

[171] Cf. por todos o Ac. STJ de 18/12/2008, www.dgsi.pt, onde expressando uma jurisprudência constante, se escreve "*conforme vem o S.T.J. decidindo, "...não são considerações de culpa que*

Paradigmático é neste âmbito – aplicável por força da possibilidade de suspensão da pena de prisão até 5 anos – o crime de tráfico de estupefacientes p.p. pelo art. 21.º DL 15/93 de 22/1 cuja pena é de 4 a 12 anos de prisão, em que pese embora a quantidade de casos em que a pena de prisão já é suspensa na sua execução, a Jurisprudência dos tribunais superiores é no sentido de que razões de prevenção geral impedem, salvo casos excepcionais, a suspensão da pena.

Consta no Ac. STJ 18/12/2008 cit. "... *como se vem ajuizando uniformemente no STJ (...)*", "...*nos crimes de tráfico de estupefacientes, as razões de prevenção geral só excepcionalmente se satisfazem com uma pena de substituição. Os efeitos nocivos para a saúde resultantes do tráfico, especialmente quando (como no caso) se trata de drogas duras, e as situações em que os actos de venda se prolongam no tempo e/ou atingem um elevado número de pessoas despertam "um sentimento de reprovação social do crime", para usar as palavras do Prof. Beleza dos Santos, que impedem a aplicação da suspensão da execução da pena, sob pena de "...ser posta em causa a crença da comunidade na validade de uma norma e, por essa via, os sentimentos de confiança e de segurança dos cidadãos nas instituições jurídico-penais" (Figueiredo Dias, op. cit, pág. 243). Por isso, razões de prevenção geral afastam a aplicabilidade deste instituto, por mais favorável que pudesse ser o juízo de prognose a formular acerca do arguido*", e no texto do Ac. STJ 9/4/2008 www.dgsi.pt/jstj "... *a suspensão da execução da pena nos casos de tráfico comum e de tráfico agravado de estupefacientes, em que não se verifiquem razões muito ponderosas, ..., seria atentatória da necessidade estratégica nacional e internacional de combate a esse tipo de crime, faria desacreditar as expectativas comunitárias na validade da norma jurídica violada e não serviria os imperativos de prevenção geral*".

3. Mercê de todos estes factores inerentes quer à regulamentação legal, quer à sua aplicação pelos tribunais, incluindo as dificuldades interpre-

interferem na decisão sobre a execução da pena, mas apenas razões ligadas às finalidades preventivas da punição, sejam as de prevenção geral positiva ou de integração, sejam as de prevenção especial de socialização, estas acentuadamente tidas em conta no instituto da suspensão, desde que satisfeitas as exigências de prevenção geral, ligadas à necessidade de correspondência às expectativas da comunidade na manutenção da validade das normas violadas".

tativas, a suspensão da pena é vista com desconfiança[172] pela sociedade, mormente quando o condenado não cumpre as condições da suspensão e o tribunal o mais das vezes se vê impossibilitado de motivar o arguido a cumpri-las.

Importaria, por isso, se não inviabilizar essa desconfiança, pelo menos minorá-la de modo a que *"a comunidade não encare, no caso, a suspensão, como sinal de impunidade, retirando toda a sua confiança ao sistema repressivo penal"*[173].

Várias poderiam ser as soluções no âmbito do regime legal[174], mas cremos que é possível encontrar uma pena substitutiva, capaz de aglutinar em si as exigências de ressocialização do arguido e as de prevenção geral.

Estamos a falar da suspensão parcial "*sursis partiel*" da pena de prisão.

[172] Ac. R P 10/02/2010 www.dgsi.pt *"I – A suspensão generalizada e tida como "normal" ou "corrente" das penas de prisão de amplitude elevada, prejudica grandemente, por motivos óbvios de afrouxamento da reacção penal executiva, a eficácia do direito penal (...)"*.

[173] Ac. STJ 27/11/08, www.dgsi.pt/jstj.

[174] Desde a diminuição da aplicação da suspensão simples, a adopção da obrigatoriedade da reparação do dano idêntico ao art. 14.º RGIT nos crimes patrimoniais, ou diferenciação do grau de probabilidade na ponderação do juízo de prognose favorável à reinserção social consoante a gravidade do crime, até à exigência do *esforço sério* para cumprir as condições de suspensão (v.g. reparar o dano) para analisar a culpa no incumprimento, com o que ganharia a suspensão da pena a sua dimensão ressocializadora que necessita por parte do arguido do seu empenho.

III
A suspensão parcial da pena de prisão

1. Definição e origem

A pena de prisão não tem necessariamente de ser (nem é) toda executada (cumprida) na reclusão do estabelecimento prisional face à possibilidade e obrigatoriedade da libertação condicional do recluso (arts. 61.º a 64.º CP) antes do decurso do período da pena, do que resulta que parte da mesma pena "decorre", é cumprida em liberdade.

E quando é decretada a suspensão da pena ela tem necessariamente de ser toda ou totalmente suspensa, ou pode sê-lo apenas em parte?

A suspensão parcial da pena de prisão, que nos interessa, consiste no cumprimento efectivo de uma parte da pena de prisão em que o arguido foi condenado com a suspensão da execução da prisão na parte restante.

A suspensão parcial da pena privativa da liberdade (*sursis partiel*) foi introduzida na Bélgica em 1964 e apenas surgiu em França pela Lei 17/7/1970 e traduz-se no facto de uma parte da pena de prisão em que o arguido foi condenado ser imediatamente dada à execução enquanto a outra parte beneficia da suspensão da execução da pena privativa da liberdade.

Outros países tão distantes como o Brasil a prevêem no seu ordenamento jurídico, a que faremos referência pela sua particularidade, a par de outros como a Suécia[175] e a Suíça[176], de que não cuidaremos.

[175] Nota 7, in Lamas Leite, A., *A Suspensão... cit.*, pág. 587.

[176] CPS de 2006 em vigor desde 1/1/2007 Queloz, Nicolas. «*Le projet de «révision de la révision» du droit des sanctions pénales: le système juridique suisse est-il devenu instable?.*» *(2011)* acessível em: http://scholar.google.pt/scholar?hl=pt-PT&q=sursis+partiel+en+Belgique&btnG=&lr=lang_fr

2. Caso francês

Apesar de introduzida posteriormente, cremos que, é na França que a suspensão parcial tem o seu paradigma onde lhe é assinalada a vantagem de ser a última *chance /oportunidade* de o arguido ainda beneficiar "*do favor*" da suspensão e não cumprir na totalidade[177] a pena privativa da liberdade aplicada na sentença, tempo de cumprimento esse que é determinado na sentença pelo juiz da condenação.

Mas outros lhe podem ser associados como o de premiar a boa conduta posterior ao crime[178] e a de, em caso de não revogação da suspensão, a condenação desaparecer;

De acordo com os arts. 132.º-30 a 132.º-32 do Código Penal Francês[179], para a aplicação do *sursis simple*[180] às pessoas singulares é necessário não ter antecedentes criminais (não ter sido condenado em pena de prisão – *réclusion ou d'emprisonnement*[181] – durante os últimos 5 anos por crime ou delito de direito comum) e que a pena de prisão aplicada não seja superior a 5 anos[182].

Mas a suspensão pode, apesar disso, ainda ser aplicada à pena de prisão (*d'emprisonnement*) se no período dos 5 anos anteriores o arguido foi condenado a uma pena diferente da prisão (*réclusion ou d'emprisonnement*).

O *sursis simples* pode ser apenas parcial, cabendo ao tribunal decidir qual é a parte suspensa e sua duração dentro do limite de 5 anos.

[177] Jeandidier, Wilfrid, *Droit Pénal Général*, cit. pág. 423 "*L'avantage du sursis partiel est de concrétiser de coup de semonce qu'est la condemnation tout en ne privant pas le délinquant de la faveur du sursis*" e "*La seul qualité (...) du sursis partiel, est d'enteriner sous le forme d'une peine ferme la détention provisoire subie par le condamné*».

[178] Lombois, M. Claude, *Droit Pénal et sociologie criminelle I*, DEUG 1.re année, 1989 -1990 Les Cours de Droit, (lições policopiadas), pág. 221.

[179] Acessível em http://www.legifrance.gouv.fr/affichTexteArticle.do;jsessionid=823D818DC92C024D7C40AC73197B0BF4.tpdjo11v_1?cidTexte=JORFTEXT000000219672&idArticle=LEGIARTI000006716442&dateTexte=20000923.

[180] Introduzido pela lei Bérenger de 26/3/1891 e não comporta qualquer obrigação.

[181] Reclusão e prisão: art. 131.º-1 – a reclusão ou detenção criminal é pena criminal e vai de 10 anos à pena perpétua; art. 131.º-3 a prisão é uma pena correccional (ao lado da multa e dos dias de multa etc...) e vai até 10 anos – art. 131.º-4;

[182] O *sursis simple* é aplicável ainda a penas de multa em quantia e a penas de multa em dias, penas de privação ou restrição de direitos mencionado no artigo 131-6, com excepção do confisco e às penas complementares previstas no artigo 131-10, com excepção do confisco, do encerramento de estabelecimento e da publicação da decisão condenatória.

Por outro lado, de acordo com os arts. 130.º-40 a 130.º-42[183] o "*sursis avec mise à l'épreuve*" é aplicável aos condenados até 5 anos de prisão (*d'emprisonnement*) por crime ou delito de direito comum e aos condenados com pena até 10 anos de prisão em caso de reincidência "*état de recidive légale*"[184].

O *sursis avec mise à l'épreuve* tem a duração de 12 meses a 3 anos, que pode ser prorrogado até 5 anos ou até 7 anos em caso de reincidência sucessiva.

O tribunal pode decidir que a suspensão com regime de prova não se aplicará à execução da prisão (*d'emprisonnement*) senão numa parte da pena cuja duração fixará, e essa parte (suspensa) não pode exceder 5 anos de prisão.

Assim, a suspensão parcial da pena de prisão é aplicável quer se trate de suspensão simples quer da suspensão com regime de prova[185], e tem os mesmos efeitos sobre a condenação caso não seja revogada: a pena é extinta e a condenação como se não tivesse existido.

3. Caso belga

A suspensão da pena de prisão na Bélgica começou com a lei "*Le Jeune du 31 Mai 1888*" relativa à "*condamnation conditionnelle*" e à "*probation*".

Mas foi a Lei de 29 juin 1964 que introduziu o formato actual[186] relativo à suspensão da pena através da suspensão simples "*la condamnation*

[183] Acessível em http://www.legifrance.gouv.fr/affichTexteArticle.do;jsessionid=823D818DC92C024D7C40AC73197B0BF4.tpdjo11v_1?cidTexte=JORFTEXT000000219672&idArticle=LEGIARTI000006716442&dateTexte=20000923.

[184] A reincidência, consistente na prática de uma nova infracção depois de haver sido condenado definitivamente pela prática de uma infracção anterior exige, uma primeira condenação penal numa pena de prisão, transitada em julgado proferida por um tribunal francês (e que não seja infracção militar, e a pena não tenha sido amnistiada, nem suspensa) e a 2.ª infracção seja independente da primeira – cf. Jeandidier, Wilfrid, *Droit Pénal Général*, cit. págs. 397 a 405; As penas agravadas pela reincidência estão previstas nos arts. 132-8 a 132-11; Os casos de reincidência especial (caso de infracção da mesma natureza) são previstos nos arts. 132-16 a 136-16-4 CP.

[185] Existe ainda *le sursis assorti de l'obligation d'accomplir un travail d'intérêt général*, introduzido pela Lei de 10/5/83 que sendo considerado «sursis probatoire» não beneficia do «sursis partiel » cf. Lombois, M. Claude, *Droit Pénal*, ... *cit.* págs. 224 segs.

[186] *« La loi belge du 29 juin 1964 comprend quatre volets: la suspension simple du prononcé de la condamnation, la suspension probatoire, la condamnation avec sursis simple, la condamnation avec sursis pro-*

avec sursis simple", e a suspensão probatória "*la condamnation avec sursis probatoire*".

A suspensão probatória "*sursis probatoire*" é acompanhada de um conjunto de condições particulares[187],[188] que impendem sobre o condenado, pelo período de prova e sob controlo da Comissão de *Probation* e a pena da condenação pode ser fraccionada pelo juiz, ficando uma parte suspensa na sua execução e a parte restante devendo ser cumprida, e esta suspensão abrange quer as penas principais quer as penas subsidiárias, donde a suspensão pode ser total ou parcial.

Traduz-se, essa pena, na criação de um regime misto de execução de uma curta pena de prisão seguido de uma liberdade "*vigiada*" ou suspensão com regime de prova, e o período probatório vai de um até 5 anos.

E é aplicável ao arguido condenado até 5 anos de prisão, desde 1994[189].

O *sursis partiel* na Bélgica é prática quotidiana[190] e é considerada quando aplicada aos delitos mais graves – com pena mínima superior a 6 meses de prisão, – como constituindo uma forma de substituir as penas longas de prisão[191].

batoire. La suspension simple, destinée aux délinquants occasionnels, met fin aux poursuites, sans surveillance ni guidance. Le délinquant échappera à la condamnation même. La suspension probatoire met également fin aux poursuites, mais s'accompagne de conditions particulières, contrôlées par la Commission de probation. La condamnation avec sursis simple, appelée antérieurement condamnation conditionnelle, est prononcée sans aucun traitement ni assistance. La condamnation avec sursis probatoire est assortie de conditions particulières auxquelles le condamné doit se soumettre pendant le temps d'épreuve sous la surveillance de la Commission de probation. Le sursis probatoire peut être total ou partiel. Les juridictions peuvent, en fait, fractionner une même peine en rendant conditionnelle une partie de celle-ci, le surplus étant définitif.» – MICHEL RENÉ. L'orthopédie judiciaire. In: Déviance et société. 1982 – Vol. 6 – N.º 1. pp. 63-71. doi : 10.3406/ds.1982.1105. http://www.persee.fr/web/revues/home/prescript/article/ds_0378-7931_1982_num_6_1_1105

[187] A lei não fixa as condições deixando ao juiz a missão de impor as obrigações mais adequadas ao caso, mas elas são estereótipos revestindo características imperativas (submissão a tratamento médico) gerais (ter boa conduta) ou pecuniárias (indemnizar o ofendido).

[188] MICHEL RENÉ, ob. cit. pág. 68 "*Les conditions, tout en étant claires, précises, positives, échelonnées dans le temps doivent individualiser indéniablement la sanction probatoire* «.

[189] A loi du 10 février 1994 alargou as possibilidades de aplicação do sursis, da suspension e da probation.

[190] MICHEL RENÉ, *L'orthopédie judiciaire. cit.*, pág. 69.

[191] SNACKEN SONJA, *Les courtes peines de prison.* cit. "*Les délits «plus graves» (peine minimale, prévue par la loi, supérieure à 6 mois), commis par des personnes au passé judiciaire restreint, sont souvent sanc-*

4. Caso brasileiro

No Brasil, o "*sursis*" em geral, consiste na suspensão condicional da pena privativa de liberdade pelo prazo de dois a quatro anos.

No ordenamento jurídico brasileiro existe o *sursis etário* e o *humanitário* e todas as espécies de *sursis* podem ser *simples ou especial.*

A sua aplicação depende de a pena fixada na sentença não ser superior a dois anos de prisão e de o condenado não ser reincidente em crime doloso, salvo se tiver sido condenado apenas em pena de multa, para além de ser necessário que os requisitos relativos ao próprio arguido, como a culpabilidade, os antecedentes, a conduta social e a sua personalidade, autorizem a concessão do benefício mediante a emissão de um prognóstico social favorável à suspensão da pena (art. 77.º CPB[192] e não ser adequada a pena restritiva de direitos – art. 44.º).

tionnés par un sursis partiel, qui résulte en une courte peine», pág. 377; "*la courte peine apparaît parfois comme « substitut » à la longue peine, par le biais du sursis partiel»*, pág. 378.

[192] Decreto-Lei n.º 2.848, de 7 de Dezembro de 1940 na redacção dada pela Lei n.º 7.209, de 11.7.1984) acessível em: http://www.planalto.gov.br/ccivil_03/decreto-lei/Del2848compilado.htm;

"*Art. 77 – A execução da pena privativa de liberdade, não superior a 2 (dois) anos, poderá ser suspensa, por 2 (dois) a 4 (quatro) anos, desde que:*

I – o condenado não seja reincidente em crime doloso;

II – a culpabilidade, os antecedentes, a conduta social e personalidade do agente, bem como os motivos e as circunstâncias autorizem a concessão do benefício;

III – Não seja indicada ou cabível a substituição prevista no art. 44 deste Código.

§ 1.º – A condenação anterior a pena de multa não impede a concessão do benefício.

§ 2º A execução da pena privativa de liberdade, não superior a quatro anos, poderá ser suspensa, por quatro a seis anos, desde que o condenado seja maior de setenta anos de idade, ou razões de saúde justifiquem a suspensão".

No direito brasileiro a suspensão da pena é tratada nos arts. 77.º a 82.º do CP e nos art. 156.º e segs. da Lei de Execução Penal, e o conceito de reincidência é-nos dado pelos arts. 63.º e 64.º CP do seguinte teor:

"*Art. 63 – Verifica-se a reincidência quando o agente comete novo crime, depois de transitar em julgado a sentença que, no País ou no estrangeiro, o tenha condenado por crime anterior*

Art. 64 – Para efeito de reincidência:

I – não prevalece a condenação anterior, se entre a data do cumprimento ou extinção da pena e a infração posterior tiver decorrido período de tempo superior a 5 (cinco) anos, computado o período de prova da suspensão ou do livramento condicional, se não ocorrer revogação;

II – não se consideram os crimes militares próprios e políticos".

No *sursis simples*, em que é imposta como condição de suspensão da pena a prestação de serviços à comunidade ou limitação do fim de semana[193] durante o primeiro ano do período de suspensão, estamos perante *uma suspensão parcial* da pena situação que não ocorre nas demais espécies[194] de sursis.

E considera-se que a suspensão é apenas da pena privativa da liberdade (art. 80.º CPB) e não de qualquer outra pena e nesse período de um ano cumpre pena restritiva de direitos[195].

No sursis *especial* as condições são mais brandas, assumindo para isso também especial relevo o facto de o condenado *já ter reparado o dano*, e consistem na proibição de frequentar determinados lugares e de se ausentar da Comarca sem prévia autorização do juiz e comparecer mensalmente em Juízo (art. 78.º § 2).

[193] Que são penas restritivas de direitos: *"A forma de cumprimento das penas de prestação de serviços à comunidade ou a de limitação de final de semana poderá, nos termos do art. 148 da Lei de Execução Penal, ser alterada a qualquer momento pelo juiz: de ofício, ou, a requerimento do Ministério Público, do Conselho Penitenciário (art. 69), do Patronato (art. 79, inc. II), da CTC, ou do próprio condenado. Essas alterações poderão recair, por exemplo, nos dias de cumprimento da restrição, nos horários de entrada e saída, na modificação dos programas de prestação de serviços, visando ajustá-los às condições pessoais do condenado ou às características do estabelecimento ou do programa a que estiver submetido."* Curso do Prof. Damásio à distância, Complexo Jurídico Damásio de Jesus, Direito Penal, pág. 271, compilação em http://xa.yimg.com/kq/groups/22721199/2036842678/name/Direito_Penal_-_Curso_do_Prof_Damasio_Com_ndice_e_Marcadores.pdf, acedido em 4/3/2012.
O *sursis* é incompatível com as penas restritivas de direitos, pois é apenas pena substitutiva da pena privativa de liberdade; todavia o art. 52.º CPB admite a suspensão da pena de multa se sobrevém ao condenado doença mental.

[194] *"O sursis significa uma suspensão parcial da pena privativa de liberdade, durante certo tempo e mediante determinadas condições. Em outras palavras, é uma modificação na forma de cumprimento da pena suspensa, que é efetivamente executada, no primeiro ano de prazo, na modalidade de pena restritiva de direitos, além das demais condições. Na concessão do sursis ao condenado, o Magistrado deverá, também, verificar se, no caso concreto, não é cabível pena restritiva de direitos, hipótese automaticamente excludente da possibilidade de suspensão condicional da execução da pena."* – Ribeiro, Isabela Serpa Costa, *A crise no sistema prisional*, Rio de Janeiro, 2010; Divergindo todavia a doutrina e a jurisprudência, sobre essa qualificação, como dá conta Galvão, Fernando, *Direito Penal (parte geral)*, editora D'el rey, 2007 pág. 828, acedido em 29/10/2013 em:
http://books.google.pt/books?id=z5O121BjM0QC&pg=PA831&lpg=PA831&dq, sendo para uns *sursis* parcial (Cezar Bitencourt) e para outros medida penal de natureza restritiva da liberdade (Damásio de Jesus) e para o STJ, forma de execução da pena.

[195] Galvão, Fernando, ob. cit. pág. 831 expende que "porque o *sursis simples* impõe inválida substituição das penas o *sursis especial* ganha *status* de *ordinário*".

Tanto no *sursis* simples como no especial podem ainda ser impostas outras condições pelo juiz (art. 79.º).

O sursis *etário* é aplicado ao condenado maior de 70 anos de idade, desde que a pena não seja superior a quatro anos, mas o período de suspensão é de quatro a seis anos; do mesmo modo no sursis *humanitário* que é aplicado nos casos em que as razões de saúde justifiquem a suspensão, o período de duração da suspensão é de quatro a seis anos (art. 77.º § 2).

Ora se nos termos do art. 77.º §2 CPB "*No primeiro ano do prazo, deverá o condenado prestar serviços à comunidade (art. 46) ou submeter-se à limitação de fim de semana (art. 48)*" verifica-se que, por um lado, a pena foi substituída durante um ano (o 1.º ano da suspensão) pela pena de prestação de serviço à comunidade[196] e pela limitação de fins de semana[197] que constituem (art. 43.º IV e VI, CPB) uma pena restritiva de direitos (art. 32.º II) pelo que na realidade se trata da aplicação de uma pena de substituição[198], não detentiva durante um ano e pela aplicação do *sursis* durante a parte restante, parecendo caber na categoria da suspensão parcial da pena privativa da liberdade.

5. Considerações gerais sobre a suspensão parcial da pena

Sendo apenas três as ordens jurídicas considerados elas servem de ilustração das diferenças e das semelhanças que as animam.

A introdução da suspensão parcial da pena de prisão, em Portugal, cremos deveria aproximar-se mais do caso francês não apenas por proximidade territorial e civilizacional, mas também por razões de maior homogeneidade cultural.

Para além da diversidade e particularidade nos regimes, importa mais que tudo procurar avaliar da sua importância no panorama penal tendo em conta as circunstâncias em que é aplicada a suspensão parcial da pena.

[196] Com o conteúdo do art. 46.º.

[197] Com seguinte conteúdo do art. 48.º "*A limitação de fim de semana consiste na obrigação de permanecer, aos sábados e domingos, por cinco horas diárias, em casa de albergado ou outro estabelecimento adequado.*
Parágrafo único – Durante a permanência poderão ser ministrados ao condenado cursos e palestras ou atribuídas atividades educativas".

[198] Dispõe o art. 44 CPB: "*As penas restritivas de direitos são autônomas e substituem as privativas de liberdade ...*".

1. Parece-nos que esta pena congrega em si reais vantagens quer para o condenado quer para a sociedade:

– Evita *ab initio* e por natureza, a execução de uma pena de prisão total e, por isso, mantém a potencialidade benéfica de uma pena suspensa com a sua dose de confiança na capacidade de ressocialização do arguido, sendo uma pena a aplicar apenas quando a pena suspensa, nas suas diversas modalidades, em si mesma e só por si não é suficiente para satisfazer os fins das penas e, por essa via, de um lado evita a aplicação/execução de uma pena de prisão maior (a que seria adequada e justa) e do outro facilita a reinserção social do arguido;

Na verdade entre o cumprimento de uma pena de 5 anos de prisão efectiva em que foi condenado o arguido e uma pena suspensa pelo período de 5 anos, entre *o tudo* da execução da totalidade da pena de prisão e *o nada* da pena suspensa na totalidade, há um espaço enorme de situações diferentes que importaria preencher, sendo um dos modos de colmatar esse espaço vazio a suspensão parcial da pena de prisão, manifestando o juiz através dela a esperança fundada de que o arguido condenado saiba tirar partido desse acto de clemência[199].

– Os efeitos criminógenos do meio prisional sobre o arguido sujeito a tal pena atenuam-se face à menor duração da sua permanência na prisão, tornando menor a possibilidade de contágio e de aculturação ao meio prisional e diminui a possibilidade de perda pelo detido das referências e valores sociais;

– Por essa via também se torna mais humana a pena, porque menos dolorosa ao mesmo tempo que permite que os laços afectivos, familiares e sociais perdurem e não se percam, face à sua importância para a sua vivência em liberdade e reinserção social;

– Tal pena também se mostra atractiva para o erário público, pelos menores custos financeiros que suporta em relação a cada arguido face ao menor tempo passado na prisão e ao mesmo tempo evita, também por essa via, a sobrelotação prisional com igual benefício económico e, não

[199] Kuhn, André, Veuille, Joëlle, *La Justice Pénale, Le savoir suisse*, 2010, pág. 40 acedido em Nov/2013 in http://books.google.pt/books?id=EPtQcV – BU3IC&pg=PA40&lpg=PA40&dq=sursis+partiel+suisse&source=bl&ots=yyITByXB3M&sig=4zXIMy98Y4adoSWJEWs4F7gSBZE&hl=pt- T&sa=X&ei=3ymPUs2LC7Sv7Aap1IH4Dw&ved=0CE8Q6AEwBTgK#v=onepage&q=sursis%20partiel%20suisse&f=false

menos importante, ao mesmo tempo que evita a degradação das condições prisionais, inclusive físicas e arquitectónicas, permite a sua melhoria em conformidade com os direitos do recluso como pessoa;

Acresce ainda a poupança que gera nas prestações sociais que o Estado suporta com o rendimento mínimo garantido (RMI) ou rendimento social de inserção (RSI) à família do preso quando este constituía o suporte económico do seu agregado familiar.

2. Um sistema *de sursis parcial* como o do Brasil cremos não ser de sufragar em Portugal, porque violador do princípio da legalidade das penas (*nulla poena sine lege* – art. 29.º, n.º 3 CRP) não sendo lícito, condicionar a suspensão da pena de prisão nomeadamente a prestação de trabalho a favor da comunidade (PTFC) que constitui uma pena substitutiva e traduzir-se-ia em aplicar duas penas de substituição simultâneas ao mesmo facto[200] e, por isso, não deve ser aceite, já hoje, sem reserva e dependente da sua concreta configuração, cremos, a imposição como dever condicionante da suspensão da pena, a prestação de "*serviço cívico*", (de criação jurisdicional) que se configura ou pode configurar na realidade como uma pena de trabalho a favor da comunidade[201].

[200] Figueiredo Dias, *Direito Penal Português...cit.*, pág. 354.
Ac. R G 5/11/2012, www.dgsi.pt: "*III. A suspensão da execução da pena de prisão e a pena de prestação de trabalho a favor da comunidade constituem penas de substituição alternativas, não sendo, pois, possível cumulá-las, sob pena de violação do princípio da legalidade da pena.*
IV. No âmbito da suspensão da execução da pena de prisão, o Tribunal pode, contudo, impor ao condenado a frequência de «certos programas ou actividades» e em sede de regime de prova pode fixar um plano de reinserção social, no qual aluda à prestação laboral", cf. nota 21.

[201] Ac. R P 25/09/2013 www.dgsi.pt/jtrp.
Ac. R Ev de 25/11/2014, CJ, XXXIX, tomo V, 274: "*I – O catálogo de deveres previsto no n.º 1 do art. 51.º do CP tem natureza exemplificativa e nada impede o Tribunal de condicionar a suspensão da execução da pena ao cumprimento de deveres não tipificados, se os considerar adequados à satisfação das exigências que concretamente se imponham, desde que observados os limites impostos por outras disposições do CP. II – A prestação de trabalho a favor comunidade constitui uma pena de substituição da penal privativa de liberdade, ao mesmo título que a suspensão da execução desta, prevista no n.º 1 do art. 50.º do CP, tendo cada uma destas penas substitutivas o seu campo de aplicação próprio. III – Nesta conformidade, condicionar, a suspensão da execução da pena de prisão à prestação pelo arguido de trabalho a favor da com unidade, equivale a sujeitar o condenado, simultaneamente, a duas penas substitutivas, o que não é aceitável*".

Todavia o Código Penal Francês prevê no seu art. 132.º-54[202] a possibilidade de *sursis (avec mise à l'épreuve)* com prestação de trabalho de interesse geral (supra n.º II. 8.2) – serviço comunitário ou a favor da comunidade – o qual não pode ser aplicado se o arguido o recusar ou em caso de julgamento na ausência, ou seja, depende do consentimento do condenado e não admite o *sursis partiel*.

3. Questão diversa é a da sua eficácia como meio de ressocialização e para evitar a reincidência ou o cometimento de novos crimes. A suspensão da pena, na qual se inclui a suspensão parcial, não está dependente da ausência de antecedentes criminais, ou quando o está, depende apenas de não ter sido condenado em determinada pena (prisão) num dado lapso temporal anterior (cf. supra v.g. caso Francês) e a suspensão parcial da pena anterior não impede a aplicação de nova pena suspensa parcial.

Daí que se questione a bondade da pena de suspensão parcial neste âmbito e se se verificasse que não é melhor que as outras penas, não teria interesse a sua existência ou a introdução e manutenção no ordenamento jurídico.

Mas se para o legislador francês a condenação anterior não impede a aplicação de novo *sursis partiel*, só pode ser porque reconhece interesse na sua existência e aplicação e se reveste de eficácia para a tutela dos valores sociais dignos de protecção penal, mantendo-a no ordenamento jurídico com plena vigência desde 1970.

[202] Article 132-54 Modifié par LOI n°2009-1436 du 24 novembre 2009 – art. 69
«*La juridiction peut, dans les conditions et selon les modalités prévues aux articles 132-40 et 132-41, prévoir que le condamné accomplira, pour une durée de vingt à deux cent dix heures, un travail d'intérêt général non rémunéré au profit soit d'une personne morale de droit public, soit d'une personne morale de droit privé chargée d'une mission de service public ou d'une association habilitées à mettre en œuvre des travaux d'intérêt général.*
La juridiction peut en outre soumettre le condamné à tout ou partie des obligations prévues à l'article 132-45 pour une durée qui ne peut excéder dix-huit mois. L'exécution du travail d'intérêt général avant la fin de ce délai ne met pas fin à ces obligations.
Le sursis assorti de l'obligation d'accomplir un travail d'intérêt général ne peut être ordonné lorsque le prévenu le refuse ou n'est pas présent à l'audience.
Les modalités d'application de l'obligation d'accomplir un travail d'intérêt général sont régies par les dispositions des articles 131-22 à 131-24. Dès l'accomplissement de la totalité du travail d'intérêt général, la condamnation est considérée comme non avenue sauf s'il a été fait application des dispositions prévues au dernier alinéa de l'article 132-55. »

4. Eficácia esta que deverá ter estado na base da proposta[203] em 1998 da introdução do *sursis partiel* na Suíça o que foi efectivado na reforma da parte geral do Código Penal Suíço em 2002 e 2006, prevendo-se a possibilidade de *sursis partiel* da execução da pena[204] de 1 ano a 3 anos de prisão.

O legislador suíço ao aplicar também o *sursis partiel* à pena de dias de multa e à pena de trabalho de interesse geral não apenas alargou os casos em que pode ser aplicado como ao fazê-lo só pode ter manifestado elevada crença nas suas potencialidades.

No projecto de revisão de 2010 apesar de mais restrita na sua aplicação mantém-se o *sursis partiel* quanto à pena de prisão, baixando apenas o limite superior da pena para 24 meses[205].

5. A eficácia das penas, está sujeita a múltiplos factores que vão desde o indivíduo em si mesmo e à sua personalidade, à sua idade, família, meio ambiente, condição social e cultural, situação económica, à natureza do crime e à pena aplicada, até ao país onde ocorre o facto e ao modo como a pena é executada sem descurar até a própria ideia da capacidade do Estado em a executar.

Não existe uma resposta certa sobre a eficácia de uma dada pena em si mesma.

Sonja Snachen[206], diz-nos contudo que dos estudos efectuados, se pode retirar a conclusão de que por um lado as curtas penas de prisão são tão ou mais eficazes que as longas penas, mas por outro lado a prisão é mais eficaz junto dos reincidentes do que junto dos condenados pela primeira vez, salvo se maiores de 30 anos; e ainda que no que respeita à prevenção especial as curtas penas são tão eficazes como as longas e que as sanções não privativas da liberdade não são menos eficazes que as curtas penas

[203] Mensagem acessível em http://www.fr.ch/saspp/files/pdf19/message_cf_ncp.pdf (em Nov/2013).

[204] Kuhn, André, Veuille, Joëlle, *La Justice Pénale, loc.cit.* pág. 40.

[205] Prof. Dr. Nicolas Queloz, *Le projet de «révision de la révision» du droit des sanctions pénales: le système juridique suisse est-il devenu instable?* Université de Craiova (Roumanie) – Faculté de droit, Symposium international à l'occasion du 20ème anniversaire de la fondation de la Faculté de droit, 18-19 novembre 2011 acessivel em Nov/2013 em https://www.google.pt/#q=Prof.+Dr.+Nicolas+Queloz%2C+Le+projet+de+%C2%ABr%C3%A9vision+de+la+r%C3%A9vision%C2%BB+du+droit+des+sanctions+p%C3%A9nales.

[206] Snacken Sonja, *Les courtes peines de prison,* cit. cujo estudo seguimos.

de prisão; de igual modo em termos de prevenção geral essa eficácia mantém-se dependendo todavia de factores pessoais, culturais, tipos de crime e de sanção, a que acresce a publicidade dada ao caso e ao crime e das possibilidades reais de procedimento criminal e de condenação.

Em face do exposto, parece-nos que se tornaria benéfica a adopção desta pena, não por com ela se poder obter de certeza uma maior eficácia preventiva, embora não seja de descurar tal possibilidade, mas por, além de ser mais uma sanção substitutiva da prisão (da condenação), possibilitar um menor tempo de prisão e ser mais benéfica para o condenado e logo mais adequada à dignidade da pessoa humana.

Por outro lado, a suspensão parcial da pena de prisão, pode evitar o prejuízo (ou minorar o prejuízo) que a suspensão de uma pena de prisão de 3 a 5 anos pode causar no sentimento de afrouxamento da reacção penal executiva, na eficácia preventiva do direito penal (cf. Jescheck, H., Tratado de Derecho Penal, vol. II (1981) pág. 1158)[207].

6. A suspensão parcial da pena em Portugal

6.1. Breves notas

A problemática da suspensão parcial da pena, embora numa outra perspectiva de pena compósita (prisão e multa) e no sentido de poder ou não ser suspensa apenas uma das penas, não é desconhecida em Portugal e iniciou-se com a vigência do DL 29 636 de 27/5/39 (supra II. 2).

O CP 1982 (art. 48.º, n.º 1) dispunha "*O tribunal pode suspender a execução da pena de prisão não superior a 3 anos, com ou sem multa, bem como a da pena de multa imposta a condenado que não tenha possibilidade de a pagar*", o que deu origem a que de novo a discussão se centrasse em averiguar se

[207] Ac. STJ 5/12/2007 www.dgsi.pt "*XIV – A admissão da suspensão da execução da pena até 5 anos de prisão (art. 50.º, n.º 1, do CP, na redacção introduzida pela Lei 59/2007, de 04-09), (...), deve necessariamente reflectir-se num redobrado e atento exame da situação concreta, face às exigências da prevenção geral, perante penas que correspondem a crimes que de forma alguma aceitam a designação de criminalidade menor, pois que a suspensão da execução da pena deve afigurar-se como compreensível e admissível perante o sentido jurídico da comunidade. XV – E, apesar de a lei o não dizer, é uma questão de razoabilidade e lógica jurídica, dimanada dos princípios, a afirmação de que, em termos de prevenção especial, não tem o mesmo significado na aferição da possibilidade de suspensão da execução da pena uma pena de 6 meses de prisão ou uma pena de 5 anos de prisão.*"

se podia suspender apenas a pena de prisão quando o arguido era condenado em prisão e multa (e este tinha possibilidade de pagar a multa) ou apenas a multa no caso de impossibilidade de pagamento, suscitando de novo a questão da suspensão parcial.

As divergências na Jurisprudência[208], que se seguiram, vieram a estabilizar no sentido da sua inexistência, decidindo o STJ no ac. de 12/11/86 BMJ 361, 253 que "*No caso de ao crime caber prisão e multa se a execução da pena for de suspender, a suspensão abrange necessariamente a multa complementar*" e nele se salientava que a comissão revisora do projecto da Parte Geral do CP (BMJ 147.º, 38) havia entendido que no caso de o crime ser punido com prisão e multa a suspensão "*devia abranger ambas as formas de punição*"[209]. Tal normativo veio a ser alterado e revogado pelo DL 48/95 de 15/3, permitindo-se apenas no art. 50.º a suspensão da pena de prisão, sendo eliminada a possibilidade de suspender a pena de multa, que é submetida a regras específicas de cumprimento.

Se tal situação foi resolvida quanto aos crimes previstos no Código Penal, no sentido da sua eliminação (cuja punição deixou de ser constituída por penas compósitas de prisão e multa), o mesmo não sucedeu quanto aos demais crimes, estabelecendo o art. 7.º DL 48/95 que "*Enquanto vigorarem normas que prevejam cumulativamente penas de prisão e multa, a suspensão da execução da pena de prisão decretada pelo tribunal não abrange a pena de multa*". Assim a pena aplicada a um mesmo crime, pode em parte (a de prisão) ser suspensa e a outra parte (a de multa) ser dada à execução, pelo que temos uma pena compósita que pode ser parcialmente suspensa.

Mas não é esta suspensão da pena de prisão e multa que temos em vista quando nos referimos à suspensão parcial da pena, mas apenas à da pena de prisão aplicada por um crime.

[208] Ac. R Ev. 11/11/86 CJ ano XI, 5, 305; e Ac. STJ de 5/12/84 proc. 37543 citado por Leal-Henriques, Manuel de Oliveira, et alli, *Código Penal de 1982*, Rei dos Livros 1986, Vol. I, pág. 294.

[209] Cf. *Actas da Comissão Revisora do Código Penal*, Parte Geral I Vol. AAFDL, pág. 57, e Ac. STJ 23/4/1987 BMJ 366, 299.

6.2. Razões para a sua introdução

Pese embora a ausência de tradição na Ordem Jurídica Portuguesa quer-nos parecer que a sua introdução traria reais vantagens para o ordenamento jurídico português, na medida em que:

a) O enriqueceria com mais uma pena de substituição.

A pena de substituição pressupõe a prévia determinação da pena de prisão contínua a aplicar ao arguido pelo crime cometido, que depois é substituída, sendo aplicada em vez da pena principal, que é o que acontece com a suspensão parcial, e esta diminuindo o tempo de prisão, não pode deixar de comungar do mesmo ideal das penas de substituição, de combate às penas de prisão contínua.

Claro que impõe ainda o cumprimento de prisão, mas sempre será em menor duração do que a que ocorreria se não existisse a substituição e, por outro lado, com a suspensão (da pena de prisão em execução), agrega a si a mais importante pena de substituição e, evitando a prisão na parte substituída, pode por essa via considerar-se que participa ainda do princípio da preferência pelas reacções criminais não detentivas, pois diminui a aplicação no seu *quantum* da pena detentiva, numa perspectiva de respeito pelos princípios da necessidade e da subsidiariedade da intervenção penal do art. 18.º, n.º 2 CRP.

Seria assim uma pena de substituição mista de natureza detentiva e não detentiva.

A doutrina é unânime em considerar que neste combate quanto maior for o número de penas de substituição melhor, pois a diversidade de situações deve levar à diversidade de soluções e mais hipóteses há-de escolher a sanção que mais se aproxima da adequada ao arguido e aos fins do direito penal.

Nesse sentido ensina Figueiredo Dias (supra n.º I.3.2) como consequência dos princípios da necessidade e da subsidiariedade da intervenção penal expressos no art. 18.º, n.º 2 CRP[210] e não é outro o sentir de Anabela Rodrigues, ao expressar que a "*ampliação do arsenal punitivo*" é factor de socialização das penas[211].

[210] FIGUEIREDO DIAS, Jorge, *Direito Penal português, ...cit.* págs. 75 e 85.

[211] *Sistema ... ob.* cit. pág. 31 aliada à reforma do direito de execução das penas privativas da liberdade.

Ensinamentos que o legislador seguiu, ao introduzir, em 2007 no Código Penal novas penas substitutivas, no art. 44.º CP o regime de permanência na habitação para cumprimento da pena privativa da liberdade e a proibição de exercício da profissão no art. 43.º, n.º 3 CP[212].

b) Os tribunais teriam ao seu dispor mais um meio de adequação da sanção ao arguido, porque a suspensão parcial afigura-se-nos que tem especial interesse:

- nos casos em que o limite mínimo da pena é muito elevado (v.g. furto qualificado art. 204.º, n.º 2: 2 anos de prisão; roubo agravado art. 210.º, n.º 2: 3 anos; tráfico de droga do art. 21.º DL 15/93: 4 anos, etc.), ou
- em situações de cúmulo jurídico que implicam uma pena única elevada, evitando assim a construção jurisprudencial da pena mais grave acrescida de uma percentagem das demais, que fez carreira[213] mas que, cremos, conta já com menos seguidores[214] e em abandono;

[212] Mas esta proibição já estava prevista no Código Penal, ora como pena acessória (proibição do exercício de funções – art. 66.º), ora como medida de segurança não privativa da liberdade (interdições de actividade – art. 100.º) e ainda como regra de conduta que podia ser imposta na suspensão da execução da pena de prisão (arts. 50.º, n.º 1 e 52.º, n.º 2, al. a), sendo por isso apenas nova como pena de substituição.

[213] Cf. Ac. STJ 31/10/2007 www.dgsi.pt/jstj: "*IV – Para cálculo da correspondente "única pena" – no quadro duma «pena aplicável» cujo limite mínimo será a mais elevada das penas concretamente aplicadas aos vários crimes e cujo limite máximo será a soma de todas elas –, haverá que «adicionar-se», à maior das penas parcelares de prisão, uma fracção do somatório das demais penas aplicadas*".

Ac. STJ 27/11/2008 www.dgsi.pt/jstj "*II – Ao nível da operação do cúmulo jurídico e na observação do prescrito nos n.ºs 1 e 2 do art. 77.º do CP, vem-se observando um modelo operacional perfeitamente enquadrado na normalidade da actuação jurisprudencial, do que dá conta, nomeadamente, o acórdão deste STJ de 09-05-02, proferido no âmbito do Proc. n.º 1259/05 – 5.ª, relatado pelo Cons. Carmona da Mota, assim sintetizado: "«A pena aplicável tem como limite máximo a soma das penas concretamente aplicadas aos vários crimes, não podendo ultrapassar 25 anos tratando-se de pena de prisão (...) e tem como limite mínimo a mais elevada das penas concretamente aplicadas aos vários crimes» (CP, art. 77.2), donde que o somatório das penas «menores» – a menos que a pena única seja fixada no seu máximo – deva sofrer, na sua adição à «maior», determinada «compressão», ora, tudo estará em apurar, em cada caso, qual a compressão a imprimir ao somatório das penas menores (já que a pena «maior», constituindo o limite mínimo da pena única, é, naturalmente, intangível); numa primeira abordagem, haverá – como forma de dar ao juiz um terceiro termo de referência (dentro da enorme latitude conferida pelos outros dois: o limite mínimo e o limite máximo) – que desenhar, entre os extremos, um ponto que fixe, geometricamente, o «encontro» entre essas duas variáveis; na generalidade dos casos (conciliando a tendência da*

- que muitas vezes se justificaria apenas pela vontade/necessidade de justiça, de atenuar a pena única a cumprir, ou seja, de se considerar excessiva no caso concreto a pena única ou excessivo o cumprimento da prisão necessária e adequada ao facto e à culpa;
- evita a "*inversão*" dos critérios legais para adequar a decisão à pena justa, nomeadamente quando o arguido não confessa e não mostra arrependimento e o limite mínimo é elevado e o arguido *aparenta* estar socialmente inserido e não parece adequado o cumprimento total da pena de prisão por as finalidades da pena se satisfazerem com um cumprimento menor;
- tal como pode constituir a última oportunidade dada a um arguido já beneficiário da suspensão da pena que torna a delinquir uma ou mais vezes, de não cumprir integralmente a pena de prisão em que foi condenado, existindo dúvidas sobre a sua capacidade e ou sobre a sua vontade de ressocialização, pois a ameaça da pena não consti-

jurisprudência mais «permissiva» em somar à «maior» ¼ – ou menos – das demais com a jurisprudência mais «repressiva» que àquela usa adicionar metade – ou mais – das outras), esse ponto de convergência poderá achar-se, somando à pena «maior» 1/3 das «menores» (...)"; Rodrigues da Costa, Artur, *O cúmulo jurídico na Doutrina e na Jurisprudência do STJ*, in Julgar, n.º 21, Set/Dez 2013, ASJP, Coimbra ed. págs.171 a 201 para uma ideia geral sobre a evolução dessa prática.

Cfr. ALBUQUERQUE, Paulo Pinto, Comentário do Código Proc. Penal, UCP 2008, pág. 244, acresce à pena parcelar mais grave até 1/3 de cada uma das demais penas parcelares (Ac.s STJ 19/5/2010, e de 29/4/2010 www.dgsi.pt) ou até ½ ou 2/3 das demais penas parcelares, nos casos mais graves.

[214] Cf. Ac. STJ 23/6/2010 www.dgsi.pt/jstj "*IV – O critério de determinação da medida da pena conjunta do concurso, há-de ir buscar-se ao disposto no art. 71.º n.º 1 do mesmo diploma que versando sobre a determinação da medida da pena dentro dos limites definidos na lei, diz que ´ é feita em função da culpa do agente e das exigências da prevenção"V – Inexiste qualquer critério legal de natureza aritmética ou matemática na determinação da medida concreta da pena. VI – Em termos de determinação quantitativa da medida da pena conjunta, apenas deve observar-se um limite, que consta do n.º 2 do art. 77.º do CP, aplicável ao cúmulo superveniente por força do n.º 1 do art. 78.º e que se traduz em que: A pena aplicável tem como limite máximo a soma das penas concretamente aplicadas aos vários crimes, não podendo ultrapassar 25 anos, tratando-se de pena de prisão e 900 dias, tratando-se de pena de multa, e como limite mínimo a mais elevada das penas concretamente aplicadas aos vários crimes*" mas mantendo aquela tendência, o Ac. STJ de 12/09/2014, CJSTJ, XXII, III, 175: "*Na formulação da pena conjunta, a qual reside na ponderação da imagem global dos crimes cometidos, bem como na personalidade do agente, designadamente na sua maior ou menor desconformidade com o Direito, é aceitável que o tribunal, para evitar vacuidades, determine a pena única somando à pena concreta mais grave entre 1/2 e 1/5 de cada uma das restantes penas concretas.*"

tuiu suficiente advertência, mas em que o cumprimento de parte da pena de prisão pode consciencializá-lo da necessidade de regresso ao direito;

- tem potencialidade de ser aplicada quando a personalidade do arguido não é suficientemente revelada ao tribunal[215] e ou não sendo de emitir um juízo de prognose favorável à suspensão da execução da pena, também não é possível um juízo de prognose desfavorável;
- e permite a adequação da pena a cumprir (efectiva) ao julgamento do juiz sobre a possibilidade de socialização do condenado, mantendo a suspensão restante da pena toda a sua virtualidade coactiva.

c) A sociedade e a reinserção do arguido só colheriam benefícios.

- desde logo por cumprir menos tempo de prisão do que aquele em que foi condenado, daí saindo beneficiado o Estado por ter de suportar menores custos e o arguido porque menos penosa se lhe torna a pena, permitindo-lhe regressar ao convívio social e familiar mais cedo e ao mesmo tempo menor influência perniciosa sobre ele tem a prisão, mas subsistindo, com a parte suspensa, a ameaça da prisão para que se motive para ser útil a si próprio[216] e à sociedade não praticando novos crimes;
- permite a libertação do arguido antes de decorrido o prazo para a liberdade condicional, por se afigurar ao juiz do julgamento que a execução da pena por um período até ao ½ da pena se prever como

[215] V.g. porque o arguido não compareceu à audiência ou exerceu o seu direito ao silêncio e ou o Relatório social para julgamento não é assertivo ou os dados nele expressos levam àquela conclusão.
A propósito do direito ao silêncio, expressa o Ac. STJ de 12/3/2008 Proc. 08P694 Santos Cabral "*VI – O direito ao silêncio não pode ser valorado contra o arguido. Porém, a proibição de valoração incide apenas sobre o silêncio que o arguido adoptou como estratégia processual, não podendo repercutir-se na prova produzida por qualquer meio legal, designadamente a que venha a precisar e demonstrar a responsabilidade criminal do arguido, revelando a falência daquela estratégia*".

[216] Ac. STJ 8/5/97 proc. 96P1293 www.dgsi.pt/jstj: "*I – Factor essencial à filosofia do instituto da suspensão da execução da pena é a capacidade da medida para apontar ao próprio arguido o rumo certo no domínio da valoração do seu comportamento de acordo com as exigências do direito penal, impondo-se-lhe como factor pedagógico de contenção e auto-responsabilização pelo comportamento posterior; para a sua concessão é necessária a capacidade do arguido de sentir essa ameaça da pena, a exercer sobre si o efeito contentor, em caso de situação parecida, e a capacidade de vencer a vontade de delinquir*".

excessivo e desnecessário e, em face da personalidade do arguido, dos factos ou da conduta posterior, dever cumprir menos de metade da pena e ainda que deve continuar a sua ressocialização em liberdade, ou

- o cumprimento da prisão sendo exigido pela prevenção geral positiva ou de integração ou seja de reforço da consciência jurídica comunitária e do seu sentimento de segurança face à violação da norma ocorrida[217] ela todavia satisfaz-se com um cumprimento parcial da pena, face à desnecessidade de socialização do arguido;
- ou ainda, nos casos em que o cumprimento da pena é exigido pela prevenção geral, mas o arguido após o crime teve um comportamento exemplar (confissão, arrependimento, reparação até onde lhe foi possível do dano causado);
- permite ainda absorver como cumprido o tempo de duração da prisão preventiva sofrida, ficando a parte restante suspensa por igual período, sem ter de contabilizar na duração da suspensão a totalidade da pena de prisão, mas apenas o período da suspensão. Explicando: face a uma condenação em 4 anos e seis meses de prisão, em caso de suspensão da pena esta tem a duração igual à pena (4 anos e seis meses) a contar do trânsito em julgado. Mas aplicando a suspensão parcial da pena, se a condenação for dos mesmos 4 anos e seis meses e o arguido tiver estado detido em prisão preventiva dois anos sendo a pena suspensa em dois anos e seis meses, a duração da suspensão será apenas pelo período de dois anos e seis meses e não pelo período de quatro anos e seis meses. Tal facto é extremamente benéfico para o condenado.

d) A suspensão parcial é ainda mais favorável ao arguido em confronto com a liberdade condicional permitindo adequar a sanção efectiva à culpa, pois é decidida pelo juiz de julgamento e em face dos factos e da personalidade do arguido, com observância dos critérios do art. 71.º, n.º 2 CP, enquanto a liberdade condicional implica a execução completa ou quase da pena de prisão, pois normalmente apenas é concedida aos 2/3 da pena e obrigatória só aos 5/6 – art. 61.º, n.ºs 2, 3 e 4 CP – e tem por base

[217] "*... em suma, na expressão de Jakobs, como estabilização contrafáctica das expectativas comunitárias na validade e vigência da norma infringida*" – *in* Ac. STJ 27/11/2008 cit. citando FIGUEIREDO DIAS.

diferentes critérios – art. 61.º CP: prevenção especial e geral ou apenas aquela.

6.3. Configuração normativa e conclusão

À suspensão parcial da pena de prisão podem ser reconhecidas, ainda, outras potencialidades, nomeadamente ser aplicada nos casos de revogação da suspensão da pena de prisão, em que pode justificar-se o cumprimento apenas parcial da prisão, como v.g. no caso de haver cumprido parcialmente as condições da suspensão, se na situação concreta, tal não ofender o sentimento jurídico da comunidade nem puser em causa a validade da norma infringida.

O cumprimento parcial da pena pode ter uma duração maior ou menor, a definir pelo juiz devidamente fundamentada, mas por regra deveria ser inferior a metade da pena, e dependente das necessidades preventivas que fossem exigidas pelo bem jurídico, estabelecida pela política criminal traduzida ou não na pena abstracta prevista na lei, mas de modo suficiente a garantir a eficácia do direito penal e evitar a sua violação, pugnando pela paz social e convivência pacífica entre os homens, e a equilibrar com as obrigações, deveres ou regras de conduta que fossem impostas ao arguido durante o cumprimento da parte suspensa da pena, tendo presente, cremos, que o problema fundamental do direito penal não é a pena, é antes a sua eficácia[218], sendo a pena o meio para proteger os bens que a Comunidade erigiu como dignos de protecção.

A configuração da suspensão parcial, tal como a vemos, tem semelhanças com a ideia expressa por Figueiredo Dias, consistente em "*nas penas longas de prisão, substituir a parte terminal por PTFC*"[219] em que este substituiria a prisão, quando ainda não pudesse ser concedida a liberdade condicional, por não haver decorrido o período legal, mas estarem reunidos os requisitos substanciais para a sua concessão, com um diferença traduzida em o período de prisão ser determinado logo na sentença, mas

[218] Cf. Ac. R Ev 21/10/2014, proc. 3/14.8GCODM.P1, www.dgsi.pt "*III – Nada impede que a pena de multa principal, desde que criteriosamente determinada, possa constituir resposta credível e adequada ao cumprimento das finalidades da punição, mesmo quando o arguido tem antecedentes criminais. Essencial é que tal pena assegure a sua eficácia político-criminal*".

[219] Dias, Figueiredo, *Direito Penal Português, ... cit.* págs. 383 e 384.

com a semelhança de que a parte da pena de prisão era aplicada uma pena de substituição.

Em França também foi reconhecida a ineficácia da suspensão da pena como meio de evitar a pena de prisão[220], tal como em Portugal, onde não apenas é vista com desconfiança pela comunidade (supra II.7.2), como o arguido não se motiva para a sua ressocialização muitas vezes não percebendo o alcance da suspensão ou a benesse que lhe é concedida e reincide na sua conduta delituosa, e a pena de suspensão parcial da prisão, mostra-se a nosso ver com potencialidades para contribuir para recuperar a confiança da Comunidade na suspensão da pena e motivar o arguido para o Direito.

A suspensão parcial da pena, decretada pelo juiz (*de cariz judicial*), como pena de substituição caberia assim ao lado da suspensão da execução da pena, ou como modalidade de suspensão da pena a acrescer às demais existentes:

- a sua duração corresponderia à duração da pena de prisão aplicada, mas o período de suspensão teria duração igual à parte da pena de prisão suspensa;
- a execução da pena iniciar-se-ia pelo cumprimento da prisão, pelo tempo que o tribunal fixasse na sentença, que condicionado pelo limite mínimo da pena de prisão não deveria ser superior a metade da pena aplicada, salvo se razões de prevenção geral impusessem duração superior;

[220] Cf. Gaillardot Dominique. *Les sanctions pénales alternatives.* In: Revue internationale de droit comparé. Vol. 46 N.º 2, Avril-juin 1994. pp. 683-693. doi : 10.3406/ridc.1994.4897 http://www.persee.fr/web/revues/home/prescript/article/ridc_0035-3337_1994_num_46_2_4897, «*Le développement des peines avec sursis est souvent apparu comme le premier moyen de repousser, sinon d'éviter l'emprisonnement. Peine abstraite, théorique, elle se montre peu dissuasive pour de nombreux délinquants qui ne sont pas en mesure d'en comprendre le principe même. Au surplus, l'échec d'une peine avec sursis simple ou probatoire, loin d'éviter le recours à l'emprisonnement risque bien au contraire de précipiter et d'enfermer le délinquant dans un cercle vicieux qui ne connaît comme échappatoire que toujours plus d'emprisonnement.* »

- a parte suspensa poderia estar condicionada a quaisquer deveres, regras de conduta ou regime de prova, tal como existe actualmente, iniciando-se com a libertação do arguido;
- as regras sobre o incumprimento e sobre a revogação da parte suspensa da pena seriam de igual modo as actualmente existentes, e em caso de revogação cumpriria a parte da pena que tinha estado suspensa.

A sua previsão poderia consistir tal como em França numa norma que determinasse:

A suspensão da pena pode ser aplicada apenas a uma parte da pena de prisão em que o arguido foi condenado.

O período de suspensão tem duração igual à parte da pena suspensa.

É aplicável o disposto nos n.ºs 2 e 3 do art. 50.º CP.

Nos casos de revogação da suspensão da pena, o tribunal observado o disposto no art. 50.º, n.º 1 CP e ponderando nomeadamente o cumprimento parcial das condições de suspensão, pode decidir pelo cumprimento parcial da pena de prisão cuja duração fixará.

"... o único reparo a fazer ao acórdão é o de que ele só peca por defeito, ou seja, em vez de suspender durante dois anos a execução da pena de prisão sob condição de o arguido depositar à ordem do processo a quantia de 20 mil euros, o Tribunal Colectivo deveria antes ter ordenado o imediato cumprimento da pena de prisão, cumprimento esse que só cessaria quando o arguido depositasse aquela quantia à ordem do tribunal."

A. MARINHO E PINTO[221]

[221] Bastonário da O. A. "*Uma sentença que dignifica a Justiça*", BOA, n.º 64, Mar./2010, pág. 5.

IV
A reparação do dano

1. Introdução

A importância do texto antecedente ocorre pela ideia subjacente de que ainda há espaço para soluções jurídicas, no direito sancionatório, para além das actuais[222].

A decisão judicial está correcta, mas aquela mensagem pretende traduzir um desacerto social, e sendo o direito o regulador das relações sociais e tendo nestas relações o direito a sua génese e razão de existir, é fundamental que estejam em sintonia, em harmonia e em concordância prática, de molde a que a Sociedade sinta o direito como seu, expressando, por isso, o seu sentir.

A suspensão da execução da pena é vista pela comunidade com desconfiança (supra n.º II.7.2) e o sentimento geral e enraizado na sociedade é de impunidade: o arguido cometeu o crime mas não cumpriu pena alguma, "*saiu em liberdade, com pena suspensa*", sentimento esse que é reconhecido pelo próprio legislador[223] e mesmo quando é imposta a condição de pagar dentro de certo prazo a indemnização devida ao lesado, mercê de diversos factores, não se supera essa desconfiança.

[222] Face ao direito constituído e de *lege ferenda*, não podia ser outra a decisão, pois a suspensão da execução da pena de prisão (ou pena privativa da liberdade) pode ser subordinada ao cumprimento de deveres por parte do arguido e destinados a reparar o mal do crime, como seja o de "*pagar dentro de certo prazo..., a indemnização devida ao lesado...*" art. 51.º, n.º 1, al. a) CP 1982 versão de 1995 e não o inverso: condenação em pena de prisão que será suspensa quando o arguido condenado pagar a indemnização.
As referências ao Código Penal (CP) serão salvo indicação em contrário à versão de 1995 vigente [Lei 59/2007].

[223] N.º 4 do preâmbulo do DL 48/95.

Num direito penal globalizante e em constante evolução quer na procura de novas penas[224] quer na sua adequação às finalidades destas (supra I.3.1.1.) – não sendo de estranhar o reaparecimento de ideias antigas[225] como de novas ideias sobre a reparação da vítima[226], – fervilham os ideais da justiça restaurativa relativos à reparação do dano em que a vítima é chamada a participar na solução do conflito mas sem se definir ainda se estamos perante uma alternativa à pena ou uma alternativa ao sistema penal[227].

Parecendo-nos que a reparação é o centro do direito, que em situação de conflito é chamado a intervir para repor a situação anterior à violação do direito de outrem, compreende-se que ela esteja, hoje, no centro quer da resolução judicial dos litígios quer da resolução extrajudicial destes, sendo pressuposto fundamental na mediação penal.

Apesar de tudo não pode ser deixado de lado o sentir social no que à pena criminal respeita – como mal infligido ao autor de um crime, que vê nela uma mescla das ideias de expiação e de retribuição, de intimidação (pessoal) e prevenção (colectiva), associada às ideias de emenda, readaptação e ressocialização do condenado[228], pois todas elas estão presentes na memória colectiva da Humanidade, – tal como não se pode esquecer o direito positivado e no momento actual, decorrendo do direito penal português (art. 40.º CP) que a pena tem por fundamento social a protec-

[224] Sem estar a considerar as novas medidas sancionatórias que emergem como a privação de direitos, ou a pura e simples reparação.

[225] Como o "*retorno aos valores da retribuição e da prevenção geral*" as ideias sobre a teoria da retribuição (neo – retributivas) – cf. Costa Andrade, Manuel, *O novo Código Penal... cit.* pág. 197; Rodrigues, Anabela M., *Sistema... cit.* págs. 29/31.

Cf. Vilela, Alexandra, "*Revisitando o n.º 1 do artigo 206.º do Código Penal: a extinção da responsabilidade criminal e a (não)necessidade de pena*", in http://julgar.pt/revisitando-o-n-o-1-do-artigo-206-o-do-codigo-penal/, págs. 10/11 e onde expressa a pág. 13 "*...o n.º 1 do artigo 206.º não nos permite concluir que o agente não tenha necessidade de pena, seja se lhe dermos uma finalidade neo-retributiva, seja uma qualquer outra de prevenção. O mesmo é dizer: a extinção do procedimento criminal, fruto da restituição ou da reparação ali prevista tem, ou pode ter, lugar em alguns casos relativamente aos quais exista uma verdadeira necessidade de pena, a qual, todavia, não foi aplicada justamente por força do funcionamento daquela norma. Deste modo, certamente, o direito penal não cumprirá, nesse caso, o seu desiderato de realização da justiça*".

[226] Supra I.3.1.5. nota 66.

[227] Supra I.3.1.5. nota 67.

[228] Supra I.3.1.5. nota 69.

ção de bens jurídicos, no fundo, direitos fundamentais, bens individuais ou colectivos, que a pessoa humana necessita para a sua completude pessoal e comunitária, e que através da pena se pretende restabelecer a paz social e comunitária (a paz em geral e naquele local e entre aquelas pessoas) que o crime pôs em causa, ou a ordem e harmonia de convivência social que existia antes dessa violação e também, mercê da reprovação[229] do crime, evitar que o arguido volte a infringir a ordem social, ou outra pessoa lhe siga o exemplo.

Por isso e por força do princípio da dignidade da pessoa humana, se outra medida ou meio, puder, ou puder ajudar a, alcançar essa mesma paz e aquelas finalidades, ou seja, tutelar na medida do necessário os bens carecidos de protecção, evitando novos crimes[230], então deve ser adoptada.

Assim a efectivação da suspensão da execução da pena de prisão apenas depois de cumprida a condição de suspensão traduzida na reparação do dano, ou como causa da cessação da execução da pena quando ocorra no seu decurso a reparação do dano, a satisfação da obrigação ou a cessação da situação ilícita, pode ter a virtualidade de ao serviço do direito penal tornar "*a posteriori*" desnecessária a execução da pena, *maxime* naqueles casos em que o arguido não carece socialmente de integração e até pode exercer uma função de relevante interesse social mas a execução da pena em que foi condenado pelo crime cometido é exigida pela sociedade (exigências de prevenção geral) pelo menos sem que ocorra a reparação do dano causado.

2. A reparação

A reparação traduz a ideia de reposição da situação anterior a um facto causador de danos, de eliminação dos efeitos da lesão e de um modo mais específico configura o pagamento de uma quantia compensatória dos prejuízos causados.

Interessam-nos apenas os danos causados por conduta humana ofensiva dos direitos e ou interesses legalmente protegidos de outrem.

[229] Supra I.3.1.5. nota 70.

[230] Supra I.3.1.5. nota 71.

2.1. Instituto de natureza civil ou penal?

A causa dos danos tanto pode emergir de facto integrante da responsabilidade civil como da responsabilidade penal emergente da prática de um crime. Em Portugal essa reparação tanto pode ocorrer ou ser pedida e efectivada no processo penal como no processo civil, e por força do princípio da adesão consagrado no art. 71.º CPP existe a obrigatoriedade, como regra[231], de ser deduzido no processo penal, quando emerge da prática de um crime. Daí que se coloque a questão de saber qual a natureza jurídica da indemnização/reparação arbitrada no processo penal, parecendo pertinente não confundir a "*reparação*" penal com a "*indemnização*" pelos danos patrimoniais causados com o crime embora possam ter a "*mesma quantidade*", por prosseguirem interesses divergentes.

1. A indemnização visa a reparação dos danos civis, estabelecendo a lei penal que "*A indemnização de perdas e danos emergentes de crime é regulada pela lei civil.*" (art. 129.º CP) e visando (a indemnização e a reparação) fins autónomos, também se aproximam podendo visar a mesma realidade: de satisfazer mais rapidamente e com menos custos ou não tão excessivos ou contingentes, os interesses da vítima lesada com o crime.

Com a possibilidade de ver satisfeita a indemnização no processo penal segundo as regras da responsabilidade civil (mas emergente do crime e mesmo em caso de absolvição crime – art. 377.º, n.º 1 CPP[232]) existe uma aproximação entre ambos os ramos do direito civil e penal no que a este item concerne. Tal tem a ver, parece-nos, com os novos tempos, sendo aquela indemnização vista com uma função de reparação e limitada pelo dano efectivo e esta (reparação) também como punitiva (*v.g. punitive damages*), com elevada dose de indeterminação, podendo pôr em causa os princípios da legalidade, da igualdade, o *ne bis in idem* e da proporcionalidade.

[231] Art. 71.º CPP: "*O pedido de indemnização civil fundado na prática de um crime é deduzido no processo penal respectivo, só o podendo ser em separado, perante o tribunal civil, nos casos previstos na lei*". Cf. Ac. do STJ de 14/07/2010, proc. 203/99.9TBVRL.P1.S1-A, in www.dgsi.pt.

[232] "*A sentença, ainda que absolutória, condena o arguido em indemnização civil sempre que o pedido respectivo vier a revelar-se fundado, sem prejuízo do disposto no n.º 3 do artigo 82.º*".

Entende Cláudia Santos[233] que "... *aquela precisa delimitação dos modos de reacção civil e penal entrou de alguma forma em crise. As reivindicações – só em certa medida convergentes, como é claro – do abolicionismo e da vitimologia de menos prisão e mais reparação tiveram como consequência a criação de um estado de alguma confusão na delimitação de fronteiras entre o direito penal e o direito civil, porque o direito penal passou a chamar a si, em alguns casos, a intenção de reparar como forma de punir, para além de punir ou em vez de punir. Por sua vez o direito civil assumiu, pelo menos em alguns países, uma função punitiva vertida na admissibilidade de cláusulas penais ou na aceitação de indemnizações punitivas (a figura anglo-saxónica, que se julga merecedora das maiores resistências, dos punitive damages)*".

2. Esta questão teve especial interesse no âmbito do CP 1886, em cujo art. 75.º n.ºs 2 e 3 se previa não apenas a obrigação de restituição das coisas de que o ofendido tivesse sido privado por causa do crime ou o seu valor, mas também a obrigação de indemnização do dano causado se requerida, como sendo efeitos não penais da condenação (conforme epígrafe do artigo);

Como seu complemento o art. 29.º CPP 1929 estabelecia o princípio da adesão obrigatória da acção civil ao processo penal e para, além deste, o art. 34.º impunha a reparação oficiosa aos ofendidos "*por perdas e danos*" a determinar no seu quantitativo pelos critérios do seu §2.º e tendo por com base a equidade "*o prudente arbítrio do julgador*".

A Doutrina encontrava-se dividida quanto à natureza dessa "reparação" penal[234]:

[233] Ob. cit. pág. 388.

[234] Para a tese da natureza civil importa ponderar que: a decisão fará caso julgado quanto ao montante da indemnização; respeito pelos princípios do processo civil nomeadamente insusceptibilidade de condenação oficiosa; pode ser arbitrada indemnização como outra pretensão civil; o dano é avaliado segundo o direito civil; é admitida a transacção; indemnização é arbitrada desde que esteja provado o ilícito civil; a indemnização é transmissível. Para a tese da natureza criminal importa ponderar que: não há caso julgado civil, podendo ser proposta acção civil para obter a diferença da indemnização; pode ser fixada indemnização sem pedido; pode ser arbitrada indemnização ou outras medidas compensatórias adjuvantes da pena; a avaliação do dano é feita de acordo com a lei criminal; não há transacção; a reparação depende apenas da prova criminal do dano; não há transmissibilidade da reparação.

- de um lado aceitava-se a sua natureza civil porque a indemnização podia ser concedida sem condenação penal, produzia efeito de caso julgado e podiam intervir no processo os responsáveis civis ou os terceiros lesados e, ainda, por abranger os danos morais e os danos patrimoniais e,
- do outro defendia-se sua natureza penal porque o seu arbitramento era (ou podia ser) oficioso – sem necessidade de ser pedida e sempre que havia condenação – e os critérios de determinação do seu quantitativo (art. 34.º) eram critérios penais (e não segundo as regras da teoria da diferença do art. 562.º do Código Civil)[235].

A Jurisprudência tomou posição através do Assento n.º 1/76 de 28/1/76 do seguinte teor "*I – O tribunal civil é incompetente em razão da matéria para a acção de indemnização proposta contra o condutor, e simultaneamente proprietário do veículo, por danos resultantes de acidente de viação, quando na acção penal contra ele movida tenha sido proferida condenação a indemnizar. II – A decisão penal constitui caso julgado, quanto à indemnização arbitrada, entre o condutor, ainda que simultaneamente proprietário do veículo, e o lesado*" publicado no DR.1.ª série de 28/1/1976 e BMJ 253, 109[236].

[235] Faria, Maria Paula Ribeiro de, *A reparação punitiva – Uma "Terceira Via" na efectivação da responsabilidade penal*, in *Liber Discipulorum para Jorge Figueiredo Dias*, Coimbra Editora, 2003, págs. 259 segs. a consultar para maiores desenvolvimentos.

[236] Em cujo texto se escreve: "*... seguramente por influência da escola positiva, pressupõe-se que a reparação do dano causado ao lesado importa também à sociedade, importa ao Estado, como meio de defesa social e de reposição do seu equilíbrio. E daí que, estabelecido o princípio da suficiência do processo penal, conforme o disposto no artigo 2 daquele Código, se pretenda esgotar em tal processo a questão da reparação ao lesado – com a colaboração deste, se for diligente, ou por acção pública (atente-se, a propósito, na vincada expressão conferida ao artigo 29 pelo adverbio "só"). Muitas são, alias, as razões que militam para a preferência quase absoluta dada ao foro criminal "além de serem as que sempre influíram no critério do nosso legislador" (conforme o artigo 2 373 do Código Civil de 1867 e o Comentário de Cunha Gonçalves, volume XII, paginas 644 e seguintes).*
A formulação de um pedido pelo lesado não constitui, assim, pressuposto indispensável de caracterização da repetição de causas. Bem poderá até entender-se que a formulação da acusação em processo penal, constituindo pedido de condenação do infractor, leva implícito o pedido de indemnização para o lesado, já que a lei sempre a esta impõe em consequência daquela.
De todo o modo, o que a excepção do caso julgado tem por fim é "evitar que o tribunal seja colocado na alternativa de contradizer ou de reproduzir uma decisão anterior", como dispõe o artigo 497, n. 2, do Código de Processo Civil. E este é que constituirá o escopo ou critério que permitirá a resolução das dúvi-

3. Tendo em conta que a indemnização tanto podia ser pedida no processo penal através do princípio de adesão, como a reparação arbitrada oficiosamente pelo tribunal, quer-nos parecer que o art. 34.º CPP aproximava o direito civil do direito penal numa solução de resolução global de um problema jurídico, que implicava os dois ramos do direito, sendo que o art. 34.º apenas tinha efectiva aplicação quando não tinha sido "*enxertada no processo penal a acção civil*" e aí constituía no dizer de Figueiredo Dias, um *efeito penal da condenação* com a atribuição de "*colaborar na realização das finalidades próprias das sanções penais de cariz preventivo*"[237] posição esta do CP 1886 e do CPP 1929 que traduziam "*uma determinada concepção da indemnização como um mecanismo reparatório misto, com notas de natureza claramente preventiva e sancionatória*"[238] e que pode ser considerada precursora das modernas tendências de ver a reparação como terceira via das reacções penais, ao lado da pena e das medidas de segurança.

4. O Código Penal de 1982, com o seu art. 128.º (actual 129.º) abandonou a concepção do CP 1886, ao estabelecer que a indemnização por perdas e danos é regulada pela lei civil, mas nem por isso deixou de lhe conceder relevo a nível criminal, apelidando-a a mais das vezes como *reparação* do dano.

das, como dispunha o parágrafo único do artigo 501 do Código de Processo Civil de 1939 e terá de continuar a entender-se.
Ora, desde que o tribunal penal tem o dever de atribuir indemnização que repare os danos sofridos pelo lesado, necessariamente lhe compete investigar a extensão desses danos, discuti-los e fixar a reparação segundo os critérios legais.
A coincidência, no fundamental, destes critérios (em processo penal e em processo civil), já antes apontada, e bem assim da causa de pedir e do pedido não pode deixar de traduzir-se, para a acção cível, numa repetição da investigação, da discussão e da decisão, com a consequência de repetir ou de contradizer a decisão proferida na acção penal.
Haverá então uma verdadeira repetição de causas.
Nesta ordem de ideias se pronuncia também o Dr. Pinheiro Farinha (Código de Processo Penal, 2. edição, pagina 60) ao definir o regime legal nos seguintes termos: a indemnização devida pelo condutor há-de ser fixada no processo crime quando aí for condenado. Tal indemnização é inalterável quanto a ele em qualquer causa posterior, a que não pode ser chamado como parte. (...)".

[237] Figueiredo Dias, Jorge, *Direito Penal Português*, ..., cit. pág. 78.

[238] Faria, Maria Paula Ribeiro de, *A reparação punitiva* ... cit., págs. 262/263; cf. Santos, Cláudia C., ob. cit. pág. 391 e nota 634; Para uma panorâmica geral da evolução legislativa ver o Ac. STJ de 27/4/2011 proc. 712/00.9JFLSB.L1.S1 (Pires da Graça) www.dgsi.pt.

Mas "... *não é por força da existência desta possibilidade de indemnização que se pode afirmar que a justiça penal portuguesa assumiu o escopo de reparação do dano causado à vítima, pelo simples facto de que se trata aqui de instituto exterior à justiça penal, ainda que existam razões para que tal pedido de indemnização surja processualmente associado à acção penal*"[239].

5. A reparação pode hoje ser entendida com diversos sentidos.

Assim, desde logo, há que ponderar que quando se fala em *indemnização* civil de perdas e danos no processo penal se usa um conceito de direito civil e que está ligado ao pedido de indemnização formulado pelo lesado (e sem o qual em regra não há arbitramento indemnizatório – art. 82.º-A, n.º 1 CPP[240]), e quando se usa em direito penal o termo *reparação*

[239] SANTOS, Cláudia..., ob. cit. pág. 393.

[240] Excepção: art. 82.º-A, n.º 1 – "*Não tendo sido deduzido pedido de indemnização civil no processo penal ou em separado, nos termos dos artigos 72.º e 77.º, o tribunal, em caso de condenação, pode arbitrar uma quantia a título de reparação pelos prejuízos sofridos quando particulares exigências de protecção da vítima o imponham*".
Todavia têm vindo a ser introduzidos no ordenamento jurídico casos de imposição obrigatória (como regra) do arbitramento oficioso. Assim tal ocorre com a Lei n.º 130/2015 de 4/9 que alterou o Código de Processo Penal e aprovou o Estatuto da Vítima (cf. infra IV.3.1) ao reconhecer como direito desta não apenas o de obter uma indemnização por parte do agente do crime em prazo razoável, mas a alargar a imposição do arbitramento oficioso da indemnização, ao estabelecer que "*Há sempre lugar à aplicação do disposto no artigo 82.º-A do Código de Processo Penal em relação a vítimas especialmente vulneráveis, exceto nos casos em que a vítima a tal expressamente se opuser*" – art. 16.º, n.º 2 – quando estão em causa vítimas especialmente vulneráveis (dotadas de um estatuto especial – art. 20.º e segs. do Estatuto), que no âmbito do Código Processo Penal (e estatuto da vítima) são definidas no art. 67.º-A CP nos seguintes moldes: "*b) 'Vítima especialmente vulnerável', a vítima cuja especial fragilidade resulte, nomeadamente, da sua idade, do seu estado de saúde ou de deficiência, bem como do facto de o tipo, o grau e a duração da vitimização haver resultado em lesões com consequências graves no seu equilíbrio psicológico ou nas condições da sua integração social; (...) 3 – As vítimas de criminalidade violenta e de criminalidade especialmente violenta são sempre consideradas vítimas especialmente vulneráveis para efeitos do disposto na alínea b) do n.º 1*".
Acresce que o conceito de *vítima especialmente vulnerável*, para os fins do regime jurídico de violência doméstica (para além de manter o seu próprio conceito de vítima como sendo aquela "*a) ... a pessoa singular que sofreu um dano, nomeadamente um atentado à sua integridade física ou psíquica, um dano emocional ou moral, ou uma perda material, diretamente causada por ação ou omissão, no âmbito do crime de violência*" art. 2, al. a) Lei 112/2009 de 16/9 alterada pela Lei 129/2015 de 3/9) é "*a vítima cuja especial fragilidade resulte, nomeadamente, da sua diminuta ou avançada idade, do seu estado de saúde ou do facto de o tipo, o grau e a duração da vitimização haver resultado em lesões com consequências graves no seu equilíbrio psicológico ou nas condições da sua integração social*" – art.

ele surge, na linguagem comum e na lei, com uma conotação especificamente penal.

Mercê do novo realce penal que se dá a tal conceito quando se fala de reparação importa ponderar sobre a concepção sobre a qual se pretende seja entendida pois, segundo Mário Monte[241] importa distinguir:

- a concepção ampla de reparação que compreende "... *em si institutos diversos e distintos, que visam essencialmente a isenção ou atenuação de pena, cumpridas certas condições, através de actos de reparação*";
- a concepção de reparação *strictu sensu* que apenas abrange "... *a indemnização pecuniária por perdas e danos emergente de facto criminoso*" (que constitui a reparação puramente civil), e
- o conceito intermédio que visa "... *os actos levados a cabo pelo agente do crime, que tenham por objectivo reparar os efeitos do crime, seja através de prestações materiais ou de outra natureza, dirigidos por um lado à vítima e, por outro, a cumprir a função do Direito penal de protecção de bens jurídicos*" e esta seria a que veria a reparação "*como consequência jurídica autónoma do crime e como forma de colocar termo ao próprio processo penal, substituindo assim, em alguns casos a aplicação das penas*" ou seja, reparação sem pena ou como pena.

6. O conceito usado no Código Penal, é em geral, o de reparação *lato sensu*[242], pois tanto usa os termos de indemnização civil como os de reparação do dano, a que liga diversos efeitos e consequências que adiante

2.º, al. b) da Lei 112/2009 de 16/9 que assim se assemelham, sendo que no art. 21.º sempre se estabeleceu que "*Para efeito da presente lei, há sempre lugar à aplicação do disposto no artigo 82.º-A do Código de Processo Penal, exceto nos casos em que a vítima a tal expressamente se opuser*", cuja omissão gera a nulidade da sentença por omissão de pronuncia (art. 379.º, n.º 1, al. c) CPP).
Assim se tivermos em conta que como criminalidade violenta são consideradas "... *as condutas que dolosamente se dirigirem contra a vida, a integridade física, a liberdade pessoal, a liberdade e autodeterminação sexual ou a autoridade pública e forem puníveis com pena de prisão de máximo igual ou superior a 5 anos*" – al. j) do art. 1.º CPP, e que como criminalidade especialmente violenta, são "... *as condutas previstas na alínea anterior puníveis com pena de prisão de máximo igual ou superior a 8 anos*" – al. l) do art. 1.º do CPP verificamos que o arbitramento oficioso da indemnização é, por esta via, exponencialmente alargado.

241 Monte, Mário Ferreira, Da Reparação Penal Como Consequência Jurídica Autónoma do Crime, in *Liber Discipulorum para Jorge Figueiredo Dias*, Coimbra Editora, 2003, pág. 132.

242 Monte, Mário Ferreira, *Da Reparação Penal* ... cit. pág. 133.

procuraremos deslindar e que assume diversas cambiantes, sendo de notar num dos seus aspectos mais relevantes a posição do STJ ao ponderar que "*A «indemnização», rectius, «reparação» arbitrada como condicionante da suspensão da execução da pena de prisão não está dependente da dedução do pedido civil (artigo 71.º do CPP), não se confunde com este (tendo natureza jurídica diferente da que é objecto do pedido de indemnização cível, de modo tal que não se pode afirmar que a improcedência deste pedido determina a impossibilidade da atribuição daquela), nem tem a ver com o arbitramento ao abrigo do artigo 82.º-A, n.º 1, do CPP (reparação da vítima em casos especiais) e com a disciplina do artigo 377.º do mesmo CPP, nem mesmo com a responsabilidade civil emergente do crime, consubstanciando uma forma de reparação autónoma,* ***complemento integrante da sanção penal****, que deve ser vista nas suas consequências, nomeadamente, em sede de incumprimento, apenas dentro dos contornos do instituto*"[243].

Mas o ordenamento jurídico português mostra-se permeável a todos os conceitos e modelos de reparação[244], pois para além da indemnização civil, também atribui à reparação dos efeitos do crime causados à vítima uma capacidade de funcionar como acto penal de proteção do bem jurídico, tal como surge como alternativa à pena e até como "*pena*"/sanção, tal como a defendem as teorias autonomistas, como iremos descobrindo no percurso que vamos efectuar.

7. Partindo do conceito que cada norma nos concede sobre a "reparação", através da valoração desse acto, verificaremos qual o efeito jurídico que retira do esforço reparador do agente, – e que deve ser incentivado por ser um meio muito eficaz de assegurar e obter a satisfação efectiva do interesse da vítima, pois, se voluntariamente prestada prescinde da acção civil e da execução da decisão condenatória, – para chegarmos a uma valoração global e indagarmos da possibilidade de a reparação tal como é sentida ter outros efeitos ou capacidades na resolução definitiva de situações jurídico-penais.

Daí, e da possibilidade de satisfação do direito por duas vias, assinala-se apenas o reconhecimento de que se "*perseguem objectivos semelhantes*

[243] Acórdão de Fixação de Jurisprudência n.º 8/2012, de 12/9/2012 in DR. I.ª série de 24/10/2012.

[244] Monte, Mário Ferreira, *Da Reparação Penal ... cit.* págs. 132, 135 a 139.

por caminhos diferentes"[245] ambos no interesse da vítima, e podendo prosseguir uma dupla finalidade civil e penal (auxiliando a vítima na satisfação do seu interesse e ao autor do crime atribuindo um meio de ajuda à ressocialização) poderia levar a "*uma união desses ramos de direito, correspondente à função comum de dar soluções a conflitos sociais*"[246].

Sem dúvida que a reparação se identifica num primeiro momento com a indemnização civil uma vez que procura reconstituir a situação patrimonial que existiria se não fosse a lesão ocorrida, mas vai para além dela (pois pode ficar aquém do seu valor – por acordo entre as partes – tal como pode obter outras prestações diferentes ou sobre outra matéria – transacção) e a reposição do *status quo ante* não é o único fim a atingir, pois em direito penal tem a potencialidade de promover a revalidação da norma jurídica, a ressocialização do autor e o restabelecimento da paz jurídica[247].

Quando a lei usa o termo reparação, transporta ou pode transportar consigo um significado diferente do conceito de indemnização civil e ligado o mais das vezes ao entendimento comum de valor do dano ou prejuízo directamente causado no bem objecto da acção criminosa, como quando fixa o valor dos crimes de furto (arts. 202.º, als. a) a c), e 206.º CP), satisfazendo-se o interesse do lesado também e apenas com a restituição do bem ou o pagamento do seu valor, pese embora a lei se refira à "*reparação integral*" mas, cremos, a contraposto de "*reparação parcial*" a que atribui outros ou diferentes efeitos penais.

2.2. Função da reparação penal

No direito penal "*a indemnização mantém o seu nome próprio e a sua pertença ao direito civil, e o direito penal assegura por via dela uma função ou uma finalidade que Roxin considera determinante, e que é uma finalidade de prevenção geral positiva sob a forma de "satisfação" ou "reparação" mas que se mantém uma fina-*

[245] SANTANA, Selma Pereira de, *A reparação como consequência jurídico-penal autónoma do delito, o Projecto Alternativo de reparação: algumas objecções;* Stvdia ivridica 99, Estudos em Homenagem ao Prof. Doutor Jorge de Figueiredo Dias, Vol. II, BFD, Coimbra Ed. pág. 894.

[246] ROXIN, *apud* Santana, *ob. cit.* pág. 894 nota 13.

[247] SANTANA, *ob. cit.* pág. 915.

lidade de natureza geral ou pública"[248] sendo que para Roxin[249], a prevenção geral positiva desdobrar-se-ia em 3 intencionalidades: "*criação de um efeito social educativo sobre a comunidade*", "*reforço da confiança do cidadão em relação à norma jurídica violada*" e "*o efeito de satisfação que decorre dos esforços ressarcitórios do agente e que se deixa relacionar com o apaziguamento da consciência jurídica perturbada com a violação da regra*".

2.2.1. Vantagens

São assinaladas à reparação as seguintes vantagens com relevo penal[250]:

- facilita a reinserção social do criminoso, pois obriga-o a confrontar-se com o crime, com as suas consequências e com as suas vítimas, exigindo dele uma acção de sinal contrário de modo a apagar, através da reparação, o mal causado (como se o crime não tivesse sido cometido) ou a minorar o seu efeito, tendo por isso um efeito ressocializador (prevenção especial positiva);
- a atitude de reparação, exigindo o reconhecimento de uma conduta contra o direito, favorece o reconhecimento deste reforçando a vigência e validade das normas e contribui para demonstrar a eficácia das mesmas, restabelecendo a confiança e a paz perturbada pelo crime (prevenção geral positiva).

Mas Roxin associa ainda à reparação os seguintes aspectos positivos[251]:

1 – a reparação serve mais e melhor o interesse das vítimas do que a aplicação de uma pena que muitas vezes frustra a reparação do dano;

2 – quer a sociedade quer o lesado dão escasso valor a uma pena quando ocorre a reparação dos danos;

[248] Faria, Maria Paula Ribeiro de, *A reparação punitiva ..., cit.*, págs. 265/266.

[249] *Apud* Faria, Maria Paula Ribeiro de, *A reparação punitiva ...*, loc. cit..

[250] Morão, Helena, *Justiça restaurativa ... cit.*, págs.530/531; Santos, Cláudia, ob. cit., págs. 394 e segs.

[251] Roxin, Claus, *Derecho Penal, Parte General,* Tomo I, Civitas, 2.ª ed. (trad. Espanhola de Peña, Diego-Manuel Luzón, et alli), pág. 109 transcrita supra I.6.

3 – não é indemnização civil e antes contribui para os fins das penas: tem efeito ressocializador, pois obriga o autor a enfrentar as consequências do crime e a reconhecer os interesses das vítimas;
4 – a reparação pode ser experimentada pelo criminoso como algo mais justo que a pena, levando ao reconhecimento das normas;
5 – pode levar a uma reconciliação entre o autor e a vítima e facilitar a reintegração do criminoso;
6 – é muito útil, para a prevenção integradora por contribuir de modo considerável para a restauração da paz jurídica "*Pois só quando se haja reparado o dano, a vítima e a comunidade consideram eliminada – mutas vezes inclusivamente independentemente de um castigo – a perturbação social originada pelo crime*".

2.2.2. Perspectivas

O instituto da reparação em si mesmo nada tem de novo, pois historicamente era na equivalência dos danos que se traduzia a justiça privada, antes de tal função ter sido assumida pelo Estado, mas a reparação continua sendo "*... a pena preferida em ordenamentos jurídicos do Médio Oriente e em sistemas consuetudinários indígenas da própria América Latina, é aceite no direito europeu apenas como causa para diminuir a pena e em alguns casos para prescindir dela*"[252].

Na educação ubuntu (dos bantus Xhosa) da África do Sul, a Justiça "*... não é a retribuição ou punir o infractor, mas no espírito do ubuntu, curar as chagas, restauração das relações e dos valores humanos quebrados. É reabilitar a vítima e o predador. A este último é dada a oportunidade de se integrar na comunidade apesar das barbaridades cometidas. Máxima ubuntu: munhu munhungewane: uma pessoa o é somente no seio de outras pessoas*", pois "*O consenso nas sociedades africanas é procurar sempre alcançar uma maior coesão entre os membros de uma comunidade e não dividi-los em maioria e minoria*", "*o consenso não é a maioria como nas sociedades ocidentais*"[253].

Para a compreensão e importância da reparação importa lembrar noutro contexto histórico mas na sociedade europeia que "*A compensação pecuniária da vítima é frequentemente exigida pelas justiças comunais do Norte*

[252] Palermo, Pablo Galain, *Reflexões sobre alternativas à pena ...cit.* pág. 124.

[253] "*Valores do ubuntu*" in Valentes, Ano XXXVII, Fev./2013 publicação da Província Portuguesa dos Sacerdotes do Coração de Jesus (Dehonianos), pág. 27.

de França até ao século XVI. É na condição de reparar o dano causado à família da vítima que o assassino pode regressar à comunidade sem receio de represálias (Carbassem 1990, 212)", por se considerar e ocorrer que "*O julgamento que atribui à vítima (ou à sua família) e ao agressor o que lhes é devido apazigua a primeira e persuade o ultimo. É por essa razão que o rei apenas concede a sua graça na condição de que "a parte seja satisfeita", isto é, de que o acusado e os que lhe são próximos cheguem a acordo com a parte ofendida (Gauvard, 1991, 778). Deste modo, a solução reconhecida como justa pelas partes concorre, melhor ou pior, para a pacificação da sociedade*"[254].

Assim, sendo a função primeira da reparação (quer historicamente quer na actualidade), quer seja arbitrada no processo penal quer no processo civil, é a de satisfazer os prejuízos causados pelo criminoso à vítima, desfazendo o mal feito que possa ser valorado pecuniariamente, tudo repondo como se o crime não tivesse ocorrido, qualquer alternativa à pena tem de cumprir a função e os fins das penas, e por isso "*tem, tal como a pena, de ser útil para a conservação da ordem social, ... de constituir uma reacção eficaz em ordem à manutenção das expectativas normativas*"[255], e assim, reparado o mal, a sociedade pode estar disposta em maior ou menor grau a esquecer o crime, a perdoar ou a relevar e valorizar de modo acentuado esse acto, porque foi desfeito o mal e este não ficou impune.

Contudo, não sendo vista como parte da pena (com uma "*função adjuvante da pena*"), mas como indemnização de dano civil pode não servir a função adequada e ao invés pode ser sentida, – v.g. nos casos em que a vítima contribuiu para o facto, – como um injustificado prémio, invertendo os fundamentos do princípio vitimológico.

Só que se em geral o arbitramento da indemnização em processo penal (através do processo de adesão) contribuirá segundo Figueiredo Dias[256] "*...para assegurar uma real e eficaz protecção a muitas vítimas de uma infracção*

[254] CUSSON, Maurice, *Criminologia*, Casa das letras, Maio 2011, 3.ª ed. págs. 37 e 38. Para mais desenvolvimento quanto à evolução histórica da sanação dos ilícitos penais e da reacção ao crime, em que predominavam as compensações monetárias desde o Código de Ur – Nammu e o Código de Hamurabi, ao direito Romano e Alta Idade Média, passando pela tradição germânica, cf. SANTOS, Cláudia Cruz, *A Justiça Restaurativa... cit.*, págs. 100 a 151.

[255] PALERMO, Pablo Galain, *Reflexões sobre alternativas à pena ... cit.*, pág.107.

[256] *Direito Processual penal*, I vol. reimpressão, Coimbra ed. 1984, pág. 562.

penal" e evitar que muitos dos danos sofridos por pessoas mais carenciadas, não venham a ser indemnizados por não acederem aos tribunais e não terem o mesmo poder económico para se baterem nas instâncias civis, e se a indemnização é devida, tudo aconselha a que se retirem a favor do arguido e das finalidades do direito penal os efeitos possíveis dos esforços reparatórios do agente.

2.2.3. Relevância penal de *lege ferenda*

Afigura-se-nos que a reparação deve considerar-se como estando para além do restrito limite da indemnização civil e, por isso, bem dentro do direito penal, servindo fins e institutos próprios do direito penal e do direito processual penal e, sendo assim, pode ver ampliado o seu campo de actuação para a *fase da execução da pena de prisão* permitindo de outro modo acentuar também o carácter social da reparação[257] e até acentuar a ideia da reparação dos danos da vítima não como "*tarefa pública*"[258]

[257] FIGUEIREDO DIAS, Jorge, *idem*, pág. 569 – informação ao lesado para fazer valer o seu direito.

[258] FIGUEIREDO DIAS, *idem*, pág. 572; v.g. protecção das vítimas de crimes violentos.

Apesar de a reparação oficiosa ser a excepção (art. 82.º-A CPP) o legislador penal vai procedendo a uma regulamentação casuística, o que apenas pode ser entendido como traduzindo em si mesmo a valoração que é atribuída à reparação, como é o caso de a tornar obrigatória e oficiosa, para as vítimas do crime de violência doméstica, ao estabelecer no art. 21.º, n.º 2 da Lei 112/2009 de 16/9 que "P*ara efeito da presente lei, há sempre lugar à aplicação do disposto no artigo 82.º-A do Código de Processo Penal, excepto nos casos em que a vítima a tal expressamente se opuser.*"; cf. Ac. R C 28/05/2014 Proc. 232/12.9GEACB.C1, www.dgsi.pt (OLGA MAURÍCIO): "*1.- Em caso de condenação por crime de violência doméstica há sempre que arbitrar uma indemnização a vítima, ou porque ela a pediu ou, nao o tendo feito e não se tendo oposto ao seu arbitramento expressamente, por via do disposto no art. 21.º da Lei n.º 112/2009, de 16/9. 2.- A sentença que, ao condenar o arguido pela prática de um crime de violência doméstica, não se pronuncia sobre tal questão, é nula, por omissão de pronúncia*" e de 2/7/2014 Proc.245/13.3PBFIG.C1 www.dgsi.pt (VASQUES OSÓRIO): "*1.- Praticado o crime de violência doméstica, a lei impõe o arbitramento de indemnização à vítima, presumindo a existência de particulares exigências da sua proteção, só assim não sendo quando a ele se oponha a vítima expressamente; 2.- Não o fazendo, verifica-se a omissão de pronúncia, que gera a nulidade da sentença*"; Ac. R Ev. 21/4/2015 proc. 65/11.0GEALR.E1, www.dgsi.pt (MARTINHO CARDOSO) "*I – Em caso de condenação por crime de violência doméstica, há sempre que arbitrar uma indemnização à vítima, ou porque ela a pediu, ou porque, não o tendo feito e não se tendo oposto expressamente ao seu arbitramento, assim o obriga o disposto no artigo 21.º da Lei n.º 112/2009, de 16/09.II – Tratando-se de uma fixação oficiosa de indemnização por parte do tribunal, não dependente de prévio pedido deduzido pela ofendida, sempre estará tal indemnização sujeita a critérios de equidade e conformada pelos factos constantes da*

(a cargo da sociedade) mas de interesse público que visa a satisfação de necessidades do lesado.

É nesta medida que à reparação pode ainda ser atribuído um mais amplo campo de actuação e de relevância jurídico-penal: como causa, quer da suspensão da execução (cumprimento) da pena, quer da extinção (cessação do cumprimento) da pena de prisão.

3. A reparação como acto com relevância penal autónoma

3.1. A reparação e outras modalidades de resolução de conflitos penais

A razão de ser de outras formas existentes ou propostas de resolução de conflitos em direito penal, não se restringe, aos fins das penas "*clássicos*" podendo as penas prosseguir outras "*finalidades*" complementares ou acessórias e daí o recurso a auxiliares com vista a alcançar aquele fins.

Estão neste âmbito a aplicação das penas acessórias, a perda dos instrumentos, objectos e produtos do crime (supra n.º II.2.2.)[259] e cremos, também os deveres e regras de conduta a que a suspensão da execução da pena pode ser subordinada.

Tal como, a essas outras formas, não lhes serão alheias razões de economia, de eficiência e de política criminal e de massificação do crime e, ainda, como formas ou meios mais eficazes ou complementares de controlo social.

Nesta perspectiva, a procura de consensos na aplicação do direito penal, sem se chegar à *plea bargaining* americana[260] ou a mediação ou a obtenção de acordos com vista à aplicação da sanção penal, partem na sua

acusação, em relação aos quais incide a produção de prova na audiência de discussão e julgamento", assim o aproximando paulatinamente do regime de arbitramento oficioso do CPP 1929.

[259] Cf. Ac. R C 22/10/2014, proc. 31/12.8GAACN.C1, www.dgsi.pt: "*I – O legislador exige para a declaração de perda dois pressupostos cumulativos: – um pressuposto formal de que os objetos tenham servido ou estivessem destinados a servir para a prática do facto ilícito, (instrumentos); ou que tenham sido produzidos pelo facto ilícito, (produtos),- e um pressuposto material relacionado com a perigosidade dos próprios objetos que pela sua natureza intrínseca devem mostrar-se vocacionados para a atividade criminosa. II – A perda só dever ser decretada para evitar a perigosidade resultante da utilização do objeto e a mesma também deverá ser proporcional à gravidade do facto ilícito cometido. III – Apesar de o veículo ter sido utilizado no transporte dos objetos subtraídos, não resultando dos factos apurados que a utilização do veículo pela sua natureza e circunstâncias, pusesse em perigo a segurança das pessoas ou a ordem pública ou que oferece sérios riscos de ser utilizado no cometimento de novos crimes. (...)*".

[260] COSTA ANDRADE, Manuel, *O novo Código Penal... cit.* pág. 205.

essência, no desfazer o mal feito, ou seja no reparar o dano causado, o que no direito penal deve poder ser entendido como forma de prevenção do crime (individualmente: o crime não compensa e não há que repeti-lo, e socialmente como forma de evitar a sua propagação).

E partem, cremos, também de uma nova ou renovada visão do crime, não na perspectiva de quem o comete que constituía a base e razão de ser do sancionamento das condutas, mas de quem o sofre, da vítima, que viu a sua posição sem interesse ou apenas subordinada quando o Estado chamou a si o poder de punir e o crime passou a ser o comportamento ofensivo de um bem ou interesse fundamental à vida em sociedade[261].

É a "*vitimologia*" que está também na base das novas concepções, todas radicadas na dignidade da pessoa humana, vítima essa esquecida pelo direito penal[262] e muitas vezes extremamente carente de protecção face à difícil situação pessoal e económica em que o crime a deixou.

Tal situação a que a comunidade internacional, apesar disso, estava atenta, e que se manifestava na Directiva 2012/29/UE do Parlamento

[261] FARIA, Maria Paula Ribeiro de, *A reparação punitiva ... cit.* pág. 269.

[262] Em termos gerais, pois em Portugal sempre esteve mais presente, desde o papel concedido ao assistente (CP 1886 e actual) até à condenação oficiosa em indemnização no CP 1929 (art. 34.º) e na Alemanha, em casos particulares v.g. injúrias, lesões à integridade física, existia a *"Busse"* espécie de indemnização arbitrada em processo penal, desde 1877 até 1943, in Figueiredo Dias, J., *Sobre a reparação de perdas e danos arbitrada em processo penal,* Almedina, reimpressão, 1972, pág. 11; sobre os conceitos actualmente existentes no ordenamento jurídico português, que incidem sobre a pessoa que sofreu danos emergentes do crime: assistente, ofendido, lesado e vítima, cf. VIEIRA, Pedro Miguel, *A vítima enquanto sujeito processual e à luz das recentes alterações legislativas,* in Julgar, n.º 28, Jan./ Abril 2016, pág. 171 segs.; COSTA ANDRADE, Manuel, *O novo Código Penal e ... cit.* pág. 214, e neste âmbito releva a vitimologia geral, porque "*centrada nas consequências que da infracção resultam para a vítima...*" – SANTOS, Cláudia, ob. cit. pág. 55. A vítima hoje é também preocupação da comunidade internacional manifestada na Resolução da ONU em 1985 "*Declaração dos Princípios Básicos de Justiça relativos às Vítimas da Criminalidade e Abuso de Poder*" passando pelo Conselho da Europa até à União Europeia com a Decisão Quadro n.º 2001/220/ JAI de Conselho de 15/3/2001 relativa ao estatuto da vítima em processo penal, a Directiva 2004/80/CE do Conselho de 29/4/2004 relativa à indemnização às vítimas da criminalidade e o Estado responsável pelo seu pagamento. Cf. para mais desenvolvimento, SANTOS, Cláudia C, ob. cit. págs. 518 a 524.
BUENO ARUS, Francisco, La Posición de la victima en el Moderno Sistema Penal, BFDUC, vol. LXX, Coimbra 1994 "*A Vitimologia chamou a atenção sobre a exigência de pôr em prática programas de assistência às vítimas dos delitos...*" – pág. 380 (tradução nossa).

Europeu e do Conselho, de 25 de outubro de 2012, que estabelecia normas relativas aos direitos, ao apoio e à protecção das vítimas da criminalidade e que substitui a Decisão – Quadro 2001/220/JAI do Conselho, de 15 de março de 2001, veio a nível nacional a ganhar renovada importância com a transposição de tais normativos para a ordem interna. Assim é que pela Lei 130/2015 de 4/9 (em vigor desde 4/10/2015 – art. 6.º) se procedeu à aprovação do Estatuto da Vítima. Com tal legislação pretendeu-se regular de uma forma mais detalhada os direitos e deveres da vítima de um crime, essencialmente em termos de participação do crime, prestação de informações, exercício de direitos processuais, conhecimento do processo e seu andamento e notícia de decisões que a ele respeitem e, tendo em conta a dignidade da pessoa procura acautelar a sua privacidade, evitar situações de vitimização secundária e criar-lhe condições de apoio, assistência e suporte económico.

É definido o conceito de vítimas especialmente vulneráveis a quem é concedido um estatuto especial definido nos arts. 20.º e 21.º (sendo a definição legal de "*vítima especialmente vulnerável*" inserida no art. 67.º-A CPP introduzido pela Lei 130/2015, assim definida "*b) 'Vítima especialmente vulnerável', a vítima cuja especial fragilidade resulte, nomeadamente, da sua idade, do seu estado de saúde ou de deficiência, bem como do facto de o tipo, o grau e a duração da vitimização haver resultado em lesões com consequências graves no seu equilíbrio psicológico ou nas condições da sua integração social*" e com especial interesse o n.º 3 que considera que "*As vítimas de criminalidade violenta e de criminalidade especialmente violenta são sempre consideradas vítimas especialmente vulneráveis para efeitos do disposto na alínea b) do n.º 1*"), do qual emergem prerrogativas e direitos nomeadamente para evitar a vitimização secundária. Situação especial é concedida também às vítimas crianças no art. 22.º entre as quais se destaca o n.º 2 "*...a criança pode ser acompanhada pelos seus pais, pelo representante legal ou por quem tenha a guarda de facto durante a prestação de depoimento*".

Alguns desses direitos, foram logo consagrados no CPP alterado pela mesma Lei, como seja a possibilidade de intervir no processo na fase de recurso constituindo-se assistente (art. 68.º, n.º 3, al. c)), pronunciar-se sobre alteração de medida de coacção (art. 212.º, n.º 4 CPP), a sua audição em qualquer altura do processo, de modo idêntico ao direito do arguido (art. 292.º, n.º 2 CPP) e o direito a ser ouvida antes da decisão sobre a falta de cumprimento das condições da suspensão da pena, com vista, incluindo, à revogação da pena suspensa.

E no criado art. 67.º-A CPP, foram definidos diversos conceitos necessários ao diploma.

Assim define o art. 67.º-A CPP sob a epígrafe "*Vítima*":

"*1 – Considera-se:*

a) 'Vítima':

i) A pessoa singular que sofreu um dano, nomeadamente um atentado à sua integridade física ou psíquica, um dano emocional ou moral, ou um dano patrimonial, diretamente causado por ação ou omissão, no âmbito da prática de um crime;

ii) Os familiares de uma pessoa cuja morte tenha sido diretamente causada por um crime e que tenham sofrido um dano em consequência dessa morte;

b) 'Vítima especialmente vulnerável', a vítima cuja especial fragilidade resulte, nomeadamente, da sua idade, do seu estado de saúde ou de deficiência, bem como do facto de o tipo, o grau e a duração da vitimização haver resultado em lesões com consequências graves no seu equilíbrio psicológico ou nas condições da sua integração social;

c) 'Familiares', o cônjuge da vítima ou a pessoa que convivesse com a vítima em condições análogas às dos cônjuges, os seus parentes em linha reta, os irmãos e as pessoas economicamente dependentes da vítima;

d) 'Criança ou jovem', uma pessoa singular com idade inferior a 18 anos.

2 – Para os efeitos previstos na subalínea ii) da alínea a) do n.º 1 integram o conceito de vítima, pela ordem e prevalência seguinte, o cônjuge sobrevivo não separado judicialmente de pessoas e bens, ou a pessoa que convivesse com a vítima em condições análogas às dos cônjuges, os descendentes e os ascendentes, na medida estrita em que tenham sofrido um dano com a morte, com exceção do autor dos factos que provocaram a morte.

3 – As vítimas de criminalidade violenta e de criminalidade especialmente violenta são sempre consideradas vítimas especialmente vulneráveis para efeitos do disposto na alínea b) do n.º 1.

4 – Assistem à vítima os direitos de informação, de assistência, de proteção e de participação ativa no processo penal, previstos neste Código e no Estatuto da Vítima.

5 – A vítima tem direito a colaborar com as autoridades policiais ou judiciárias competentes, prestando informações e facultando provas que se revelem necessárias à descoberta da verdade e à boa decisão da causa".

De salientar, no que ao nosso tema respeita, que o estatuto da vítima (cuja importância é formalmente expressa no facto de o novo art. 67.º-A CPP, passar a constituir o Título IV da Parte I do Código – art. 4.º, n.º 2 da Lei 130/2015), alarga quanto às vítimas especialmente vulneráveis, o regime do arbitramento oficioso da indemnização, ao estabelecer no art. 16.º, n.º 2 que "*Há sempre lugar à aplicação do disposto no artigo 82.º-A do Código de Processo Penal em relação a vítimas especialmente vulneráveis, exceto nos casos em que a vítima a tal expressamente se opuser.*"

A ideia de reparação tem assim a ver também com a ideia de protecção da vítima, e já levou à inclusão da reparação como sanção autónoma em alguns ordenamentos jurídicos e é defendida por outros, com características nem sempre homogéneas e não apenas como circunstância a atender na pena ou requisito para a aplicação de determinados institutos jurídicos penais na sua grande maioria[263],[264].

1. As situações de consenso ou consensualidade não se restringem ao encontro de vontades entre a vítima e o agressor e à reparação dos danos, mas vão mais longe, chegando ao acordo na aplicação da lei penal e na determinação da pena incluindo no seu *quantum* concreto. Em Portugal[265] apenas é permitido no processo sumaríssimo (art. 392.º CPP), nos casos em que deva ser aplicada pena não privativa de liberdade e o crime seja punível com pena de prisão não superior a 5 anos ou seja só com pena

[263] "*Não é apenas na atribuição da pena que a reparação deve ser levada em consideração (art. 46.º §2.º). Depois da introdução do artigo 46.º A) em 1994 ela pode conduzir até mesmo a uma desistência da aplicação da pena*" – Roxin Claus et alli, *Introdução ao Direito Penal e ao Direito Processual Penal*, trad. Brasileira, ed. D'el Rey Internacional, pág. 18.

[264] Andrade, Manuel da Costa, O novo Código Penal e ... cit. pág. 199 "*... a reparação da vítima readquiriu o seu significado penal originário, funcionando hoje já como forma de sanção, já como expediente de diversão, já como critério de concessão de benefícios (v.g. o regime de prova ou a sentença condicional) já como reivindicação dirigida directamente ao Estado...*"

[265] Santos, Cláudia, ob. cit. pág. 577, expressa que mercê do CPP 1987 e alterações legislativas subsequentes, "*a justiça penal portuguesa já é, até certo ponto, consensual, tal como a justiça restaurativa*".

Sobre o processo sumaríssimo expressa Nuno Brandão, "Acordos sobre a Sentença Penal: Problema e vias de solução", *Julgar n.º* 25, Jan./ Abril 2015, pág. 163 "*... a sua concreta configuração faz dele não propriamente um modelo daquilo que se apelida de justiça negociada, mas antes uma manifestação de um tipo de justiça consensual, onde ao arguido não cabe mais do que dar ou não a sua concordância a uma proposta condenatória já fechada e que lhe é apresentada sob a forma de "pegar ou largar"*.

de multa, cabendo a proposta ao M.ºP.º, por sua iniciativa ou do arguido, mas havendo sempre acordo na pena a aplicar e, mesmo no caso de o juiz entender dever ser outra a pena adequada a aplicação desta está sujeita a acordo/aceitação/concordância do M.ºP.º e do arguido (art. 395.º, n.º 2 CPP).

Apesar de no processo sumaríssimo (art. 392.º e segs. CPP), também ser preocupação legal a reparação dos danos e o M.ºP.º na sua proposta dever sempre indicar a quantia exacta a reparar nos termos do art. 82.º-A CPP, o certo é que este instituto, ao invés do art. 34.º CPP 1929, reveste carácter residual (salvo a obrigatoriedade prevista para as vítimas do crime de violência doméstica no art. 21.º, n.º 2, da Lei 112/2009 de 16/9 referenciado em nota supra, e agora para a vítima em geral mercê do estatuto da vítima – art. 16.º, n.º 2 da Lei 130/2015 de 4/9) pois é aplicável apenas "... *quando particulares exigências de protecção da vítima o imponham*", e o lesado não tem intervenção no processo apesar de ter de manifestar essa vontade de ressarcimento (arts. 393.º e 394.º, n.º 2, al. b) CPP), pelo que nada ou quase nada tem a ver com a justiça restaurativa ou mais concretamente com a mediação de adultos, inexistindo qualquer consensualidade, visando-se apenas a reparação em face das necessidades da vítima.

2. Mercê da influência de Figueiredo Dias[266], e do desafio lançado pelo Professor aos juízes e procuradores – tendo por base a Jurisprudência Alemã que, sem lei expressa, foi reconhecendo validade aos acordos para

[266] *Acordos sobre a sentença em processo penal*, Conselho Distrital do Porto da O.A. 2011; Boletim VII.ª Série, n.º 2 Mar./2013 da ASJP, págs. 12 e 13; Neves, J.F. Moreira das, *Acordos sobre a Sentença Penal: o futuro já aqui*, RMP, 135, Jul./Set. 2013, págs. 37 a 64.
Para uma análise crítica de tal proposta cf. Santos, Cláudia, ob. cit. págs. 583 a 587, e a diferente natureza do consenso na justiça penal e na justiça restaurativa, onde conclui "*Em suma, parece poder concluir-se que nem as soluções de consenso já expressamente contempladas no Código de Processo Penal Português, nem possíveis alargamentos desse consenso por força do acolhimento dos acordos sobre a sentença, prejudicam a afirmação da diferença entre o sentido que o consenso assume na justiça penal e na justiça restaurativa. Naquela, podem existir manifestações de concordância quanto a soluções para o conflito que são gizadas, em última análise, em função sobretudo do interesse público na protecção de valores que se julgam essenciais, desempenhando as autoridades judiciárias um papel incontornável na modelação da solução e na avaliação da sua compatibilidade com as finalidades penais. Nesta, há uma construção da solução pelos intervenientes concretos no conflito criminal tido na sua dimensão (inter) pessoal, sendo a pacificação desse conflito a finalidade que em primeira linha se persegue*" pág. 587.

sentença[267], até à publicação de lei (alteração ao CPP Alemão – StPO – através da Lei de 4/8/2009) que os inseriu na ordem jurídica alemã[268] – os tribunais portugueses[269] foram admitindo a aplicação de tal instituto partindo do relevo dado à assunção dos factos pelo arguido através da sua confissão integral e sem reservas, livre e sem coacção, que implica a renúncia a qualquer outra prova e considera os factos provados – art. 344.º, n.º 2 al. a) CPP – colhendo os ensinamentos da doutrina, jurisprudência e legislação estrangeira e a experiência portuguesa do processo sumaríssimo (que permitia validar na ordem jurídica portuguesa a sua aplicação no estrangeiro a condenados portugueses (cf. o nosso Ac. R P de 17/11/2010 www.dgsi.pt/jtrp em cujo texto se escreve referindo-se aos instituto da *conformidad* espanhol "*a situação descrita é similar, com o único caso que em Portugal a decisão penal é fixada por acordo, que é o processo sumaríssimo, nos termos do qual a decisão vale como sentença condenatória e transita imediatamente em julgado" – art. 397.º 2 CPP, pelo que não só não se trata de um instituto alheio à Ordem Jurídica Portuguesa, como se trata de um instituto aceite por ela, pelo que nunca a poderia ofender")*.

O STJ no seu acórdão de 10/4/2013[270] veio censurar os tribunais que realizavam tais acordos (fora do processo sumaríssimo) considerando que: "*I – O direito processual penal português não admite os acordos negociados de sentença. II – Constitui uma prova proibida a obtenção da confissão do arguido*

[267] Reconhecimento pelo Tribunal Constitucional Alemão em 27/1/1987 (Memorando da PGD Coimbra cit.) e notas 22 e 23 Figueiredo Dias, Jorge, *Acordos ... cit.*.

[268] Sob o nome de "Verständigung", "entendimentos" em vez de "absprachen", "acordos" Memorando cit..

[269] Ex.: Proc. C.S. n.º 789/09.1JACBR Tribunal Judicial de Penacova em que foi proposta a "pena de 2 anos e 6 meses de prisão suspensa na sua execução por igual período, na condição do arguido se sujeitar a tratamento médico de alcoolismo em estabelecimento adequado para o efeito, devendo comparecer a todas as consultas que lhe sejam marcadas e cumprir o programa médico que lhe seja prescrito" e que foi fixada.
Na sequência das instruções iniciadas pela "orientação 1/1212" da P.G.D.L.com base na Proposta dos Magistrados do Círculo de Ponta Delgada, foi continuada pela P.D.C. em memorando de 19/1/2012.

[270] www.dgsi.pt/jstj; Para uma crítica a tal decisão veja-se: Santos, Cláudia Cruz, "Decisão Penal Negociada", *Julgar* n.º 25, Jan./Abril 2015, págs. 145 e segs. defendendo a sua existência dado que não se vislumbram "*prejuízos insuportáveis para a realização da justiça, desde que se tenham sempre no horizonte os pressupostos da verdadeira comunicação: a transparência e a lealdade*" – pág. 160.

mediante a promessa de um acordo negociado de sentença entre o Ministério Publico e o mesmo arguido no qual se fixam os limites máximos da pena a aplicar".

3. Mas este instituto é consequência da acção da Organização das Nações Unidas (ONU), através das Regras Mínimas sobre as medidas não privativas da liberdade (Regras de Tóquio) adoptadas em Assembleia Geral pela Resolução 45/110, de 14/12/1990[271], e do Conselho de Ministros do Conselho da Europa que na sua Recomendação R (87) 18, de 17/9/1987 deixou as directrizes para simplificação e agilização do processo penal, através das quais se aproxima do modelo norte-americano de "*guilty plea*" e por essa via da privatização do direito e do processo penal, e que como nos dá conta Figueiredo Dias[272] com diversas cambiantes é assumido na Europa:

Na Itália, como "*patteggiamento*" traduzido na "*applicazione della pena su richiesta delle parti*" (aplicação da pena a requerimento das partes) iniciado em 1981 e aprofundado em 1988 em que o MP e o arguido "*podem requerer ao juiz a aplicação, na espécie e na medida indicada de uma sanção substitutiva ou de uma pena pecuniária, diminuída até um terço, ou de uma medida detentiva, quando esta, tendo em conta as circunstâncias e diminuída até um terço, não ultrapasse cinco anos sozinha ou em conjunto com a pena pecuniária*" (*Códice di procedura penale, art. 444-1)*" e permite encurtar o processo penal, inexistindo a fase de julgamento e do recurso.

Na Espanha constitui o instituto da "*conformidad*" que pode ser "*definido como o acto processual, admissível nas formas de procedimento abreviadas, traduzido numa declaração de vontade emitida pelo arguido, assistido pelo seu advogado, através da qual ele se conforma com a qualificação mais grave formulada pelas partes acusadoras e com a pena solicitada, sempre que esta não exceda seis anos de privação de liberdade; o que determina o encerramento do processo, sem ter lugar a audiência oral com uma sentença com efeito de caso julgado (Ley de Enjuiciamento Criminal, art.ºs 695 e ss, 787, 801 e outros*"[273].

[271] Disponíveis em http://www.gddc.pt/direitos-humanos/textos-internacionais-dh/tidhuniversais/dhaj-NOVO-regrastoquio.html.

[272] Idem, págs. 18 a 21.

[273] Bueno Arus, Francisco, "La Posición de la victima en el Moderno Sistema Penal", BFDUC, vol. LXX, Coimbra 1994, dá-nos conta que "*En el Derecho Espanol vigente, en el âmbito del llamado procedimento abreviado para determinados delitos, el articulo 793.3 de la Ley de Enjuiciamento*

Em França o instituto da "*reconnaissance préalable de culpabilité*" foi introduzido pela Lei 2004/204 de 9/3/2009 (Lei Perben II) através da qual o arguido, face aos factos confessados, aceita a pena proposta pelo procurador, nas infracções/delitos punidos com multa ou prisão até 5 anos, sujeita à homologação do tribunal e tornando-se imediatamente exequível.

No Brasil, é o instituto da "*transacção penal*" que, introduzido pela Lei n.º 9.099[274] de 26/9/1995 e alterado pelas Leis n.º 11.313 de 28/6/ 2006 e n.º 12.137 de 18/12/ 2009, permite que na fase preliminar de um processo relativo a crimes de "*menor potencial ofensivo*" (contravenções e crimes puníveis com pena privativa da liberdade não superior a 2 anos) cumulada ou não com pena de multa (arts. 60.º a 61.º), o juiz (pode conduzir a conciliação ou ser conduzida por outrem – o conciliador – sob sua orientação) esclarece da possibilidade de composição dos danos e da aceitação da proposta do M.ºP.º de aplicação imediata de pena não privativa de liberdade (arts. 72.º e 73.º) e, nos termos do art. 74.º "*A composição dos danos civis será reduzida a escrito e, homologada pelo Juiz mediante sentença irrecorrível, terá eficácia de título a ser executado no juízo civil competente.*

Parágrafo único. Tratando-se de ação penal de iniciativa privada ou de ação penal pública condicionada à representação, o acordo homologado acarreta a renúncia ao direito de queixa ou representação."

No caso de se tratar de "*crime de ação penal pública incondicionada, não sendo caso de arquivamento, o Ministério Público poderá propor a aplicação imediata de pena restritiva de direitos ou multas, a ser especificada na proposta.*" que sendo aceite pelo autor da infracção e seu defensor será submetida à apreciação do Juiz, o qual se acolher a proposta apresentada aplicará a pena restritiva de direitos ou multa "*que não importará em reincidência, sendo registrada apenas para impedir novamente o mesmo benefício no prazo de cinco anos*" – art. 76.º.

criminal, redactado en 1988, dispone que, "si la pena no excediere de seis anos, el juez o Tribunal dictará sentencia de estricta conformidade com la aceptada por las partes". Entiendo que estas novidades pueden equivaler a una privatización del Derecho Penal, que necessita ser afrontada com el mayor sosiego y estudio" – pág. 378.

[274] http://www3.dataprev.gov.br/sislex/paginas/42/1995/9099.htm

4. Em Portugal para além do processo sumaríssimo e pese embora a Jurisprudência do STJ é possível em algumas circunstâncias e em alguns tipos de crimes surpreender a possibilidade de acordos, em matéria criminal, entre as partes (arguido e ofendido) para além dos casos de transacção sobre o objecto do pedido de indemnização civil e desistência de queixa, não para determinar a pena a aplicar pelo tribunal mas para impor a extinção do procedimento criminal. É o caso, entre outros, a que adiante faremos referência, do crime de furto qualificado (al. a), b) e e) do n.º 1 e al. a) do n.º 2 do art. 204.º CP, quando o ofendido e arguido concordam, havendo reparação integral dos danos causados, na extinção da responsabilidade criminal – art. 206.º, n.º 1 CP – que de outro modo (v.g. desistência de queixa) não seria possível atenta a natureza pública do crime[275].

Nos países em que estes acordos são admitidos a sua aplicação é muito expressiva pois situa-se acima dos 30% pese embora as objecções que lhes são levantadas[276]. Mas estas são medidas essencialmente de consenso na aplicação da lei penal e não medidas alternativas à pena ou substitutivas desta e partem do figurino do direito americano (essencialmente) e inglês da "*plea bargaining*"[277] que se traduz "*grosso modo*" em o promotor (MP) e o arguido, com base numa assunção de culpa (*guilty plea*), nego-

[275] Diz-se no Ac. R P 21/3/2012 www.dgsi.pt/jtrp "*I – O acordo firmado no decurso da audiência de julgamento – segundo o qual o arguido se compromete a pagar à ofendida determinada importância, num prazo fixado, e esta declara estar integralmente reparada dos prejuízos sofridos nada tendo a opor a que se declare extinta a responsabilidade criminal imputada ao arguido – constitui uma transacção baseada nas declaraçoes negociais que emitiram. II – Uma vez proferida a sentença homologatória, fica imediatamente esgotado o poder jurisdicional do juiz quanto à matéria da causa.*"

[276] Desde o processo deixar de respeitar ao arguido que passa a ser objecto do mesmo; a ausência de um processo equitativo; possível violação do princípio da legalidade (por renúncia ao direito de punir do Estado); inadequação da pena; ausência do dever de descoberta da verdade; a ausência dos princípios da publicidade, da oralidade, mediação e livre convicção; violação do direito de presença e de audição de terceiros; violação do princípio da presunção de inocência; do *nemo tenetur se ipsum accusare* e *in dubio pro reo*; violação do princípio da igualdade das partes e o perigo da parcialidade do juiz; – in Boletim ASJP cit. pág. 12; Maia Costa, Eduardo, *Justiça negociada: do logro da eficiência à degradação do processo equitativo, in* Julgar n.º 19, Jan/Abril 2013, ob. cit., págs. 87 a 97.

[277] "*Barganha: troca, trapaça, transacção cavilosa*" – Lello Universal – Novo Diccionário Encyclopédico Luso-Brasileiro, Volume primeiro, Porto, Lello & Irmão Editores, pág. 277.

ciarem a acusação e, na fase de julgamento negociarem a questão da culpa (*charge bargaining*) e a sanção (*sentencing bargaining*).

Tendo por base a estrutura acusatória e adversarial do processo penal anglo-saxónico, presidem-lhe razões de praticabilidade, de eficácia do sistema penal e de diminuição de despesa, mas também razões de equilíbrio entre os interesses do Estado e da sociedade na administração da justiça e um modo diferente de ver o processo penal e os seus princípios fundamentais, como o princípio do acusatório temperado pelo da oficiosidade e da justiça estatal, ou a defesa dos direitos, liberdades e garantias, dos direitos constitucionais ocidentais/continentais.

5. Sistema este que antecedendo-a com grande recuo, nada ou quase nada tem a ver com a justiça restaurativa e muito menos ou mais concretamente, com a mediação de adultos, sem prejuízo da consensualidade em que se pode apoiar.

Esta apesar de introduzida em Portugal pela Lei 21/2007[278] de 12/6, na sequência da Decisão – Quadro n.º 2001/220/JAI do Conselho da União Europeia de 15/3/2001[279] que criou a obrigação da sua promoção até 22/3/2006, tem como objectivo a conclusão de um acordo de reparação dos danos (*e contribua para a reparação da paz social*) – art. 4.º, n.º 1, mostra-se incipiente a que certamente não serão alheias razões que se prendem com o leque de situações a que é aplicável e o modo de resolução em que tal se traduz.

É que apenas é aplicável aos crimes de natureza particular (dependentes de acusação particular e de queixa) e semipública (dependentes de queixa) e mesmo assim (entre outras circunstâncias) desde que a pena abstracta não seja superior a 5 anos de prisão (art. 2.º, n.º 1 Lei 21/07), e consiste no auxílio prestado por um terceiro imparcial (o mediador) "*na tentativa de encontrar activamente um acordo que permita a reparação dos danos causados pelo facto ilícito e contribua para a restauração da paz social*" – art. 4.º, n.º 1 – traduzindo-se no fundo num *acordo reparatório* formali-

[278] A Lei 29/2013 de 19/4 veio estabelecer os princípios gerais da mediação e os regimes jurídicos da mediação civil e comercial, dos mediadores e da mediação pública.

[279] Outro instrumento normativo anterior a ter em conta é a Recomendação (99) 19 sobre a Mediação em matéria penal adoptada pelo Comité de Ministros do Conselho da Europa em 15/9/99.

zado por escrito e processualmente na desistência da queixa, objecto de homologação.

Não se trata de nada de novo que os tribunais não procurem obter no seu dia a dia perante aquele tipo de crimes (a reparação dos danos e a desistência de queixa) e a promovam se não directamente pelo menos através da interpelação dos mandatários ou representantes advogados dos interessados.

É que a procura da paz social é o fundamento da justiça que aos tribunais cabe administrar. Como expressa J. O. Cardona Ferreira "*A conciliação pode concorrer muito melhor do que um julgamento para a pacificação*"[280] quer inter-individual quer socialmente e sendo a conciliação um acto próprio do juiz no exercício da jurisdição ele "*é um acto tão nobre do juiz quanto o julgamento propriamente dito*"[281].

A mediação nestes termos não é mais do que um novo formato com custos acrescidos, por desaproveitamento das estruturas judiciais ou jurisdicionais existentes e duplicação de agentes e estruturas em fundamento económico e financeiro contrário à razão da sua génese.

Ora se esta conciliação já ocorre, na medida em que tal é permitido, também nos tribunais e em geral nas estruturas das administração da justiça existentes, estas, antes de ignoradas, devem ser adaptadas e aproveitadas face à nova realidade, pois do que se trata não é mais do que procurar a pacificação social e a regulação da vida comunitária, que por estas novas vias obrigarão a procurar o conflito concreto, real, acontecido e as suas causas, envolvendo as pessoas, como seus agentes necessitados de paz, e afastando-os dos processos abstractos actuais em que predomina o Estado e a sua punição que se mostra afastada dos interesses das pessoas envolvidas, que por essa via continuam entregues a si mesmas.

Nesta nova acção ou modo de agir, cremos, podem ser utilizados os meios ou estruturas existentes, sem uma revolução que atropele alguns dos envolvidos e, por essa via, leve prematuramente ao seu descrédito ou

[280] Cardona Ferreira, J.O. *O Direito Fundamental à Justiça. Um novo paradigma da Justiça?*, in Julgar, n.º 07, Jan. Abril 2009, Ed. ASJP, pág. 64.

[281] Idem, ibidem.

ao afastamento por desânimo, de quem se mostrava crente na satisfação do seu interesse e com sede de paz[282].

Como defende Cláudia Santos, na sua citada obra a págs. 587/588, nenhuma destas *ideias de justiça*, se excluem mutuamente, antes "*pode afirmar-se uma certa complementaridade, comprovada pelas vantagens que para cada um dos modelos resulta da existência do outro. (...:) se as práticas restaurativas contribuem para o pretendido carácter mais residual da resposta punitiva estadual, favorecendo-a nessa medida; a justiça penal dá uma resposta ao conflito naquelas que seriam as hipóteses mais problemáticas para a justiça restaurativa, mantendo-a dentro daqueles que devem ser os seus limites*".

4. Reparação em Portugal: Efeitos penais

A reparação assume no Direito Penal Português (desde logo no Código Penal e Código de Processo Penal) uma posição muito relevante a nível legislativo, que não corresponde ainda a uma prática judiciária em igual nível, mas de que há mostras de estar a inverter-se, apesar de mesmo assim haver normas que se mostram esquecidas ou são pouco lembradas aos operadores judiciários, assumindo um papel que quanto aos seus efeitos penais vai desde a suspensão do processo penal (e consequente não perseguição criminal e levando à extinção do procedimento e ao arquivamento do processo) passando pela atenuação – geral e especial –

[282] ESTEVES, Raul Eduardo Nunes, *Minhas senhoras e meus senhores ... Eis o princípio do fim do Estado Moderno*, in Julgar, n.º 07, Jan. Abril 2009, ASJP, págs. 79 a 86.
Temos para nós que a justiça restaurativa deve ser colocada em prática pelos mesmos intervenientes da justiça institucional (Juízes, Advogados, M.º P.º) sob pena de criar demasiada diversidade e maior desigualdade, desde v.g. os casos submetidos à mediação (a não ser que esta seja obrigatória) até "às soluções" encontradas. E isto porque:
- os agentes da justiça têm um certo grau de subjectividade nas suas decisões, que através do conhecimento e comunicação das mesmas têm vindo a ser superadas e fazem com que ocorra uma maior homogeneidade nas penas (na escolha e na medida concreta aplicada).
- a diversidade de mediadores pode levar a uma outra diversidade de soluções (e a justiça concreta ficará dependente da subjectividade do mediador) mas ainda assim face à separação entre os próprios mediadores e a justiça institucional fará com que ocorram dois actos diferentes de mediação e de justiça (face ao desconhecimento uma da outra e dos seus critérios de decisão e aconselhamento) criando uma maior diversidade e desigualdade no tratamento e na solução de cada caso igual.

Veja-se que ainda hoje os casos de suspensão provisória do processo têm tratamento diferente e diversificado consoante o tribunal e a sensibilidade e empenho do magistrado.

da pena, à sua dispensa, à condição de modificação da pena e até à extinção da própria pena.

4.1. No Código de Processo Penal

1. O art. 281.º do Código de Processo Penal permite a *suspensão provisória do processo*, nos casos de crime punível com pena de prisão não superior a 5 anos ou com sanção diferente da prisão, mediante entre outras condições a imposição da injunção da reparação do dano (material ou moral) traduzida em "*indemnizar o lesado*" (a) ou "*dar ao lesado satisfação moral adequada*" (b) desde que obtidos entre outros pressupostos "*a concordância entre o arguido e o assistente*" (n.º 1, al. a), ou no caso de violência doméstica a *requerimento livre e esclarecido da vítima* (n.º 7).

Trata-se da "*reparação*" tal como é vista pela justiça restaurativa, pois pode não consistir na indemnização dos danos mas na "*satisfação moral adequada*", como o pedido de desculpas ou explicações.

Relevante e fundamental, apesar de se inserir na tendência da justiça penal negociada, é aqui a concordância[283] do Juiz de Instrução, pois que a sua discordância não é passível de recurso (e logo ser contrariada através da revogação da decisão pelo tribunal superior) face à Jurisprudência obrigatória fixada pelo Ac. STJ n.º 16/2009 de 18/11/2009 do seguinte teor: "*A discordância do Juiz de Instrução em relação à determinação do Ministério Público, visando a suspensão provisória do processo, nos termos e para os efeitos do n.º1 do artigo 281 do Código de Processo Penal, não é passível de recurso*"[284] tal como a decisão de suspensão (art. 281.º, n.º 5 CPP) e isto porque se aceita que "*... cabe ao juiz de instrução não só a comprovação dos pressupostos formais descritos no art. 281.º do CPP, bem como a formulação de um juízo materialmente jurisdicional relativamente às consequências jurídicas decorrentes das medidas sancionatórias propostas pelo M.P, designadamente da necessidade de preservação*

[283] O que é diverso do "*consenso*" exigido na prática restaurativa, pois se traduz numa concordância com as propostas apresentadas ou numa aceitação delas, por parte dos intervenientes (de que é excluído o ofendido que não se constitua assistente). Cf. Santos, Cláudia, ob. cit. pág. 581.

[284] Publicado no DR n.º 248 Série I de 2009/12/24.
Cf. Ac. R P 8/10/2014 www.dgsi.pt.

da dignidade do arguido, bem como de adequação de tais medidas com os fins preventivos, especiais ou gerais, de modo a obter-se a paz social"[285].

A Lei n.º 20/2013 de 21/2 que alterou o CPP inseriu no art. 281.º a circunstância (n.º 3) de que estando em causa "*crime para o qual esteja legalmente prevista pena acessória de proibição de conduzir veículos com motor, é obrigatoriamente oponível ao arguido a aplicação de injunção de proibição de conduzir veículos com motor.*", e aditou o n.º 9 através do qual se prescinde a concordância do assistente quando "*a conduta ocorrer em estabelecimento comercial, durante o período de abertura ao público, relativamente à subtracção de coisas móveis de valor diminuto e desde que tenha havido recuperação imediata destas, salvo quando cometida por duas ou mais pessoas*".

Este instituto prescinde do princípio da legalidade estrita e opta pelo princípio da oportunidade na perseguição criminal, e posterga por essa via o princípio da igualdade constituindo um dos casos de introdução de medidas de diversão e consenso na solução do conflito penal (já para além da pequena e média criminalidade). Deve ser utilizado sempre que as exigências de prevenção não justifiquem os custos do prosseguimento formal típico para os propósitos político-criminais da intervenção mínima, da não-estigmatização do agente, do consenso e da economia processual, para além da celeridade processual, essencialmente nos casos relativos a delinquentes ocasionais ou com prognóstico favorável, optando pela aplicação de injunções e regras de conduta que não revestem a natureza jurídica de penas, mas constituem "*medidas funcionalmente equivalentes, tratando-se de sanção a que não está ligada a censura ético-jurídica da pena nem a correspondente comprovação da culpa*"[286].

Esta alteração legal – através da imposição obrigatória da injunção da proibição de conduzir – desvirtua o instituto e tem capacidade para reduzir a sua aplicação ao tipo de crime em causa, pois sendo exigido e exigindo-se o consenso para a aplicação daquele instituto, aquela norma não

[285] *Jurisprudência essa que o Tribunal Constitucional não censurou, ao não julgar inconstitucional no* Ac. n.º 235/2010 de 16/6/2010 in http://www.tribunalconstitucional.pt/tc/acordaos/20100235.html (acesso em Nov. /2013) "*a interpretação das disposições conjugadas dos artigos 281.º n.º 5, 307.º n.º 2, 310.º n.º 1 e 399.º do Código de Processo Penal no sentido de que é irrecorrível a decisão de denegação da aplicação do instituto da suspensão provisória do processo quando inserta na decisão instrutória de pronúncia*" doutrina que é transponível para o caso em apreço.

[286] Ac. TC n.º 235/2010 de 16/6/2010, cit..

apenas impõe a ausência de consenso como põe em causa aquela forma de diversão porque assente na consensualidade deixando de existir uma justiça negociada e fazendo ruir pela base os pressupostos de tal instituto, nos casos em que a infracção é punível com a proibição de conduzir veículos com motor, em virtude de os sujeitos processuais intervenientes não serem livres de encontrar o consenso exigido e que está na sua essência, o de aceitar ou não essa injunção.

Assim o Estado veio impor que nos casos de a infração em investigação ser punível com a pena acessória da proibição de conduzir veículos com motor esta pena tem de ser imposta e, porque legalmente imposta, a injunção perde a natureza de "*medida funcionalmente equivalente*" (Ac. TC n.º 235/2010 de 16/6/2010) e passa a ser verdadeira pena aplicada em virtude daquela previsão legal relativa ao crime em apreciação.

Daí decorre que se está a impor uma pena sem uma decisão judicial condenatória (em provável violação do art. 27.º, n.º 2 CRP) e num procedimento em que não há a censura ético-jurídica da pena, nem comprovação da culpa e onde não há, sequer, lugar à comprovação da participaçao do arguido nos factos (prova de que seja ele o autor).

A mesma alteração legal ao prescindir da vontade do assistente no crime de furto (estabelecimento comercial) que passou a revestir natureza particular operou uma "*descriminalização de facto*"[287] deste tipo de ilícito (furto) – descriminalização que já ocorria pela imposição da obriga-

[287] Cf. Taipa de Carvalho, Américo A, *Sucessão de Leis penais,* Coimbra, 1990, pág. 244 nota 455.
Cf. Ac. R P 22/2/2017 Proc. 118/15.5PEGDM.P1 (Cravo Roxo) www.dgsi.pt "*A recuperação imediata dos bens furtados prevista no art. 207.º 2 CP e necessária para preencher aquele requisito, exige que os mesmos se encontrem no seu estado original, o que não acontece se os mesmos se encontram parcialmente danificados e impróprios para venda*" para a interpretação correcta do conceito de recuperação/reparação no normativo em causa.
Mas não se ficaram por ali as questões suscitadas por aquela alteração legislativa e, no que respeita à injunção/proibição de conduzir, abriu uma frente na Jurisprudência, que (na ausência de intervenção legislativa), eventualmente apenas o STJ através de acórdão de fixação de jurisprudência poderá solucionar. trata-se de saber se deve ou não ser aplicável o instituto do desconto da pena previsto nos arts. 80.º e 81.º CP à injunção de "*proibição de conduzir*" já cumprida em virtude da suspensão provisória do processo, na sequência de o processo dever prosseguir ao abrigo do art. 282.º, n.º 4 CPP por incumprimento das injunções e regras de conduta ou cometimento de novo crime, e vir a ser condenado na pena acessória de proibição de conduzir.

toriedade para a instauração do procedimento criminal da apresentação da queixa e da constituição de assistente, que com os respectivos custos associados desincentiva a apresentação de queixa e, ao permitir a suspen-

Sobre esta questão já tivemos oportunidade de nos pronunciar o que fizemos a favor do desconto, no Ac R P 25/5/2016 www.dgsi.pt (José Carreto) "*I – A não repetição prevista no art. 282.º 4 CPP, é restrita às prestações de natureza pecuniária. II – O cumprimento da injunção da proibição de conduzir veículos a motor no decurso da suspensão provisória do processo, deve ser descontado na pena acessória de proibição de conduzir em que o arguido venha a ser condenado tratando-se de crime para o qual esteja legalmente prevista essa pena acessória, na sequência do prosseguimento do processo, por incumprimento das injunções ou regras de conduta. III – Tal injunção, porque imposta obrigatoriamente por lei (art. 281.º3 CPP – redacção da Lei 20/2013) mantém a natureza de pena acessória imposta pela norma punitiva e não a de "medida funcionalmente equivalente" dependente da consensualização da injunção. IV – O desconto da injunção cumprida é essencial para evitar a violação do princípio ne bis in idem, que visa também evitar a aplicação de duas penas pelo mesmo facto, do princípio da presunção de inocência do arguido, a quem, foi imposta por força da lei uma pena sem julgamento nem declaração de culpa. V – Através do desconto é restabelecida a harmonia do sistema jurídico e preenchida a lacuna, até à vigência da Lei 20/2013 inexistente, e nascida com a imposição legal do art. 281.º3 CPP, a preencher através da norma que o intérprete criaria se tivesse de legislar dentro do espirito do sistema (evitar que o arguido sofra duas vezes a mesma pena pelo mesmo crime).*" e em CJ, XLI, tomo III, 185, que reiterámos no Ac. R P 7/7/2016 www.dgsi.pt (José Carreto) mas onde considerámos que este entendimento não é extensível a outras injunções: "*A entrega/pagamento de quantia a instituição de solidariedade social no âmbito da suspensão provisória do processo não deve ser descontada no montante da pena de multa em que o arguido venha a ser condenado, porque: i) foi voluntariamente aceite, ii) contraria frontalmente o art. 282.º n.º 4 do CPP, iii) não constituir sanção penal previstas no tipo legal, iv) poder ser imposta para além da condenação numa pena (v.g. indemnização, condição da suspensão da execução da prisão) e v) uma quantia entregue a terceiro não compensa o montante que deve ser entregue ao Estado a título de multa.*" e em CJ, XLI, tomo III, 189; Ac. R P de 11/05/2016, CJ, XLI, tomo III, 181 "*Deve ser descontada na pena de multa aplicada pelo crime de condução de veículo sem habilitação legal a quantia que, durante o período de suspensão do processo, o arguido pagou no cumprimento da regra de conduta que então lhe foi imposta.*"; Ac. R Lx de 12/05/2016, CJ, XLI, tomo III, 286. "*I – O tempo que o arguido cumpriu de inibição de condução no período de suspensão provisória do processo deve ser descontado na pena acessória de inibição de conduzir em que o arguido venha a ser condenado, se o processo entretanto prosseguir. II – Do mesmo modo, deve ser descontado na pena de multa o tempo de trabalho a favor da comunidade prestado pelo arguido no âmbito da suspensão provisória do processo*".

Esta jurisprudência, relativa à injunção em causa, não é mais do que o seguimento evolutivo de iguais entendimentos expressos a título exemplificativo nos Ac.s: R P de 22/04/2015 (Vaz Patto), 19/11/2014 (Lígia Figueiredo), 16/12/2015 (Fátima Furtado), 25/03/2015 (M.ª Manuela Paupério), 27/01/2016 (Renato Barroso), 07/04/2016 (Nuno Coelho), todos in www.dgsi.pt; R Ev. de 11/7/2013 (Sénio Alves) e 03/11/2015 (Ana Barata de Brito) ambos in www.dgsi.pt; R G de 6/6/2014 (Ana Teixeira) e de 22/9/2014 (António Condesso) in www.dgsi.pt e Ac. R Ev de 3/11/2015, CJ, XL, V, pág. 243, Ac. R Ev de 6/12/2016 in www.dgsi.pt; R C de 10/12/2014 (Maria José Nogueira) in www.dgsi.pt; R Lx 15/04/2015

são provisória do processo sem a intervenção do assistente dissentindo do consenso exigido, transforma na prática a acção do assistente num acto inútil e destituído de sentido.

(Margarida Ramos de Almeida), 24/02/2016 (Augusto Lourenço), 12/5/2016 (Antero Luís), todos in www.dgsi.pt.
No sentido inverso de não haver lugar a desconto, entre muitos outros, o Ac. R P 13/4/2016 www.dgsi.pt (Jorge Langweg) "*Não há lugar a desconto de período de proibição de condução veículo com motor, cumprido a título de injunção aplicada no âmbito de suspensão provisória de processo, à pena acessória de proibição de condução de veículos com motor, aplicada em sentença proferida na sequência do prosseguimento do processo. a) A lei penal tipifica nos artigos 80.º a 82.º do Código Penal os descontos no cumprimento das penas e as injunções cumpridas no âmbito de suspensão provisória de processo não se encontram elencadas nessas normas. b) As injunções cumpridas no âmbito de suspensão provisória de processo penal resultam de acordo jurídico-processual que visa a obtenção do benefício legal de não submissão do autor do facto a julgamento e possível aplicação de sanção penal e não têm a natureza de sanção penal. c) Tais injunções integram prestações (positivas ou negativas) que não são repetidas, ou seja, não há lugar a compensação pelo seu cumprimento, em caso de prosseguimento do processo, nos termos do disposto no artigo 282.º, n.º 4, do Código de Processo Penal*" na sequência de outros acórdãos com igual entendimento, como sejam p. ex.: os Ac.s R Lx de 6/3/2012 (Alda Casimiro) 17/12/2014 (M.ª Guilhermina Freitas), ambos in www.dgsi.pt.; R Lx 27/6/ 2012, in C.J., 2012, III, pg. 109; RP de 28/5/2014 (Vítor Morgado), ambos in www.dgsi.pt; R P 4/5/2016 (M.ª Deolinda Dionísio) www.dgsi.pt com o seguinte sumário "*I – Não existe preceito legal que permita o desconto na inibição de conduzir veículos motorizados em que o arguido foi condenado, do tempo em que esteve proibido de conduzir na sequência do cumprimento da injunção imposta como condição da suspensão provisória do processo pelo mesmo facto. II – O termo prestações, constante do art. 282.º 4 CPP, deve ser interpretado em sentido amplo, abrangendo todos os deveres legalmente impostos na suspensão provisória do processo. III – A proibição de conduzir, como injunção da suspensão provisória do processo e como pena acessória, não são duas realidades funcionalmente comparáveis, sendo que no 1.º caso a sua infração ao contrário do 2.º, não incorre na prática do crime do art. 353.º CP, mas apenas no prosseguimento do processo*" de 26/10/2016 (Ernesto Nascimento) www.dgsi.pt "*Não há lugar a desconto da junção da proibição de conduzir cumprida no âmbito da suspensão provisória do processo, na subsequente condenação na pena acessória da proibição de conduzir, emergente do prosseguimento do processo*", e de 8/2/2017 (José Piedade) www.dgsi.pt "*I – Não tem cabimento legal o "desconto" ou "compensação" na pena principal ou acessória aplicada, das imposições cumpridas a título de injunção, no âmbito da suspensão provisória do processo. II – A equiparação das injunções à condenação penal, em que redunda a realização de tais "descontos", anula as finalidades da suspensão provisória do processo, e retira ao seu prosseguimento para Julgamento o carácter de sanção, uma vez que para o arguido deixa de haver desvantagem nesse prosseguimento*".
Anota-se que o STJ através de Acórdão Uniformizador de Jurisprudência, proferido no Proc. n.º 821/12.1PFCSC.L1-A.S1-5.ª Secção, em 27/4/2017 ainda não publicado nesta data, fixou jurisprudência obrigatória sobre esta questão nos seguintes termos: "*Tendo sido acordada a suspensão provisória do processo, nos termos do art. 281.º do Código de Processo Penal, com a injunção da proibição da condução de veículo automóvel, prevista no n.º 3 do preceito, caso termine aquela suspensão*

Por outro lado, ao permitir a suspensão do processo com a injunção de indemnizar o lesado, em vez de a permitir após a reparação (reparação prévia), corre o sério risco de se tornar ineficaz, a não ser nos casos de pequenos prejuízos (pequena criminalidade) tal como ocorre com a não satisfação do pagamento da indemnização como condição de suspensão da pena, pois só reparando previamente o dano causado se integra a reparação verdadeiramente na justiça restaurativa e na justiça negociada, revelando o pagamento o regresso à ordem jurídica a impor a paz social.

2. De igual modo o *processo pode ser arquivado* (art. 280.º CPP) quer no decurso do inquérito quer da instrução em todos aqueles casos em que "*se encontre expressamente prevista na lei penal a possibilidade de dispensa da pena, (...) se se verificarem os pressupostos daquela dispensa*" e entre estes pressupostos assume particular acuidade nos termos do art. 74.º, n.º 1, al. b) CP que o dano tenha sido reparado.

Diferentemente do que ocorre na suspensão provisória do processo, aqui exige-se a *prévia reparação* do dano, se devido[288], com o que não podemos deixar de concordar.

4.2. No Código Penal

É no direito penal material e de justiça que a reparação[289] pode ter maior intervenção e pode assumir maior relevância no que à sua influência sobre a pena respeita, começando por ser circunstância atenuativa geral ou especial com efeito na medida da pena, passando por condição de suspensão da pena de prisão, até à modificação da pena, causa de extinção do procedimento criminal e até causa de cessação da execução da pena e extinção desta.

Vejamos.

prosseguindo o processo, ao abrigo do n.º 4, do art. 282.º, do mesmo Código, o tempo em que o arguido esteve privado da carta de condução não deve ser descontado, no tempo da pena acessória de inibição da faculdade de conduzir, aplicada na sentença condenatória que venha a ter lugar".

[288] Ac. R P 18/1/2012, proc. 159/09.1PIVNG.P1, in www.dgsi.pt.

[289] Como factor que importa assumir na resolução dos problemas criminais relativos à vítima, assunção, que o preâmbulo (n.º 17) do DL 400/82 de 23/9 ressalta. Cf. Santos, Cláudia ob. cit. pág. 524, e salientando na pág. 60 que "*O interesse da vítima é conformador de várias orientações politico-criminais, e é contemplado em vários institutos do nosso direito penal e do nosso direito processual penal*".

4.2.1. Atenuante de carácter geral

Dispondo o art. 71.º, n.º 2 CP que na "*determinação concreta da pena o tribunal atende a todas as circunstâncias que, não fazendo parte do tipo de crime, depuseram a favor do agente ...*" manifesto se torna que a reparação do dano causado com o crime pelo arguido é importante para fixar a medida da pena, e mais evidente se torna essa importância atenuativa em face do facto de ser uma das circunstâncias exemplificativas, expressa e legalmente previstas na al. c) do n.º 2 desse normativo como circunstância a atender, favorável ao arguido traduzida na conduta posterior ao facto "*especialmente quando esta seja destinada a reparar as consequências do crime*".

4.2.2. Atenuante de carácter especial

A grande relevância da reparação é, contudo, assumida como circunstância atenuativa especial e, por isso, geradora duma modificação da pena abstracta inserta na estatuição da norma tipificadora.

1. E tal acontece nos casos em que o Código Penal a prevê em cada tipo legal ou num determinado grupo de tipos legais, nomeadamente nos crimes que ofendem bens jurídicos de carácter patrimonial.

Neste sentido assume acentuado relevo o art. 206.º, n.ºs 2 e 3 CP ao estabelecer que a restituição da coisa ou animal ou a reparação integral do prejuízo causado[290], quanto aos crimes de furto e de abuso de confiança, impõe obrigatoriamente a atenuação especial da pena e que, sendo a restituição ou reparação parcial pode ter lugar a atenuação facultativa ("*ser especialmente atenuada*") (n.º 3), com o mesmo efeito jurídico que se traduz, nos termos do art. 73.º CP[291] na redução dos limites máximo (em um terço) e mínimo (redução de um quinto ou ao mínimo legal), ou na subs-

[290] Desde que "*sem dano ilegítimo de terceiro, até ao início da audiência de julgamento em 1.ª instância*". A referência a animal foi introduzida pela Lei n.º 8/2017 de 3/3/2017 que altera vários arts. do Código Penal de molde a incluir na sua previsão os animais como seres vivos dotados de sensibilidade.

[291] Art. 73.º CP: "*1 – Sempre que houver lugar à atenuação especial da pena, observa-se o seguinte relativamente aos limites da pena aplicável:*
a) O limite máximo da pena de prisão é reduzido de um terço;
b) O limite mínimo da pena de prisão é reduzido a um quinto se for igual ou superior a três anos e ao mínimo legal se for inferior;
c) O limite máximo da pena de multa é reduzido de um terço e o limite mínimo reduzido ao mínimo legal;

tituição da própria pena (prisão por multa), podendo ainda beneficiar de qualquer substituição da pena e da sua suspensão, o que se traduz num enorme benefício em especial quando esteja em causa um crime mais grave, uma vez que esta suspensão abrange a pena aplicada até 5 anos de prisão.

O que ocorre com os crimes de furto e abuso de confiança, é alargado a outros crimes patrimoniais, como v.g.: arts. 209.º, n.º 3 (apropriação ilícita em caso de acessão ou de coisa achada), 212.º, n.º 4 (dano), 213.º, n.º 3 (dano qualificado), 216.º, n.º 3 (alteração de marcos) 217.º, n.º 4 e 218.º, n.º 3 (burla e burla qualificada), 219.º, n.º 5 (burla relativa a seguros), 220.º, n.º 3 burla para obtenção de alimentos, bebidas ou serviços, 221.º, n.º 6 (burla informática e nas comunicações), 222.º, n.º 3 (burla relativa a trabalho ou emprego), 224.º, n.º 4 (infidelidade), art. 225.º, n.º 4 (abuso de cartão de crédito), 226.º, n.º 5 (usura, que pode levar também à ausência de punibilidade), 231.º, n.º 3, al. a) (receptação), e 232.º, n.º 2 (auxílio material).

Acrescem como casos especiais de reparação do dano propriamente dito, através da demolição da obra ou reposição da situação ao estado anterior à lesão, ou evitando o perigo de lesão (substancial ou considerável), como o art. 278.º-B, n.º 2 (violação de regras urbanísticas do art. 278.º-A), art. 286.º remoção voluntária do perigo dos arts. 272.º a 274.º (incêndios e explosões), do art. 277.º (infracção de regras de construção, dano em instalações e perturbação de serviço), do art. 279.º (poluição) e arts. 280.º a 284.º poluição, perigo relativo a animais e vegetais, corrupção de substâncias alimentares e medicinais, propagação de doença, alteração de análise ou de receituário e recusa de médico, art. 294.º, n.º 3 (no caso de atentados contra meios de transporte (arts. 287.º e 288.º) condução perigosa de meio de transporte e atentado à segurança de transporte rodoviário e circulação perigosa de veiculo rodoviário (arts. 289.º a 291.º).

2. A reparação *(prévia)* encontra-se, ainda, entre as circunstâncias que podem fundamentar para a generalidade dos crimes a atenuação especial

d) Se o limite máximo da pena de prisão não for superior a três anos pode a mesma ser substituída por multa, dentro dos limites gerais.

2 – A pena especialmente atenuada que tiver sido em concreto fixada é passível de substituição, incluída a suspensão, nos termos gerais."

da pena ao constar do elenco das exemplificativamente nomeadas pelo art. 72.º, n.º 2, al. c) CP: "*Ter havido actos demonstrativos de arrependimento sincero do agente, nomeadamente a reparação, até onde lhe era possível, dos danos causados*".

Com esse conteúdo decidiu a Relação do Porto no seu ac. 25/2/2015 proc. 560/13.6TAVCD.P1, in www.dgsi.pt que: "*Se o arguido, além de não ter antecedentes criminais, demonstrou concretos actos de arrependimento e procedeu, a seu pedido, à reparação dos danos causados, deve a pena ser especialmente atenuada.*" e assim se lhe reconhece a sua capacidade como facto com acentuada relevância individual e social, que pode fazer diminuir quanto ao agente a necessidade da pena, fruto do seu *sério esforço* reparador.

Não se exige que tenha ocorrido a reparação integral, basta-se com a reparação "*até onde lhe era possível*" ou seja com a reparação parcial desde que seja fruto da sua vontade e do seu esforço e, assim apesar de não lhe ser possível reparar a totalidade dos danos, acentuando-se a atitude pessoal do agente de reingresso aos valores da Ordem Jurídica reconhecendo a esta a sua validade e o mal do crime por si praticado, valoriza-se o seu esforço merecedor de uma atenuação especial da pena.

4.2.3. Causa de dispensa de pena

Na dispensa de pena está em causa por norma a desnecessidade da pena para o arguido que praticou um crime de pequena gravidade ou bagatela penal, em que, face aos fins gerais das penas não é necessária a aplicação de uma sanção penal no caso concreto no momento da sentença, constituindo, verificados os respectivos pressupostos, um poder-dever vinculado.

1. Este instituto reveste, por um lado, *carácter geral* na medida em que é aplicável a todos os crimes em que se verifiquem os pressupostos formais e materiais e, por outro, carácter *especial* na medida em que uma outra norma da parte especial do Código Penal (ou lei extravagante) a admitir.

Assim, nos termos do art. 74.º CP:

"*1 – Quando o crime for punível com pena de prisão não superior a seis meses, ou só com multa não superior a 120 dias, pode o tribunal declarar o réu culpado mas não aplicar qualquer pena se:*

a) A ilicitude do facto e a culpa do agente forem diminutas;

b) O dano tiver sido reparado; e

c) À dispensa de pena se não opuserem razões de prevenção."

Mais uma vez indispensável é que o dano tenha sido *previamente* reparado.

Mas mesmo que o dano não tenha ainda sido reparado, nem por isso se afasta a possibilidade de dispensa da pena dependendo apenas da existência de razões sérias para acreditar que o dano vai ser reparado e está em vias de o ser, dispondo o n.º 2 do art. 74.º CP que "*Se o juiz tiver razões para crer que a reparação do dano está em vias de se verificar, pode adiar a sentença para reapreciação do caso dentro de um ano, em dia que logo marcará*" e assim é possível sobrestar na decisão penal (isto é, após a audiência de julgamento), pelo prazo até um ano, esperando que o dano seja reparado para evitar a aplicação de uma pena e com vista a ser possível proferir uma decisão de dispensa de pena.

Ou seja, estamos perante *uma suspensão do processo* na fase de julgamento e uma *suspensão da própria decisão*, à espera de um acontecimento futuro.

Aqui não se visa a aplicação de uma pena mas antes a sua não aplicação e o que se procura é a reparação do dano (consensual ou não entre as partes) que por esta via pode constituir um dos fins das penas[292] através da procura da paz social, conseguida pela via da prevenção geral e da intimidação da pena.

Importa ainda salientar que sempre que outra norma admitir com carácter facultativo a dispensa de pena, têm de se verificar os requisitos do art. 74.º, n.º 1) CP *ex vi* art. 74.º, n.º 3 CP.

2. Como instituto de *carácter especial* é ela o resultado da previsão das normas penais em concreto na sua parte especial, mas a dispensa de pena é também prevista, como dispensa facultativa quer na parte geral do CP

[292] Mas não como "finalidade *geral* da pena" – Figueiredo Dias, Jorge, *Direito Penal...* cit. pág. 60 mas integrando-a como contributo "*valiosíssimo*" para a prevenção geral e especial de carácter positivo (concertação agente – vítima com vista à reparação do dano), escrevendo: "*Como ideia geral, pois, a concertação vítima – agente só pode ter o sentido de contributo valiosíssimo !) para o restabelecimento da confiança e da paz jurídica abaladas pelo crime, o qual, como vimos, constitui o cerne mesmo da prevenção geral positiva. Enquanto, por outro lado, aquela concertação conforma uma vertente decisiva para uma correcta avaliação, no caso, das exigências de prevenção especial positiva*".

(art. 35.º, n.º 2 CP estado de necessidade desculpante) quer na parte especial.

Estão neste âmbito os casos dos arts. 143.º, n.º 3 e 148.º, n.º 2 (ofensa à integridade física simples e por negligência respectivamente), 186.º, 250.º, n.º 6, 286.º, 294.º, 364.º, 374.º B, e destas queremos, especialmente, realçar a situação do art. 186.º CP.

Aquele dispõe no seu n.º 1 – "*O tribunal dispensa de pena o agente quando este der em juízo esclarecimentos ou explicações da ofensa de que foi acusado, se o ofendido ... os aceitar como satisfatórios*".

Estamos no âmbito dos crimes contra a honra e consideração da pessoa individual e em que, apesar do crime cometido, não há lugar à aplicação de uma pena mediante a apresentação do comummente denominado "*pedido de desculpas*".

A dispensa de pena, que neste normativo assume carácter obrigatório, apenas depende da vontade de o ofendido aceitar as "*desculpas*" como satisfatórias, e estas constituem a reparação do *dano de natureza moral*, que por essa via assume relevância penal fundamentando a "*desnecessidade*" da pena, que "*pode ser realizada, concretizada, quer a montante quer a jusante do iter processualis*"[293] estando o feito já em julgamento.

Pela natureza da reparação pode considerar-se a sua inserção no movimento restaurativo através da consensualidade exigida (e encontro entre o agressor e a vítima) e acordo dependente da vontade da vítima de aceitação do pedido de desculpas que formaliza esse consenso. Esse pedido de desculpas pode ser apresentado até à leitura da sentença pois nos termos do art. 74.º, n.º 1 CP o "*réu*" é declarado culpado mas não se lhe aplica qualquer pena.

Da mesma maneira, cedendo espaço à autotutela (vista como justiça privada, auto-composição ou até auto reparação), *a retorsão*, não é mais do que a equivalência de "*males*", como fundamento da dispensa facultativa da pena (art. 186.º, n.ºs 2 e 3 CP), a exemplo do que ocorre em outras normas da parte especial do CP, como o art. 143.º, n.º 3 no caso de lesões recíprocas não se provando quem agrediu primeiro, em que nada há a reparar.

[293] COSTA, José Faria, Comentário Conimbricense do Código Penal, I, Coimbra Ed. 1999, págs. 669/670.

4.2.4. Causa de extinção da responsabilidade penal

Se a reparação por parte do arguido pode levar-nos a uma diminuição da necessidade da pena e à dispensa desta, o Código Penal, reserva-lhe na parte especial uma outra função: como causa da extinção da responsabilidade penal.

O art. 206.º, n.º 1 do CP na redacção actual dada pela Lei n.º 8/2017 de 3/3/2017 (que alterou os arts. 203.º a 207.º, 209.º a 213.º, 227.º, 231.º a 233.º, 255.º, 355.º, 356.º, 374.º-B a 376.º do Código Penal, de molde a incluir na sua previsão os animais como seres vivos dotados de sensibilidade, e com um estatuto jurídico próprio e objecto do direito de propriedade; a mesma lei alterou ainda o Código Civil e o CPC por essa circunstância) dispõe que "*Nos casos previstos nas alíneas a), b) e e) do n.º 1, na alínea a) do n.º 2 do artigo 204.º e no n.º 4 do artigo 205.º, extingue-se a responsabilidade criminal, mediante a concordância do ofendido e do arguido, sem dano ilegítimo de terceiro, até à publicação da sentença da 1.ª instância, desde que tenha havido restituição da coisa ou do animal furtados ou ilegitimamente apropriados ou reparação integral dos prejuízos causados*" situação que é alargada a outros tipos legais que para este remetem como seja a generalidade dos crimes patrimoniais elencados supra n.º 2.2.2. e que suportam a atenuação especial da pena mediante reparação.

Assim, tirando outros condicionalismos a que a norma manda atender, a reparação do dano nos casos de valor elevado (art. 200.º, al. a) CP: "*Valor elevado – aquele que exceder 50 unidades de conta avaliadas no momento da prática do facto;*"), de se tratar de coisa "*b) Colocada ou transportada em veículo ou colocada em lugar destinado ao depósito de objectos ou transportada por passageiros utentes de transporte colectivo, mesmo que a subtracção tenha lugar na estação, gare ou cais*", e "*e) Fechada em gaveta, cofre ou outro receptáculo equipados com fechadura ou outro dispositivo especialmente destinado à sua segurança*" e ainda "*a) De valor consideravelmente elevado; – (Valor consideravelmente elevado – aquele que exceder 200 unidades de conta avaliadas no momento da prática do facto*" – art. 200.º, al. b) CP), faz extinguir a responsabilidade criminal, mesmo após o julgamento do facto, desde que antes ou até ao momento da leitura/publicação da sentença da 1.ª instância.

Aqui, como assinalámos (supra n.º 3.1.4) existe um enorme espaço de consenso, de justiça negociada que não é aproveitado nem pelo arguido e seu defensor/mandatário, nem pelos poderes públicos ou pelo ofendido.

Enorme face à quantidade de tipos de crime que essa previsão abrange, à sua gravidade e pela quantidade de actos ilícitos dessa natureza que todos os dias ascendem aos tribunais.

Na verdade essa extinção do procedimento criminal depende além da reparação, da exclusiva vontade do ofendido e do arguido que devem estar de acordo nesse acto de extinção, que por essa via se manifesta incondicional.

Como expressa Alexandra Vilela, "*... o legislador, por causa da restituição ou da reparação integral, acordadas entre o ofendido e o arguido, e desde que observados os demais pressupostos, entendeu que, naqueles crimes públicos, o juiz, mesmo depois de já ter feito o respectivo julgamento, mesmo depois de já ter formado a sua convicção quanto à condenação do arguido em uma pena de prisão, deverá proceder à extinção da responsabilidade criminal por causa daquele crime público.*

Tudo isto sem que se tenha de indagar, seja em que momento for, se o acto reparatório está associado ou não a um arrependimento do arguido (sincero ou interesseiro), manifestado ou não; sem se indagar sequer se foi um terceiro que procedeu à reparação em substituição do arguido. Tudo isto, por fim, sem que exista da parte de qualquer magistrado a possibilidade de sindicar se tal medida deve, ou não, ser aplicada, pois que é de aplicação automática uma vez verificados os seus pressupostos. Deste modo, bom é de ver, a pena já não será aplicada, muito menos será executada, porquanto o legislador entendeu que a mesma já não seria necessária." – in "Revisitando o n.º 1 do artigo 206.º do Código Penal: a extinção da responsabilidade criminal e a (não)necessidade de pena", pág. 6 – em consequência do que, acentua: "*..., de uma reparação espontânea e voluntária, passamos para uma outra que poderá não o ser, assumindo, ao invés, características calculistas: o agente passou a ter todo o período de tempo que decorre entre o inquérito e o julgamento para ir fazendo a sua análise sobre se seria ou não acusado; sobre se havia ou não hipóteses de ser condenado e, concluindo que iria ser acusado e julgado, no limite, poderia, naquele arco temporal, restituir ou reparar integralmente. Ou seja, neste caso, como é bom de ver, a voluntariedade e a espontaneidade da restituição ou da reparação são reduzidas e, segundo nos quer parecer, a sua relação com a menor necessidade de pena não é evidente.* LEONES DANTAS, *neste ponto, coloca ainda em evidência que a "alteração acaba por beneficiar a situação da vítima que passa a contar agora com a coacção derivada da pendência do processo para a indução do agente do crime à reparação"* – ob. cit. pág. 4.

4.2.5. A reparação e a pena de substituição

Determinada a espécie de pena a aplicar ao arguido, a reparação do dano pode permitir a *aplicação da admoestação*, como pena de substituição da pena de multa, não superior a 240 dias, verificados os demais condicionalismos do art. 60.º CP, que se apresenta como uma pena de carácter simbólico, traduzida numa *solene censura oral feita em audiência* (n.º 4.º), sendo que a condenação em admoestação anterior não impede nova admoestação (art. 60.º, n.º 3 CP)[294].

4.2.6. A reparação como condição da suspensão da pena

É neste âmbito como condição da suspensão da pena de prisão que entre nós a reparação, tem assumido maior relevância.

Para além do exposto (supra n.ºs II.6 e IV.2.1), importa aqui apenas acentuar que a reparação *do mal do crime*[295], a efectuar nos termos do art. 51.º, n.º 1, al. a) CP na vertente do dever de indemnizar, tem "*uma função adjuvante da realização da finalidade da punição*"[296] e entre elas de ressocialização do arguido.

No A.F.J. n.º 8/2012 de 12/9/2012[297] o STJ considera que "*Não se está perante uma indemnização objecto de pedido formulado pelo lesado, um caso de responsabilidade civil conexa com a criminal, no âmbito de um processo de adesão da acção civil à acção penal, mas antes perante arbitramento de «reparação lato sensu», autónomo, fora daquele quadro, como complemento penal, mais especificamente, como componente de pena de substituição, evitando aplicação de pena privativa de liberdade, v. g., aposição de condição para que opere e se viabilize a suspensão da execução da pena de prisão*", e em geral o arbitramento da indemnização em processo penal (através do processo de adesão) contribuirá segundo Figueiredo Dias [298] "*...para assegurar uma real e eficaz protecção a muitas vítimas de uma infracção penal*" e evitar que muitos dos danos sofridos por pessoas mais carenciadas, não venham a ser indemnizados por não acederem aos tribunais e não terem o mesmo poder económico para

[294] Todavia dispõe o art. 60.º, n.º 3 "*Em regra, a admoestação não é aplicada se o agente, nos três anos anteriores ao facto, tiver sido condenado em qualquer pena, incluída a de admoestação*".

[295] É a expressão legal – art. 51.º, n.º 1 CP.

[296] FIGUEIREDO DIAS, Jorge, *Direito Penal Português ..., cit.* pág. 353.

[297] DR 1.ª Série, n.º 206 de 24/10/2012 e www.dgsi.pt/jstj.

[298] in *Direito Processual penal,* I vol. cit., pág. 562.

se baterem nas instâncias civis e desse modo repor a paz social também procurada com o recurso aos tribunais.

4.2.7. A reparação como causa de extinção da pena

Não fica por aqui a relevância penal da reparação do mal do crime.

No art. 250.º, n.º 1 CP[299] a lesão no bem jurídico, não assume relevância penal durante 2 meses, tempo durante o qual pode ser reparada.

Tal significa que a satisfação da obrigação assume relevo especial na não criminalização da conduta, pois se o dano for reparado no decurso dos *dois meses* após a sua ocorrência a conduta não é criminalizada e só depois de decorrido esse prazo sem reparação da lesão, é que a conduta constitui crime (neste caso será, cremos, elemento típico objectivo e não condição de punibilidade).

O art. 250.º CP apesar de alterado pela Lei 59/2007 de 4/9 manteve a norma (ora n.º 6) que determina que *se a obrigação vier a ser cumprida*, pode o tribunal dispensar de pena ou declarar extinta no todo ou em parte a pena ainda não cumprida[300], daí decorrendo que à reparação do dano são ligados diversos efeitos alternativos, desde:

[299] Actual "*1 – Quem, estando legalmente obrigado a prestar alimentos e em condições de o fazer, não cumprir a obrigação no prazo de dois meses seguintes ao vencimento, é punido com pena de multa até 120 dias.*
2 – A prática reiterada do crime referido no número anterior é punível com pena de prisão até um ano ou com pena de multa até 120 dias.
3 -Quem, estando legalmente obrigado a prestar alimentos e em condições de o fazer, não cumprir a obrigação, pondo em perigo a satisfação, sem auxílio de terceiro, das necessidades fundamentais de quem a eles tem direito, é punido com pena de prisão até dois anos ou com pena de multa até 240 dias.
4 – Quem, com a intenção de não prestar alimentos, se colocar na impossibilidade de o fazer e violar a obrigação a que está sujeito criando o perigo previsto no número anterior, é punido com pena de prisão até dois anos ou com pena de multa até 240 dias.
5 – O procedimento criminal depende de queixa.
6 – Se a obrigação vier a ser cumprida, pode o tribunal dispensar de pena ou declarar extinta, no todo ou em parte, a pena ainda não cumprida."

[300] O que constitui uma tradição na Ordem Jurídica Portuguesa, pois ao abrigo do art. 190.º da OTM – Lei da Organização Tutelar de Menores (DL 314/78 de 27/10) a satisfação das quantias pecuniárias devidas a título de alimentos extinguia a pena, ou seja sendo a pena eficaz e estando a mesma em execução efectiva, o pagamento extinguia a pena, donde a reparação do dano era causa de extinção da pena.
O art. 200.º CP 1982 estabelecia que em face da satisfação da obrigação em falta, perante o cumprimento ou execução da pena aplicada, esta *deixará de executar-se*. Isto no caso de a

a) causa de dispensa de pena (o que só ocorrerá caso a satisfação ocorra antes do julgamento e ou da leitura da sentença condenatória – pois a dispensa da pena deverá, ser decretada na sentença (art. 74.º CP) e
b) causa de extinção total da pena não cumprida, ou
c) causa de extinção parcial da pena não cumprida.

Pelo que no caso de ser proferida sentença condenatória e satisfeita a obrigação alimentar:

a) a execução da pena pode terminar de imediato sendo declarada extinta a pena; ou
b) pode continuar o cumprimento da pena durante certo tempo ainda sendo a restante declarada extinta;

Havendo condenação e execução de pena (de prisão ou multa) ela será extinta no decurso da sua execução se vier a ser reparado o dano e assim a extinção só pode ocorrer quando a obrigação for cumprida após a sentença. Claro que se vier a ocorrer essa reparação após a sentença e antes do início da execução é-lhe aplicável o mesmo normativo e, face aos termos da lei, não pode haver cumprimento integral da pena em caso de reparação no decurso da execução desta.

Cremos que se compreende este regime face à especificidade da norma em causa: no art. 250.º CP como resulta do próprio tipo não está em causa apenas o mero incumprimento de uma obrigação legal de pres-

satisfação da obrigação ocorrer após a condenação e durante a execução da pena. Mas pode acontecer, que instaurado o procedimento criminal, a satisfação da obrigação ocorra antes do julgamento, e neste caso o julgamento tem lugar, pois não ocorreu causa de extinção do procedimento criminal, e apenas a pena que em que o arguido vier a ser condenado não será executada, situação que parece constituir ainda um *tertium genus* "*diferente da suspensão da pena e da extinção do procedimento criminal*" mas com efeitos jurídicos, constituindo uma condenação (sem contar para a reincidência face à ausência de cumprimento da pena de prisão).
No CP 1995 (DL 48/95 de 15/3/1995) o art. 250.º veio estabelecer que "*quem estando legalmente obrigado a prestar alimentos e em condições de o fazer, não cumprir a obrigação, pondo em perigo a satisfação, sem auxílio de terceiro, das necessidades fundamentais de quem a eles tem direito, é punido com pena de prisão até 2 anos ou com pena de multa até 240 dias*".
No n.º 3 deste normativo estabelecia-se que "*Se a obrigação vier a ser cumprida, pode o tribunal dispensar de pena, ou declarar extinta, no todo ou em parte, a pena ainda não cumprida*".

tar alimentos (obrigação civil), pois do tipo do n.º 1 resulta o perigo (abstracto) de não satisfação das necessidades fundamentais do alimentando que põem em causa a sua sobrevivência, perigo este que resulta do atraso de 2 meses (com despesas fixas mensais, dois meses sem rendimentos, constitui uma ausência de recursos que pode por em causa a satisfação das necessidades do dia a dia) e no n.º 3 estamos perante um perigo concreto pois aí relevante é que o incumprimento da obrigação ponha em perigo a satisfação, sem auxílio de terceiros, das necessidades fundamentais de quem tenha direito a alimentos.

Ora tendo tal norma por objecto os "*alimentos*" conceito jurídico cuja definição legal consta do art. 2003.º CC – pelo qual se deve entender tudo o que é indispensável ao sustento, habitação, vestuário e ainda instrução e educação do alimentando (no caso de este ser menor, sem prejuízo de quanto aos filhos maiores ter em conta o disposto no art. 1880.º CC, com vista à formação profissional do filho), – verifica-se que protegendo o titular do direito a alimentos essa norma protege todo o modo de vida do lesado e consequentemente a dignidade humana na vertente de livre crescimento e desenvolvimento da personalidade e, assim, se o bem jurídico tem por um lado carácter patrimonial não é menos importante o carácter de bem pessoal e imaterial resultante dessa norma, traduzido em assegurar o indispensável à satisfação das necessidades da vida do alimentando.

Damião da Cunha[301] entende que a alteração em relação à redacção anterior em que a pena deixava de ser executada se a obrigação fosse cumprida "*justifica-se pelo facto de o direito penal não poder ser colocado ao serviço da lei civil*" e "*a solução pretende preservar o carácter penal da sanção*", todavia em ambas as situações de satisfação da obrigação (antes e depois da condenação e no decurso da execução) o ilustre Professor fala de dispensa da pena e considera mais adequada a suspensão da execução da pena ou a suspensão provisória do processo, como a solução punitiva que do ponto de vista político-criminal deveria prevalecer.

E essa mudança ocorreria porque "*O Direito Penal ... não pode ser colocado ao serviço da lei civil, como aconteceria se a execução da pena ficasse dependente do*

[301] *Comentário Conimbricense cit.*, Parte Especial, Tomo II, Coimbra Ed., 1999, pág. 653.

cumprimento ou não da obrigação civil. A solução encontrada é suportável para o direito penal e pode favorecer a obtenção de um resultado positivo.

"Pode o tribunal" é expressão que preserva o carácter de sanção penal, deixando ainda um espaço de manobra para o julgador"[302].

Quer-nos contudo parecer que a suspensão da execução da pena mesmo subordinada à condição de cumprimento da obrigação de alimentos, não produz o mesmo efeito, nem tem a mesma *eficácia* imediata reparadora e pode levar à não satisfação da obrigação (pois a revogação da suspensão depende da prova do incumprimento culposo – art. 56.º CP – como já ponderámos atrás – supra n.º II.7.) e à extinção da pena sem cumprimento da obrigação, e se se vir na *não execução* da pena *"uma violação da liberdade em matéria familiar"*[303] (na versão do art. 200.º CP 1982), outro pode ser o entendimento se se ponderar que entre as finalidades a prosseguir através da pena poderão estar também os interesses relativos à vítima a satisfazer através da reparação dos danos e que satisfeita a obrigação falece de razão ou de necessidade o cumprimento da pena.

Por outro lado, cremos, a suspensão da pena não poderia ficar condicionada ao pagamento de quantia que excedesse as prestações integrantes do crime (embora outros danos pudessem ocorrer), sob pena de pôr em crise o comando do art. 250.º, n.º 6 CP (redacção actual Lei 59/2007 de 4/9) relativo à extinção da pena (no todo ou em parte) em caso de cumprimento da obrigação de alimentos em falta e cria uma situação de incompatibilidade entre o n.º 6 e a suspensão da execução da pena, pois que o pagamento ou satisfação da obrigação alimentar tem de gerar sempre ou a dispensa de pena ou a extinção desta, sendo apenas esta a escolha do tribunal e não o mero cumprimento de uma condição para a suspensão da pena, que se manteria até final do período de suspensão.

Importa salientar que, aqui, estamos perante uma situação em que o cumprimento da pena pode ser apenas parcial *ope legis* por acto do condenado.

[302] *Actas e Projecto da Comissão revisora do CP*, Ministério da Justiça, Rei dos Livros 1993, pág. 292.

[303] Damião da Cunha, J.M. *Comentário Conimbricense...*, *cit.* pág. 601.

4.3. No Direito Penal Secundário

Mais do que no direito penal de Justiça, é no direito penal secundário com cariz económico e social – como tradução da necessidade constitucional de promover tais direitos – art. 2.º CRP: "... *visando a realização da democracia económica, social e cultural*" – que a vertente reparadora assume também especial significado.

4.3.1 Nas infracções tributárias

Essa potencialidade é desde logo revelada pela regulamentação relativa a estes ilícitos e nessa medida o art. 26.º do DL 20 A/ 90 de 15/1 permitia, quanto aos crimes de fraude fiscal, abuso de confiança fiscal e frustração de créditos fiscais, o arquivamento dos autos (antes da dedução da acusação) ou a isenção de pena, desde que "*se mostrem estarem pagos o imposto ou impostos em dívida e os eventuais acréscimos legais ou terem sido restituídos ou revogados os benefícios injustificadamente obtidos*".

1. "*Benefícios*" que apesar de alterados e equiparados aos do Código Penal (art. 74.º CP) se têm mantido, estabelecendo actualmente a Lei 15/2001 de 5/6 (RGIT), no art. 22.º a *dispensa da pena* se tratando-se de crime punível com pena de prisão igual ou inferior a 2 anos[304] o arguido repuser a verdade sobre a situação tributária, a ilicitude e a culpa não foram muito graves, a prestação tributária e legais acréscimos tiverem sido pagos até à dedução da acusação e a tal não se opuserem razões de prevenção, prevendo no n.º 2 a *atenuação especial* da pena "*se o agente repuser a verdade fiscal e pagar a prestação tributária e demais acréscimos até à decisão final ou no prazo nela fixado*".

A parte final está de acordo com a regra geral do art. 74.º, n.º 2 CP e constitui mais um caso em que o juiz após o julgamento deve sobrestar na decisão final. Aqui, o facto de o arguido pagar ou não pagar o imposto em falta e satisfazer ou não satisfazer as suas obrigações fiscais, no prazo que lhe for assinalado[305] e mesmo após o julgamento, não constitui causa de dispensa da pena, mas apenas de atenuação especial desta.

[304] Redacção introduzida pelo art. 222.º da Lei 83 C/ 2013 de 31/12 (OGE), sendo anteriormente a pena igual ou inferior a 3 anos.

[305] O prazo a conceder e a fixar deverá ser o prazo até um ano do art. 74.º, n.º 2 CP como norma penal de carácter geral e face à natureza subsidiária do Código Penal.

De relevante parece ser, dum lado o facto de se traduzir numa reparação voluntária, manifestada em julgamento pelo arguido e do outro de ser aplicável a todos os tipos de crimes tributários (art. 1.º RGIT); acresce que o prazo judicialmente concedido para pagar a prestação tributária em falta o deve ser na própria sentença ou "*decisão final*" com fixação dos factos provados que assim revestirá natureza provisória, mas de todo o modo sobrestando na decisão sobre a pena.

2. É também neste domínio que aparecem as normas especiais, como a do art. 14.º RGIT que estabelece que a "*suspensão da execução da pena de prisão é sempre condicionada ao pagamento em prazo a fixar até ao limite de cinco anos subsequente à condenação da prestação tributária e acréscimos legais ...*"

Norma sobre a qual se pronunciou no sentido da sua não inconstitucionalidade, o Tribunal Constitucional, de forma constante, entre outros no Ac. n.º 256/03 de 21/5/2003[306], doutrinando que "*as normas contidas no artigo 11.º, n.º 7, do RJIFNA, aprovado pelo Decreto-Lei n.º 20-A/90 (na redacção do Decreto-Lei n.º 394/93, de 24 de Novembro), e no artigo 14.º do RGIT, aprovado pela Lei n.º 15/2001, de 5 de Junho*" não são inconstitucionais, juízo reafirmado no Ac. n.º 237/2011 de 5/5/2011, e com igual entendimento pelo STJ[307].

A sua eficácia, no entanto, era reduzida, por força das regras do Código Penal sobre a revogação da suspensão da execução da pena (arts. 55.º e 56.º CP) e a Jurisprudência estabelecida sobre essa matéria[308-309-310].

Essa (in)eficácia, parece-nos, sofreu novo e acrescido abalo pela doutrina fixada pelo STJ com a prolação em 12/09/2012 do Acórdão de Fixa-

Assume especial relevo nesta matéria o Ac. R P 18/5/2016 (Artur Oliveira) www.dgsi.pt: "*I – É nula, por omissão de pronúncia, a sentença que não fixa prazo ao arguido para repor a verdade fiscal e pagar a prestação tributária e demais acréscimos legais com vista a obter a atenuação especial da pena [art. 22.º, n.º 2, do RGIT] quando este requereu a concessão de tal prazo almejando a dispensa da pena [art. 22.º, n.º 1, do RGIT]. II – Essa nulidade da sentença pode ser suprida pelo tribunal de recurso, suspendendo a decisão e notificando o requerente para em prazo que lhe for concedido demonstrar que procedeu ao pagamento da prestação tributária e demais acréscimos, como requerera*".

306 www.tribunalconstitucional.pt/tc/acordaos/20030256.html

307 Cf. Acórdão do STJ de Fixação de Jurisprudência n.º 8/2012 DR 1.ª série de 24/10/2012.

308 Ac. R P de 12/1/2011 www.dgsi.pt/jtrp.

309 Ac. R P de 5/5/2010 www.dgsi.pt/jtrp.

310 Ac. R P de 11/1/2012 www.dgsi.pt/jtrp.

ção de Jurisprudência n.º 8/2012 que estabeleceu "*No processo de determinação da pena por crime de abuso de confiança fiscal, p. e p. no artigo 105.º, n.º 1, do RGIT, a suspensão da execução da pena de prisão, nos termos do artigo 50.º, n.º 1, do Código Penal, obrigatoriamente condicionada, de acordo com o artigo 14.º, n.º 1, do RGIT, ao pagamento ao Estado da prestação tributária e legais acréscimos, reclama um juízo de prognose de razoabilidade acerca da satisfação dessa condição legal por parte do condenado, tendo em conta a sua concreta situação económica, presente e futura, pelo que a falta desse juízo implica nulidade da sentença por omissão de pronúncia*"[311] e por via dessa interpretação derrogou tal norma e em face de ambas as situações faz temer o retorno à pena de prisão efectiva[312] por a pena de multa poder não ser a mais eficaz.

3. A aplicação da 2.ª parte do art. 22.º, n.º 2 RGIT – de concessão de prazo para pagar após a decisão final – depende de uma predisposição para satisfazer a obrigação que normalmente o arguido em Portugal não está disposto a fazer, pois o seu primeiro pensamento ao ser descoberto é *como me safar desta*.

Assim sendo se o pagamento mesmo após o julgamento pode levar à atenuação especial da pena (ou dispensa da pena no âmbito do CP), afigura-se-nos – em nome da eficácia das penas e do direito penal e da personalidade ou maneira de ser e pensar comum colectivo – que eventualmente mais adequado seria condenar na pena de prisão devida e adequada e, se pago o imposto, fazer cessar a execução ou suspender a sua execução pelo tempo que falta para o cumprimento da pena.

Tal situação não seria inédita neste tipo de ilícitos pois *a reparação prévia* já, por via legal, determinou a cessação da execução da pena, ao dispor a Lei n.º 51-A/96 de 9/12 no seu art. 3.º que: "*O pagamento integral dos impostos e acréscimos legais extingue a responsabilidade criminal*" e por esta via

[311] DR. I.ª Série n.º 206 de 24/10/2012.

[312] Sendo ainda passível da emissão de um juízo de inconstitucionalidade por violação do princípio da separação de poderes e invasão do poder legislativo. E fez aparecer novas questões, desde as relativas à sua aplicabilidade a crimes tributários apenas puníveis com pena prisão até à possibilidade de suspensão da pena sem aplicação do art. 14.º RGIT (derrogando-o) de que são exemplo, entre outros, os Acs. R P de 8/10/2014 (Maris Luísa Arantes), 29/4/2015 (Elsa Paixão), 5/3/2014 (Eduarda Lobo), 20/4/2016 (Francisco Marcolino), Ac.s R Lx 26/2/2014 (Carlos Almeida) e 27/10/2016 (Filipa Lourenço) e Ac. R G de 5/12/2016 (Alda Maria Casimiro) todos acessíveis em www.dgsi.pt.

e pela aplicação retroactiva da lei mais favorável (art. 2.º, n.ºs 2 e 4 CP), fez cessar o cumprimento da pena que estivesse em execução.

Este modo de execução da pena seria até adequado para as situações que não foram resolvidas pela via do art. 22.º – pagamento no decurso do processo – e em situações mais graves em que se intua/aperceba do desvio do dinheiro para contas *off shore* ou de familiares/testas de ferro, etc., ou seja situações em que o arguido não só não padece de insuficiência económica como tem património material e imaterial e fácil acesso ao crédito.

4. Apesar disso e neste âmbito é também possível o arquivamento do processo por crime tributário, quer em inquérito quer em instrução[313], quando se encontre prevista na lei a possibilidade de dispensa de pena e se verificarem os seus pressupostos, e um deles é o pagamento da prestação tributária e legais acréscimos (a reparação prévia do dano).

Acresce que no âmbito do crime de receptação de mercadorias objecto de crime aduaneiro – art. 100.º RGIT – é possível que a pena *seja livremente atenuada* ou o agente *ser isento de pena* se o arguido antes da instauração do procedimento criminal ou no seu decurso "*entregar a mercadoria objecto de crime aduaneiro... e indicar com verdade, de quem a recebeu*" (n.º 3), o que se traduz na eliminação do mal do crime.

De igual modo no âmbito do abuso de confiança fiscal e contra a segurança social (arts. 105.º e 107.º) o facto ilícito só é punível se tiverem decorrido mais de 90 dias sobre o termo do prazo legal de entrega da prestação em falta, e mesmo após a notificação para o efeito não for a prestação paga no prazo de 30 dias, e ocorrendo o pagamento no decurso daqueles prazos (seja qual for a fase processual em que ocorra a notificação para pagamento – al. b) do n.º 4), o facto não é punível e assim o pagamento prévio evita a punição.

Parece assim e como expressa Mário Monte que nestes casos "*se pressupõe que os fins que se atingiriam com um julgamento e com a consequente aplicação de uma pena, são de igual modo atingidos pelas vias apontadas com o recurso mais ou menos condicionada à reparação*"[314].

[313] Art. 44.º RGIT.

[314] Ob. cit. pág. 135.

4.3.2. Nos crimes económicos

Pese embora a existência de legislação anterior protagonizada pelo Dec. Lei n.º 41. 204 de 24/7/1957 sobre a "*criminalização e punição das actividades delituosas contra a economia nacional*" é o DL 28/84 de 20/1 regulando no geral a actividade económica no que aos ilícitos *contra a economia e contra a saúde pública* respeita, que nos interessa.

Assim:

A reparação na vertente de reposição da situação anterior ao crime está patente na pena acessória de perda de bens, que inclui não apenas os bens em si mesmos mas também o lucro ilícito (arts. 8.º e 9.º, n.º 1), ou na condenação "*na total restituição das quantias ilicitamente obtidas os desviadas*" (art. 39.º) ou até na obediência à injunção judiciária de cessação imediata da "*actividade ilícita*" ou de adopção das "*providências legalmente exigidas*" visando restabelecer a legalidade.

Mas ocorrem outras situações relevantes como o agente:

- retirar do mercado os bens, as mercadorias e os géneros alimentícios não genuínos ou genericamente depreciados, estragados ou impróprios, voluntariamente e antes de denúncia ou intervenção da autoridade, caso em que é isento de responsabilidade criminal (art. 26.º);
- remover voluntariamente o perigo criado por esses bens impróprios/anormais antes de causarem dano considerável e reparar todo o dano causado, a pena pode ser livremente atenuada (art. 27.º), constituindo situações de arrependimento do agente e de reparação voluntária do dano[315];
- espontaneamente impedir a concessão da subvenção ou do subsídio pedido indevidamente, caso em que será isento de pena (art. 36.º, n.º 7) e, de igual isenção beneficia o agente que espontaneamente impedir que o credor entregue a prestação pretendida no caso de fraude na obtenção de crédito (art. 38.º, n.º 4).

No sentido inverso, *a falta de reparação espontânea do dano* é um dos requisitos necessários para o decretamento da dissolução da pessoa colectiva no caso de prática reiterada em seu nome e interesse dos crimes

[315] Codeço, Carlos Emílio, *Delitos Económicos,* Livraria Almedina, Coimbra, 1986, pág. 129.

de fraude e desvio de subvenção, subsidio ou crédito (arts. 38.º, n.º 3 e 37.º, n.º 4).

Se na primeira situação descrita estamos perante uma "*reposição*" obrigatória de natureza judicial, imposta como pena, já no segundo conjunto de situações, traduzidos genericamente em evitar o dano e ou em reparar voluntariamente o mal já produzido o seu efeito produz-se ao nível da atenuação da pena, da isenção do procedimento criminal ou da isenção da pena fazendo com que a reparação torne desnecessária a aplicação da pena.

De assinalar que a reparação espontânea do dano, quanto à ultima situação descrita evita a aplicação de uma pena (a de dissolução de pessoa colectiva – art. 7.º, n.º 1, al. c).

Podemos assim concluir que ao nível dos ilícitos em causa a reparação do dano assume de igual modo uma posição relevante não apenas na determinação da medida (e na escolha) da pena, mas também fundamenta uma isenção desta e uma extinção do procedimento criminal.

4.4. Nas leis de amnistia

Quer a amnistia de crimes quer o perdão das penas foram com frequência utilizados num passado recente, em Portugal, para fins diversos, desde a homenagem a acontecimentos marcantes da vida social e política, a meio de descongestionar as prisões, dados os seus efeitos sobre o procedimento criminal e sobre a execução da pena.

Neste contexto, verificamos que tais actos de clemência têm sido concedidos mediante condição de reparação dos danos causados.

Enquanto na Lei 16/86 de 11/6[316] a amnistia abrange os crimes fiscais desde que os impostos ou direitos e demais imposições sejam pagos, nos crimes de cheque sem provisão a amnistia é sujeita à condição suspensiva de *prévia reparação* ao portador do cheque e, nos crimes contra a propriedade do CP 1886 e nos crimes patrimoniais do Código de 1982 e até nos crimes antieconómicos ou contra a economia, a amnistia também "*é concedida sob condição suspensiva de prévia reparação aos lesados conhecidos*" incluindo as restituições e indemnizações.

[316] Lei 16/86 de 11/6: art. 1.º, als. e), g), h) e t) e arts. 2.º n.º 1 e 3.º, n.º 1.

Na amnistia da Lei 23/91 de 4/7[317] o crime de cheque sem provisão e os crimes contra o património e contra a economia estão sujeitos à mesma condição suspensiva de *prévia reparação* aos lesados conhecidos incluindo as restituições e indemnizações, e o mesmo ocorre na Lei da amnistia n.º 15/94 de 11/4[318] abrangendo também o crime de falsificação de vales postais e cheques.

Mais restritiva é a Lei 29/96 de 12/5 que de relevante estabelece no art. 5.º, n.º 2 apenas que sempre que o condenado o tenha sido também em indemnização o perdão é concedido sob condição resolutiva de reparação ao lesado, ou no caso de cheque sem provisão ao portador do cheque.

Assim e visto que a amnistia (em sentido próprio) é causa de extinção da responsabilidade criminal (art. 127.º CP) e com reflexo sobre a pena (amnistia imprópria) fazendo *cessar a execução da pena que está a ser cumprida* e dos seus efeitos (art. 128.º, n.º 2), e que o perdão *extingue a pena* no todo ou em parte (consoante for total ou parcial – art. 128.º, n.º 3 CP), e ainda que no essencial quanto aos crimes de natureza patrimonial ou contra a economia o legislador renúncia ao procedimento criminal e à pena e admite fazer cessar a execuçao da própria pena mediante a reparação dos danos causado pelo crime, isto não pode deixar de traduzir uma valoração social da reparação, na medida em que o órgão legislativo em causa representa o povo, como apaziguadora da sociedade e por esse acto ser o condenado merecedor de clemência.

4.5. No direito penal dos menores

É na lei tutelar educativa (LTE)[319] que se eleva a reparação ao seu expoente assumindo uma nova realidade, *a de medida tutelar*, aplicável ao

[317] Lei 23/91 de 4/7: o art. 1.º, als. d), f), g) e h) e os arts. 2.º, n.º 1 e 3.º, n.º 1.

[318] Lei 15/94 de 11/4: art. 1.º, als. f), l) e q) e art. 2.º, n.º 1.

[319] Lei 166/99 de 14/9 alterada pela Lei 4/2015 de 15/1 tendo as alterações entrado em vigor em 15/2/2015, e que se mostram relevantes, salientando-se por ora as que emergem dos arts. 84.º e 87.º; alterando o art. 84.º criou um paralelismo entre a suspensão do processo ali prevista, com a suspensão provisória do processo penal (art. 85.º LTE), pois o plano deixou de ser apresentado pelo menor e passou a estar sob determinação do M.º P.º com colaboração dos serviços de reinserção social ou os serviços de mediação; e o mesmo se passa com o arquivamento do processo tutelar, vindo o art. 87.º a estabelecer que "2 – *O Ministério Público pode ainda determinar o arquivamento do inquérito quando, tratando-se de facto qualificado pela lei como*

jovem menor dos 12 aos 16 anos de idade, aquando da prática por este de actos qualificados por lei como crime.

O art. 4.º da Lei 166/99 de 14/9 consagra o princípio da legalidade das medidas tutelares e estabelece como medida não institucional a "*reparação ao ofendido*" (al. c).

Esta medida tutelar, pode ter como conteúdo[320]:

- a reparação moral com a apresentação de um pedido de desculpas ao ofendido, que se traduz em o menor exprimir o seu pesar pelo facto praticado quer manifestando, na presença do juiz e do ofendido, o seu propósito de não repetir factos análogos, quer dando ao ofendido uma satisfação moral mediante acto que simbolicamente traduza arrependimento;
- a compensação económica no todo ou em parte, do dano patrimonial causado ao ofendido, cujo pagamento pode ser efectuado em prestações devendo o juiz atender, na fixação do montante da compensação ou da prestação, apenas às disponibilidades económicas do menor[321];
- ao exercício pelo menor e em benefício do ofendido de uma actividade adequada que se mostre com conexão ao dano causado, ou seja meio de o reparar. Esta medida traduzida em trabalho a favor do ofendido está todavia limitada a dois dias por semana e três horas por dia, com respeito pelo período de descanso diário e semanal e pelo período escolar ou formativo, e não pode exceder no total as 12 horas durante 4 semanas.

Acresce que enquanto a primeira medida (pedido de desculpa) pode ser imposta pelo tribunal de *motu* próprio (cf. contudo o Ac. R P 29/4/2015 www.dgsi.pt, relativo à suspensão da pena mas cuja doutrina também aqui faz sentido – supra II.5.2.2) as duas restantes (compensa-

crime de natureza semipública ou particular, o ofendido manifeste no processo oposição ao seu prosseguimento, invocando fundamento especialmente relevante" situação que inexistia na lei originária (Lei 166/99).

[320] Art. 11.º da LTE.

[321] Sendo aditada pela Lei 4/2015 na al. b) do n.º 1 do art. 11.º o seguinte: "*...exclusivamente através de bens ou verbas que estejam na disponibilidade do menor*".

ção económica e exercício de actividade) dependem do consentimento do ofendido.

Sendo a lei tutelar educativa o direito especial de natureza penal dos jovens menores dos 12 aos 16 anos e, nessa conformidade e em paralelismo com o direito penal, as medidas tutelares ali previstas correspondem às penas (do direito penal dos adultos), vemos que a reparação assume aqui (salvo se for fruto da mediação[322] - possível no direito dos menores em conformidade com o art. 42.º, e nomeadamente com vista à suspensão do processo nos termos do art. 84.º, n.ºs 3 e 4, als. a) e b), - inserido no plano de conduta do menor), o estatuto de verdadeira "*pena*" autónoma.

Este conteúdo faz dela uma sanção punitiva autónoma, como *pena* tal como é defendida como pena alternativa pela justiça restaurativa e pela mediação[323]. Mas não se trata da reparação do mal causado com a prática do facto ilícito, pois pode ser apenas reparação moral e, a compensação económica ao ofendido restringe-se aos danos patrimoniais, podendo ficar aquém destes, sem esquecer que é o juiz que condena a reparar. Assim a reparação entendida como pena ou como indemnizaçao pelo dano *in natura* ou por equivalente, pode não o ser, face aos modos como é estabelecido na lei, mas dela se aproxima, aproveitando toda a estrutura legal e judiciária existente.

Visando uma finalidade educativa relativamente ao menor, responsabilizando-o pelo seu acto, a medida tutelar é estabelecida na medida das suas possibilidades, sem prejuízo de através da própria participação do ofendido e do envolvimento dos familiares e amigos, se aproximar da resolução consensual e da mediação de conflitos, e sendo finalidade daquela "*a educação do menor para o direito e a sua inserção, de forma digna e responsável, na vida em comunidade*" - art. 2.º, n.º 1 LTE - não deixa de traduzir também "*o reconhecimento expresso da utilidade da reparação do dano como via de resolução do problema social desencadeado pelo crime*"[324].

[322] Segundo um modelo "*a que alguns autores chamam de "terceira via" mas que se prefere denominar como "modelo educativo de responsabilidade*" - SANTOS, Cláudia Cruz, ob. cit. pág. 667.

[323] Mas não é de mediação que se trata embora esta possa ser chamada a intervir, como se assinala no texto e apenas algumas modalidades de reparação admitem o consentimento do ofendido (art. 11.º, n.º 6 LTE: compensação económica e prestação de serviços/actividade) e são medidas impostas perlo tribunal e não voluntariamente assumidas.

[324] FARIA, Maria Paula Ribeiro de, *A reparação punitiva ...cit.* pág. 268.

5. A reparação e os efeitos penais: crítica

Pese embora o que acabámos de descrever quanto à reparação, como sanção aplicável aos jovens menores, ela não evita a aplicação de uma "*pena*" e assume ela essa qualidade, mas não assume o carácter voluntário nem por via dessa voluntariedade faz com que o agente do facto se arrependa, tome consciência do dano causado e repondo a situação anterior ao facto lesivo restabeleça a paz jurídica, tal como não põe termo ao processo sem julgamento (antes o exige) nem permite por esse meio, salvo nos casos particulares em que é exigido o consentimento do ofendido, à vítima participar na solução[325].

Todavia e de todo o exposto, no que respeita à reparação, ela surge quando arbitrada em processo penal, quer por força do princípio de adesão, quer quando é atribuída sem necessidade de dedução de pedido civil, como complemento da pena, não tendo a potencialidade de sozinha ter efeito preventivo da criminalidade, pelo menos para além da pequena criminalidade ou no âmbito da LTE.

Mas a reparação do dano (mal que o direito penal quer evitar ao proteger o bem jurídico) pode ter esse efeito se associada a uma pena (mesmo que esta não venha a ser executada) e assim ser capaz de restabelecer a paz jurídica e social perturbada pelo facto criminoso, transmitindo ao arguido e à comunidade que o crime não compensa, pois para além da pena há que reparar o mal causado, o que torna inútil a acção criminosa, em especial se integrada na visão de que "*a intervenção penal deve dar resposta a três tipos de males: o dano sofrido pela vítima (restauração); o dano infligido pelo delinquente a si próprio – a sua ruptura com a sociedade (prevenção especial positiva), e finalmente o dano na sociedade (prevenção geral positiva*"[326].

Mas na determinação e nas finalidades das sanções escolhidas pela lei não podem deixar de estar também presentes, outras considerações (quantas vezes condicionantes) não apenas de carácter jurídico mas de cariz político e económico, em especial no direito penal secundário.

Assim é que se nos afigura que uma das razões do sancionamento dos crimes fiscais em que a suspensão da pena de prisão é sempre condicionada ao pagamento do imposto e legais acréscimos – o art. 14.º DL

[325] Monte, Mário Ferreira, *Da Reparação Penal ... cit.* pág. 140.

[326] Morão, Helena, *Justiça Restaurativa ... cit.* pág. 532.

15/2001[327], é porque aqui a primazia pode não ser dada à ressocialização do arguido/delinquente[328], mas ao pagamento do imposto (recuperação de receitas cuja função social é acentuada, pois é com ele que o Estado procura satisfazer as necessidades sociais de toda a população). Se entre os fins complementares estiver a satisfação da obrigação de pagar imposto, a reparação do dano pode permitir também que possa ser arvorada em fundamento do restabelecimento da paz social (embora nas relações jurídico-privadas possa não ser suficiente por estarem em jogo outras motivações – incluindo a *vendicta*).

Sendo diversos os motivos que levam ao cometimento dos crimes, também são diversos os factores que levam e determinam as pessoas lesadas, ou seja as vítimas, a recorrer aos tribunais, como órgãos encarregados de administrar a justiça e nestes como refere Maurice Cusson[329] cabem "*1 – A reparação (serem indemnizadas, recuperarem o bem, obterem um pedido de desculpas); 2 – A protecção (para que o agressor seja impedido de voltar a bater-lhes); 3 – A retribuição (para que seja feita justiça); 4 – A defesa social (para cumprir um dever cívico, fornecendo às autoridades as informações necessárias para que um delinquente deixe de importunar a sociedade)*", expressando a importância da reparação, como causa do recurso às instâncias judiciais e por isso também como meio de controlo da criminalidade[330].

[327] Sobre que versou o AFJ. n.º 8/2012, de 12/9/2012 (supra n.º III. 4.3.1.).

[328] No sentido clássico. "*... tais casos de desnecessidade de socialização serão muito menos frequentes do que aquilo que uma certa doutrina – aliás difundida – supõe, máxime nos temas de direito económico e, em especial, naqueles que a ciência criminológica chama, na esteira de Sutherland, "crimes de colarinho branco". Ela alega que ao menos na generalidade dos casos, o "colarinho branco" não se revela carente de socialização, dado precisamente o seu status económico social, a respeitabilidade do seu modo de vida e a estabilidade da sua inserção comunitária. Mas esta alegação deve ser contraditada, por ter na base um deficiente entendimento do que seja a "socialização" que constitui finalidade da pena: também o crime económico – desvio de subvenções, fraude fiscal, actuações ilícitas sobre o mercado, contrabando, etc. – revela em princípio um defeito de socialização do agente, donde promana para o Estado o dever de pôr à sua disposição os meios de prevenir a reincidência. Sem prejuízo de casos existirem – nomeadamente no que respeita a certos delinquentes por convicção (ou ainda mais claramente, por decisão de consciência (...), ocasionais ou puramente situacionais – em que será difícil, quando não impossível, divisar fundadamente uma carência de socialização do agente*" – Figueiredo Dias, Jorge, *Direito Penal I, ... cit.* pág. 58.

[329] *Criminologia*, Casas das Letras, 2.ªed. pág. 178.

[330] Santos, Cláudia, ob. cit. pág. 59, em nota 61 dá-nos conta de um estudo no Brasil em que são "*expectativas de protecção estatal, resolução de conflito e reparação – material ou moral, sem*

Por isso se compreende que a reparação do dano constitua uma das razões de desistência de queixa, levando à extinção do procedimento criminal[331], nos crimes que a admitem, cumprindo assim a sua função geradora se não de paz, pelo menos, de sanação do conflito inter-pessoal e social em que o crime se traduziu.

Trata-se no fundo do pagamento de uma quantia pecuniária (por norma) de que é beneficiária a vítima lesada pelo facto, tal como a multa é uma quantia de que é beneficiário o Estado: ambas têm como essência a penosidade do acto (punitivo ou reparador[332]), e por isso mais se aproxima das formas primeiras de sanação dos conflitos e daí o seu paralelismo.

Tem aqui de novo cabimento a lição de Maurice Cusson "... é *na condição de reparar o dano causado à família da vítima que o assassino pode regressar à comunidade sem receio de represálias (Carbassem 1990, 212)*" para não falar das penas privadas, de que é paradigma a "*actio furti*" do direito romano[333], o que é consentâneo com o facto expresso por Júlio Gomes[334] de a proibição da sanção punitiva só surgir na Idade Média com o direito canónico e com a proibição da usura.

O instituto da reparação já é compatível com novas formas de combate à criminalidade como a "*transacção*" holandesa[335] e englobando quer

vinculação com o retributivismo clássico da pena de prisão" as necessidades que as vítimas de crime apresentam.

[331] "*o Código de conduta das práticas comerciais vincula o queixoso credor a desistir quando o arguido/devedor paga*" – Pedroso, João et alli, *O que se pune em Portugal,* Sub judice, jan./jun. 1996, pág. 105.

[332] Cf. Santos, Cláudia, ob. cit. pág. 402, sobre as questões que suscita a possibilidade de podermos ter "*duas sanções penais de natureza patrimonial com destinatários diferentes*" perante a possibilidade de condenação em pena de multa e na condenação ao pagamento de uma indemnização de perdas e danos.

[333] Faria, Maria Paula Ribeiro de, *A reparação punitiva ..., cit.* pág. 269, nota 29 "*... que desconhecia a separação entre indemnização e sanção de tal modo que a punição por furto ... era levada a cabo... através da imposição de uma soma apta a abranger os dois pontos de vista (a indemnização e a sanção pelo facto praticado) (...) ficando o agente obrigado a pagar um montante pecuniário que excedia sempre o valor da coisa furtada*".

[334] Apud, Ribeiro de Faria, *idem,* pág. 273 e nota 31.

[335] Andrade, Manuel da Costa, *O novo Código Penal ... cit.* pág. 205 "*... significa a renúncia do M.P. à perseguição contra o pagamento, pelo arguido, de determinada soma pecuniária a que podem acrescer outras injunções*".

o ressarcimento dos danos patrimoniais e não patrimoniais e, já aparece como sanção autónoma[336] – como é o caso do Brasil nas situações de possibilidade de transacção penal (supra III.3.1.), – e também surge em França em substituição ou ao mesmo tempo que a pena principal *d'emprisonnement* ou de multa, podendo os tribunais aplicar a "*sanção – reparação*" sendo a pena principal cumprida em caso de incumprimento da sanção – reparação[337].

Hoje a doutrina e a jurisprudência, através da aplicação da lei, vêm com outros olhos o problema da reparação dos danos causados à vítima de um crime e por este causados, como verdade que importa encarar, de modo a salvaguardar de um lado a liberdade do agente/delinquente que praticou o facto lesivo e como responsável pelo mesmo, numa luta contra a pena de prisão e, com vista a que o mesmo agente ainda possa ser útil à sociedade em que se insere e, do outro lado, sem que a vítima tenha de "*sofrer*" ou tenha de ser ela própria a suportar os danos que aquele lhe causou, punindo-o apenas com uma pena que em nada a beneficia a si mesma, como vítima do ilícito.

Os sistemas políticos (Liberalismo, Capitalismo, Social Democracia), o modo de vida actual (Estado Social ou de Bem Estar), a estratificaçao

[336] FIGUEIREDO DIAS, Jorge, *Direito Penal I, ... cit.* pág. 58.

[337] Article 131-8-1 créé par Loi n°2007-297 du 5 mars 2007 – art. 64 JORF 7 mars 2007: *«Lorsqu'un délit est puni d'une peine d'emprisonnement, la juridiction peut prononcer, à la place ou en même temps que la peine d'emprisonnement, la peine de sanction-réparation. Il en est de même lorsqu'un délit est puni à titre de peine principale d'une seule peine d'amende.*

La sanction-réparation consiste dans l'obligation pour le condamné de procéder, dans le délai et selon les modalités fixés par la juridiction, à l'indemnisation du préjudice de la victime.

Avec l'accord de la victime et du prévenu, la réparation peut être exécutée en nature. Elle peut alors consister dans la remise en état d'un bien endommagé à l'occasion de la commission de l'infraction; cette remise en état est réalisée par le condamné lui-même ou par un professionnel qu'il choisit et dont il rémunère l'intervention.

L'exécution de la réparation est constatée par le procureur de la République ou son délégué.

Lorsqu'elle prononce la peine de sanction-réparation, la juridiction fixe la durée maximum de l'emprisonnement, qui ne peut excéder six mois, ou le montant maximum de l'amende, qui ne peut excéder 15 000 Euros, dont le juge de l'application des peines pourra ordonner la mise à exécution en tout ou partie dans les conditions prévues par l'article 712-6 du code de procédure pénale si le condamné ne respecte pas l'obligation de réparation. Si le délit n'est puni que d'une peine d'amende, la juridiction ne fixe que le montant de l'amende, qui ne peut excéder 15 000 Euros, qui pourra être mis à exécution. Le président de la juridiction en avertit le condamné après le prononcé de la décision.

da sociedade e a divisão do trabalho tornando a humanidade interdependente, fazem relevar o factor económico e patrimonial como essencial à sobrevivência humana, valorizando por essa via os bens e consequentemente a sua lesão e a sua reposição/reparação.

Pese embora os inúmeros efeitos que a reparação tenha ou possa ter sobre a escolha e medida da pena, sobre a sua suspensão (não execução), sobre a extinção do procedimento criminal ou sobre a pena em execução ou ainda sobre a aplicação de leis de clemência (tal é a situação em Portugal), cremos que esse impacto sobre o direito penal ou até sobre todo o direito sancionatório (incluindo o direito de mera ordenação social) pode ser alargado sem que com isso, cremos, sofram as finalidades da pena, posto que esta exista ao lado daquela e para actuar em caso de incumprimento.

Vimos (supra n.º I.3.1.2.) que os fins das penas se traduzem na protecção dos bens jurídicos e na reinserção do agente na sociedade (art. 40.º CP), ou seja, razões de prevenção geral e razões de prevenção especial; sendo reconhecido e aceite que a reparação do dano ocasionado pelo crime gera um apaziguamento das relações entre autor e vítima e por essa via tranquiliza a sociedade e restaura a paz jurídica[338] manifestando a validade e a observância da norma violada fazendo com que as expectativas comunitárias se mantenham; sabido que o autor do facto lesivo ao proceder à reparação, efectua não apenas um acto positivo de relevo, como toma consciência do seu erro e da validade da norma violada e pelo esforço reparador reingressa ao seio da sociedade, é de reconhecer que a reparação pode assumir, imbuído do mesmo fim das penas, um papel mais acentuado senão em todos pelo menos em alguns sectores da criminalidade.

Importa no entanto ultrapassar alguns obstáculos legais ou constitucionais, por poderem estar em causa diferenciações económicas potenciadoras de desigualdade nos benefícios ou face à sua ligação intrínseca à indemnização civil não se coadunar com a pena de prisão.

[338] FIGUEIREDO DIAS, J., *Direito Penal*, cit., pág. 60; Santana, Selma Pereira, *A Reparação* ... cit. pág. 898.

5.1. A reparação e a suspensão da pena: prisão por dívidas

O crime é um acto pessoal mas também um acto "*social*" que gera um dano, quer se trate de danosidade individual quer colectiva e, a pena como seu "contraposto", apareceu como um "*bem*"[339] um "lenitivo" para "compensar" para "apagar" esse mal por parte do seu causador, que chegou a pagar pessoal e fisicamente pelo dano causado, – o que hoje é inadmissível face à dignidade da pessoa humana (pese embora as novas concepções de "*punitive turn*" nomeadamente as "*shame sanctions*") – admitindo-se que a privação da liberdade apenas possa ocorrer pela prática de um crime e não por qualquer outro tipo de responsabilidade (civil, contratual ou extracontratual).

A indemnização devida ao lesado pela prática do crime, emerge da responsabilidade civil extracontratual (art. 129.º CP) e não da responsabilidade penal, daí que quando se condiciona no art. 51.º, n.º 1, al. a) CP a suspensão da execução da prisão ao pagamento da indemnização se questiona em caso de revogação da suspensão por falta de cumprimento dessa condição se não configura uma prisão em resultado do não pagamento de uma dívida.

E isto porque o art. 27.º, n.ºs 1 e 2 CRP determina que:

"*1. Todos têm direito à liberdade e à segurança.*

2. Ninguém pode ser total ou parcialmente privado da liberdade, a não ser em consequência de sentença judicial condenatória pela prática de acto punido por lei com pena de prisão ou de aplicação judicial de medida de segurança."

Por sua vez o Pacto Internacional Sobre os Direitos Civis e Políticos[340] no art. 11.º dispõe que: "*Ninguém pode ser aprisionado pela única razão de que não está em situação de executar uma obrigação contratual*" e o art. 1.º do Protocolo n.º 4 adicional à Convenção Europeia dos Direitos do Homem estabelece que "*Ninguém pode ser privado da sua liberdade pela única razão de não poder cumprir uma obrigação contratual*".

A Jurisprudência do STJ tem sido uniforme no sentido de que "*A suspensão da execução da pena, condicionada ao pagamento das indemnizações, é conforme à Constituição e à lei e não viola o Pacto Internacional dos Direitos Civis e Políticos ou a Convenção Europeia dos Direitos do Homem*"[341] e o Tribunal

[339] Cf. sobre o assunto, SANTOS, Cláudia, ob. cit. págs. 331 e segs., e 348 e segs.

[340] Aprovado por ratificação pela Lei 29/78 de 12/6.

[341] Ac. STJ 21/5/1986 BMJ 357, 235.

Constitucional admitiu sempre a sua conformidade constitucional, pois "*a causa primeira da prisão é a prática de um facto punível e a prisão ser cumprida por força da condenação numa pena proferida pelo tribunal, além de que a revogação da suspensão da pena é apenas uma das faculdades concedidas ao tribunal*"[342] com o aplauso na doutrina de Figueiredo Dias[343].

E para além de não ser ofensiva do ordenamento jurídico é-lhe atribuída uma relevante função, aqui "*como componente de pena de substituição, evitando a aplicação de pena privativa de liberdade, v. g., aposição de condição para que opere e se viabilize a suspensão da execução da pena de prisão*"[344] e no âmbito do direito penal "*uma função adjuvante da realização da finalidade da punição*" e entre elas de ressocialização do arguido, mas também, cremos, como meio através do processo de adesão ou não de "*... assegurar uma real e eficaz protecção a muitas vítimas de uma infracção penal*"[345] e evitar que muitos dos danos sofridos por pessoas mais carenciadas, não venham a ser indemnizados (por falta de poder económico para suportar uma demanda judicial, ou falta de disponibilidade para o efeito) e por esta via contribuir para a paz social, desiderato da prevenção geral positiva.

Cremos por isso que a reparação pode ver ampliado o seu campo de actuação na fase da execução da pena permitindo de outro modo acentuar também o carácter social da reparação[346] e até acentuar a ideia da reparação dos danos da vítima não como "*tarefa pública*"[347] (a cargo da sociedade) mas de interesse público que visa a satisfação de necessidades do lesado (e mais a mais se o lesado for a Administração Pública).

Se num caso particular a lei encontra razões para extinguir no todo ou em parte a pena fazendo por essa via cessar a execução da pena após prévia reparação do dano, será que não se justifica a sua aplicação de princípio a outros crimes em particular ou a um grupo ou grupos de crimes unificados pela sua similitude?

[342] Cf. Por todos Ac. Tribunal Constitucional n.º 440/87, de 4/11/1987, proc. n.º 188/86, 2.ª Secção, in DR. 2.ª Série, n.º 39, de 17/2/1988, e BMJ, n.º 371, 178.

[343] *Direito Penal Português, ...cit.* pág. 353.

[344] STJ no A.F.J. n.º 8/2012 de 12/9/2012 – DR 1.ª Série, n.º 206 de 24/10/2012.

[345] *Direito Processual penal... cit.*, pág. 562.

[346] *Idem*, pág. 569 – informação ao lesado para fazer valer o seu direito.

[347] *Idem*, pág. 572.

É nesta medida que à reparação pode ainda ser atribuída uma outra importante função: fundamento da *cessação da execução* (do cumprimento) *da pena* (suspensão ou extinção desta).

Vejamos como.

6. A reparação na pendência da execução (cumprimento) da pena

Quando se fala em execução da sentença para obter o pagamento da indemnização em que o arguido foi condenado e, nomeadamente, quando este foi condenado em pena de prisão e ali se encontra em cumprimento de pena, logo surge um sentimento de desânimo e de inutilidade, não apenas por o responsável estar detido mas também por haver desviado ou dissimulado os bens que poderiam responder pelo dano e se pensar que não tem fontes de rendimento ou bens patrimoniais susceptíveis de pronta execução.

Para além do poder económico do arguido, que o não perdeu na realidade, apesar da condenação, há nos demais casos que ter presente, que o condenado pode efectivamente exercer uma profissão ou efectuar um trabalho que lhe gera uma remuneração não negligenciável, quer no âmbito de acções viradas para o exterior quer no estabelecimento prisional, remuneração essa cujo destino se mostra regulado no art. 46.º CEPMPL[348] no qual se inclui na al. c) do n.º 1 o "*Pagamento, por esta ordem, de indemnizações, multas, custas e outras obrigações emergentes da condenação*" e portanto é sempre de ponderar o recurso a tal património[349].

A relevância penal que é dada hoje ao pagamento (voluntário) da indemnização após a condenação resume-se a muito pouco, salientando-se o art. 229.º, n.º 1 CEPMPL relativo ao cancelamento do registo criminal para fins de emprego ou exercício de profissão de determinadas decisões constantes do C.R.C. e em que o seu pedido deve ser instruído

[348] Código de Execução das Penas e Medidas Privativas da Liberdade (CEP) – Lei 115/2009 de 12 /10 (última alteração pela Lei 21/2013 de 15/2).

[349] Que não é negligenciável e antes é objecto de atenção e estudo, e ao contrário de outros ordenamentos jurídicos, possível no nosso: "*La posibilidad, propuesta por GAROFALO, de que el penado insolvente satisfaga a su victima com el importe de su trabajo, carece de viabilidade ante una situación como la española, en la que el trabajo penitenciário, desgraciadamente, es inexistente. Por eso, en los casos de insolvência, los derechos de la victima quedan frustrados, sin que el ordenamento se preocupe de hacer un seguimiento del condenado por se viniere a mejor fortuna.*" – Bueno Arus, Francisco, La Posición de la victima en el Moderno Sistema Penal, (BFDUC), vol. LXX, Coimbra 1994, pág. 383.

com documento comprovativo do pagamento das indemnizações em que tenha sido condenado – n.º 2 (mas se provar a impossibilidade de pagamento pode na mesma vir a obter o cancelamento – n.º 3).

Tudo em consonância com a Lei da Identificação Criminal (Lei 57/98 de 18/8) que no seu art. 16.º, n.º 2 estabelecia que o cancelamento provisório do registo criminal, além de outros requisitos "*2 ... só tem lugar quando o requerente haja cumprido a obrigação de indemnizar o ofendido, justificado a sua extinção por qualquer meio legal ou se prove a impossibilidade do seu cumprimento*" circunstância que foi mantida na nova Lei n.º 37/2015 de 5/5 que no seu art. 12.º, al. c) impõe a exigência de que "*O interessado haja cumprido a obrigação de indemnizar o ofendido, justificado a sua extinção por qualquer meio legal ou provado a impossibilidade do seu cumprimento*".

1. A execução da pena, ou o modo como a pena é executada e cumprida, apesar de menorizada muitas vezes na função do direito penal é fundamental para os seus fins e a sua eficácia, de tal modo que se pode dizer que a "*anatomia do sistema é dada pela execução penal*"[350].

Em face dos fins das penas, a execução da pena de prisão, só pode visar a "*intenção político-criminal básica de socialização do delinquente*"[351] e se "*É no domínio da execução das penas que mais facilmente se evidenciam as principais consequências da reintegração social*"[352] então a prisão deve potenciar esse desiderato.

Se a reparação, para além da satisfação do dano sofrido em face do seu conteúdo indemnizatório, "*... visa a revalidação da norma jurídica, a ressocialização do autor e o restabelecimento da paz jurídica*"[353] implicará da parte do condenado não apenas uma manifestação de vontade em conformar o seu procedimento futuro com os padrões exigidos pelo direito, ressarcindo até onde lhe for possível o prejuízo causado[354], mas um esforço nesse sentido e, é esse *esforço* que marcará o regresso do arguido à vivên-

[350] Leite, André Lamas, "*Nova penologia*", *punitive turn e Direito Criminal: quo vadimus? Pelos caminhos da incerteza (Pós-)Moderna,* in Separata de Direito Penal: Fundamentos Dogmáticos e Político-criminais. Homenagem ao Prof. Peter Hunerfeld. Coimbra editora, pág. 473.

[351] Anabela, *Sub judice... cit.* pág. 36.

[352] in *Rever o Código Penal, Parecer da Comissão de Assunto Parlamentares, Direitos, Liberdades e Garantias sobre a Proposta de Lei 92/VI, Sub judice* n.º 11, Jan./Jun. 1996, pág. 14.

[353] Santana, Selma Pereira de, *A reparação... cit.* pág. 915.

[354] STJ, Ac. 27/03/2003, Proc. n.º 3127/02 – 5.ª www.dgsi.pt/jstj.

cia social, pois a prevenção especial visa – com respeito pelo modo de ser do delinquente, das suas concepções de vida e do mundo, pela sua posição própria sobre os valores do ordenamento – criar as condições necessárias para que ele possa no futuro continuar a viver a sua vida sem cometer crimes.

Bem poderia, por isso, a reparação ser algo procurado e visado como um dos objectivos da acção e dos contactos dos técnicos dos serviços dos estabelecimentos prisionais que promovem a ressocialização do condenado, durante a execução da pena de prisão, porque se "*... são as exigências ligadas ao restabelecimento da confiança e da paz jurídicas abaladas pelo crime e de reabilitação do autor do crime que devem ser satisfeitas...*"[355], do ponto de vista da prevenção especial positiva a reparação do dano tem "*...um acentuado efeito ressocializador, na medida em que obriga o autor do crime a confrontar-se com a gravidade do seu facto e com as suas consequências para a vítima e a aprender a considerar os interesses legítimos do ofendido*"[356] e não deixa ao mesmo tempo de surgir como factor com *efeitos de satisfação moral ou material da vítima* e a "*servir finalidades de natureza social*"[357].

Manifesta-se assim em termos penais e na perspectiva do condenado, que a reparação está ao lado das finalidades da pena contribuindo com aquela na ajuda ao arguido para superar o seu acto e a sentir-se não marginalizado, mas de futuro integrado e capaz de em liberdade começar de novo uma outra vida, sendo que não raras vezes "*... muitos libertados sentem que a pena não acabou com a saída da prisão*"[358] por não terem sido chamados a investir no esforço para a superação das suas necessidades de reintegração, o que urge evitar. Para tal pode contribuir a reparação efectuada à vítima durante o cumprimento da pena de prisão e tomando consciência do efeito do crime sobre a vítima e assumindo pela via da reparação as

[355] Rodrigues, Anabela, *A propósito da introdução do regime de mediação no processo penal*, in RMP, Ano 27, Jan/Mar. 2006, n.º 105, pág. 131.

[356] Morão, Helena, *Justiça Restaurativa..., cit.* pág. 530.

[357] Faria, Maria Paula Ribeiro de, *A reparação punitiva ... cit.*, pág. 263, nota 16.

[358] Agra, Cândido et alli, *Mediação e Justiça Restaurativa: esquema para uma lógica do conhecimento e da experimentação,* in Revista Faculdade de Direito da Universidade do Porto, ano II, 2005, pág. 103.

Por isso na mediação pós-sentencial permitida pelo art. 47.º CEPMPL poderá "*... porventura até mais do que em oferta de uma possibilidade de pacificação do conflito interpessoal, deve falar-se antes em oferta de uma possibilidade de pacificação individual*" – Santos, Cláudia, ob. cit. pág. 750.

suas responsabilidades para com ela, sentir-se-á livre do seu acto e apto a iniciar nova vida.

2. E pode ser factor de benesses com repercussão na concessão da liberdade condicional.

No CP 1886, uma das obrigações que ao condenado podia ser imposta para a concessão da liberdade condicional era a da "*reparação por uma só vez ou em prestações, do dano causado às vítimas do crime*" – art. 121.º, n.º 1, al. a) – cujo incumprimento podia dar lugar à revogação da liberdade condicional (art. 121.º CP 1886) o que se interligava com o arbitramento oficioso da quantia indemnizatória por perdas e danos – art. 34.º CPP 1929 – donde podemos extrair que não apenas se aceitava como boa prática a efectivação da reparação durante a execução da prisão (*rectius*, cumprimento da pena) como ela podia ser imposta como obrigação a cumprir, visto o fim *regenerador e de readaptação social* (art. 58.º CP 1886).

No CP actual (art. 61.º CP) tal situação não consta da legislação respectiva, mas estando a liberdade condicional, a conceder ao meio da pena, dependente de razões de prevenção especial (n.º 2, al. a) e de razões de prevenção geral (n.º 2, al. b), face aos efeitos sobre o condenado que o esforço de reparação pode e deve ter, tornará por essa via mais possível a concessão da liberdade condicional ao meio da pena: a paz social foi restabelecida com a reparação do dano causado e o esforço reparador traduzirá uma evolução positiva, durante a execução da pena, da personalidade do condenado, podendo preencher por esta via os requisitos materiais para a concessão da liberdade condicional no meio da pena.

Assim quer por via de alteração legislativa que expressamente preveja essa situação[359], quer pelo efeito que na realidade a reparação traduz, pode e deve ser facto a relevar na apreciação e avaliação da situação prisional do condenado sobre a concessão da liberdade condicional.

3. Do ponto de vista da vítima reveste-se de acentuado interesse, pois tornará mais célere a satisfação da sua pretensão, evita todo o seu esforço

[359] Santos, Cláudia, ob. cit. pág. 751, não deixa de advogar "... *uma possibilidade de ponderação dos resultados obtidos nessa mediação para efeitos de alterações na execução da pena*", dando conta na nota 1210, pág. 752, da admissão, na Bélgica, da circunstância de a reparação dos danos à vítima do crime poder ser ponderada como produzindo efeitos sobre a execução da pena.

e o desgaste de um processo judicial para obter o pagamento indemnizatório e evita, ainda, a demora e a despesa de um ressarcimento coercivo e sem correr o risco de o não vir a obter.

Do ponto de vista social e obtido esse ressarcimento, a vítima não mais precisa do apoio económico e social que lhe era prestado pela sociedade, em face dos danos ocorridos (v.g. indemnização das vítimas de crimes violentos), que assim pode canalizar tais recursos para os fins comunitários.

4. Se actualmente "... *a reclusão não favorece o encontro do indivíduo com o seu acto. Pelo contrário durante a reclusão o que se lhe pede é que olhe para o futuro, que esqueça o passado (...). Em nenhum momento se favorece a toma de consciência das consequências do crime, do impacto do mesmo sobre a vítima e muito menos a assunção das suas responsabilidades para com ela*"[360], quer-nos parecer que uma mudança de atitude, – seja ela através do sistema de mediação[361] (e por essa forma dando mais atenção às necessidades dos cidadãos implicados no processo e exigindo uma maior ponderação da dimensão humana, reforçando a interacção autor/vítima, que o art.º47.º, n.º 4 CEPMPL, ao prever a participação do recluso em programas de justiça restaurativa, introduz no sistema penitenciário e de execução da prisão), ou através de qualquer outra forma nomeadamente fazendo uso dos recursos existentes e especializados dos técnicos de reinserção social, – se impõe, como modo de obviar a que a intenção de reparar os danos se vá apagando no decorrer da prisão e evitar que a sensibilização do delinquente para o seu cumprimento se perca[362].

Pese embora este carácter geral, também num caso particular a lei ponderou da possibilidade da mediação pós-sentencial, como meio de "*restaurar a paz social, tendo em conta os interesses da vítima*", prevendo no art. 39.º da Lei 112/2009 de 16/9 (Lei da prevenção da violência doméstica) a possibilidade de *encontro restaurativo* durante o cumprimento da

[360] Agra, Cândido et alli, *Mediação e Justiça Restaurativa ... cit.*, pág. 103.

[361] Rodrigues, Anabela, *A propósito da introdução do regime de mediação ... cit.*, págs. 129 a 133: A justiça negociada [na qual pode ser incluída a relativa à reparação] "*reforça a ordem jurídica estadual*" e "*tornando mais consensual, mais rápida e mais eficaz a reacção social, reforça a sua função simbólica*".

[362] Agra, Cândido et alli, *Mediação e Justiça Restaurativa,... cit.* pág. 102.

pena[363], previsão normativa essa que veio a ser revogada pelo art. 5.º da Lei 129/2015 de 3/9 (por ser desaconselhado pela "*Convenção do Conselho da Europa para a Prevenção e o Combate à Violência Contra as Mulheres e a Violência Doméstica*" conforme se expressa na exposição de motivos da Proposta de Lei n.º 324/XII, acessível em http://www.parlamento.pt/ActividadeParlamentar/Paginas/DetalheIniciativa.aspx?BID=39419).

5. Ora na Bélgica[364] (Lei de 22/6/2005 Lei de Mediação vítima/infractor) onde a mediação pode ser iniciada a nível policial, ou seja, imediatamente após o conhecimento da infracção até à fase da execução da pena, a nova lei penitenciária[365] prevê como objectivo da execução da pena de

[363] Que tinha o seguinte teor "*Durante a suspensão provisória do processo ou durante o cumprimento da pena pode ser promovido, nos termos a regulamentar, um encontro entre o agente do crime e a vítima, obtido o consentimento expresso de ambos, com vista a restaurar a paz social, tendo em conta os legítimos interesses da vítima, garantidas que estejam as condições de segurança necessárias e a presença de um mediador penal credenciado para o efeito*", mas não indica qual o efeito, se levado a bom porto, sobre a pena em execução.
Cf. SANTOS, Cláudia Cruz, ob. cit. págs. 725 a 747 sobre as questões controversas acerca da aplicabilidade das práticas restaurativas ao crime de violência doméstica, sendo que em Portugal pela Lei 21/2007 de 12/6 a mediação penal de adultos é restrita aos crimes particulares e semipúblicos e nos demais termos do art. 2.º que fixa o âmbito material de aplicação da mediação; SANTOS, Cláudia Cruz, "Violência Doméstica e mediação penal: uma convivência possível?" *Julgar*, n.º 12 especial, Set/ Dez. 2010, ed. ASJP, págs. 67 a 79 em que opina (até porque o crime reveste natureza pública) que deve ser dada liberdade de decisão à vítima posto que ou quando esta tiver protecção adequada para decidir livremente.

[364] Cf. Sobre as práticas restaurativas pós-sentenciais na Bélgica, SANTOS, Cláudia, ob. cit., págs. 750 a 752.

[365] «*Sur un autre plan, on a vu que la nouvelle loi pénitentiaire belge fixait un objectif de réparation. On entre ici dans le registre de la justice réparatrice, à maints égards différent de celui du « juste dû », mais qui n'est pas sans entretenir certains rapports avec celui-ci, notamment sous l'égide de la responsabilisation. En 2000, dans le prolongement d'une recherche-action menée depuis 1998 dans six établissements pénitentiaires une circulaire ministérielle créait la fonction de consultant en justice réparatrice, destinée à faire évoluer la culture pénitentiaire d'une justice punitive vers une justice réparatrice (... Circulaire ministérielle n° 1719 du 4 octobre 2000), afin que le détenu quitte sa position passive pour devenir un sujet responsable de la résolution du conflit en prenant des initiatives de réparation envers les victimes et la société. Pour ce faire, les consultants sont censés mener, d'une part, des actions visant à modifier des aspects structurels de l'institution comme les conditions de détention et à promouvoir des valeurs réparatrices (communication, concertation, participation ou responsabilisation); d'autre part, des actions individuelles liées à la communication entre le détenu et la victime (médiations directes ou indirectes).*» – Philippe Mary et al. «*La prison en Belgique: de l'institution totale aux droits des détenus?*», Déviance et Société 3/2006

prisão também a reparação, como modo de reinserção social no campo mais vasto da reabilitação para a vida em sociedade do condenado[366].

Nesta perspectiva em face do valor penal (e já hoje legal) da reparação e do que deveriam ser os seus reflexos na personalidade do arguido condenado, quando voluntariamente assumida e dos sentimentos de confiança, na ordem jurídica por parte da comunidade e das vítimas para com o infractor, que gera e, sendo defensável que "*a suspensão da execução da pena, em conexão com o dever de reparar, podia trazer a ideia de perdão de uma parte da pena*"[367] quer-nos parecer que é justificável que possa ser atribuída, no nosso ordenamento jurídico, à reparação do dano, após a condenação do arguido numa pena privativa de liberdade e durante a sua execução, a capacidade de determinar:

a) a suspensão, no todo ou em parte, da pena que falte cumprir, com submissão ao regime da suspensão da pena nessa parte;
b) a própria extinção, no todo ou em parte, da pena ainda não cumprida.

Pese embora a existência do exemplo do art. 250.º, n.º 6 CP afigura-se-nos que a suspensão da pena na parte não cumprida integra-se melhor no sistema jurídico-penal vigente e cumpre igualmente a função da pena ao mesmo tempo que previne e despista eventuais situações em que o arguido tendo embora reparado o dano, este não teve o efeito ressocializador e preventivo da reincidência esperado, e por isso assume a nossa preferência, e assim se transforma numa suspensão parcial da pena de prisão por acção do condenado e previsão legal e se aproxima da *condenação na pena de prisão adequada para cumprir, que será suspensa após a reparação do dano.*

(Vol. 30), p. 389-404. URL : www.cairn.info/revue-deviance-et-societe-2006-3-page-389.htm. DOI : 10.3917/ds.303.0389.

366 «... *l'objectif de réhabilitation chapeaute, sur un plan plus moral, les deux objectifs précédents en ce qu'il doit permettre au détenu de se réconcilier avec lui-même et de trouver un arrangement avec la victime et la société; rompant avec son passé, il pourra ainsi développer une image plus positive de lui-même, montrer qu'il est capable de respecter les lois, rembourser sa dette et être rétabli dans son honneur et ses droits de citoyen actif.*" idem.

367 Costa, Inês Almeida, *Poderá a "Reparação Penal" ter lugar como autónoma reacção criminal?*, RPCC, ano 21, n.º 4 Out./Dez. 2011 Coimbra Ed. pág. 540.

6. Contra a objecção que se possa levantar quando o mesmo tipo de crime é praticado por agentes com diferentes capacidades económicas e financeiras, não se poderia deixar de assinalar, por um lado, que a pena aplicada e em execução foi a julgada, pelo tribunal, adequada ao crime e com ela foi condenado, e a reparação funciona como causa de cessação de execução da pena (prisão), o que é benéfico para qualquer condenado; por outro lado aos crimes a que fosse aplicável (de dano ou patrimoniais) corresponderá essencialmente (directa ou indirecta) uma apropriação do valor a reparar, que assim está ou já esteve na esfera jurídica do arguido ou foi substituído por bem equivalente e, por último, para obviar a tal situação bastará, por um lado, valorizar o *esforço (sério) na reparação* em caso de dificuldades financeiras, "*furtando-se ao perigo de privilegiar os agentes abastados*"[368] e conceder ao juiz espaço de manobra adequado para decidir da escolha e extensão do benefício.

7. Alargando os *efeitos benéficos* da reparação à execução da pena de prisão, estaríamos a valorizar não apenas aquele instituto, com os benefícios inerentes para o condenado, para a vítima e para a sociedade, mas ao mesmo tempo integrando-a na moderna política criminal contribuía para a luta contra as penas de prisão e para combater os efeitos criminógenos desta.

Importa por isso averiguar a que casos criminais poderá ser aplicado.

7. Âmbito de aplicação da reparação

Num ambiente mundial em que impera a globalização e o económico obteve a primazia, não é destituído de sentido a valorização do património ou na sua vertente ressarcidora a reparação ou compensação do dano causado naquele, ou pelo menos, deve ser este um ponto em equação.

Daí que a reparação – vista em qualquer uma das suas vertentes, como atribuição ou devolução total ou parcial de uma quantia monetária ou equivalente e porque pressupõe a existência de um dano, – mereça que se questione o seu âmbito de aplicação e a sua relevância penal no que respeita à espécie de crimes.

[368] Idem, pág. 541.

Por isso, adiantamos, cremos que a reparação deve relevar penalmente e de modo acentuado nos crimes patrimoniais de carácter geral, no âmbito do direito penal secundário em geral e em especial nos crimes económicos e especificamente nos crimes tributários e contra a segurança social.

7.1. Crimes de natureza patrimonial

É nos crimes de natureza patrimonial que a reparação do dano tem o seu campo de eleição e é neles, essencialmente, que a legislação actual, nos termos analisados (supra n.º III.4.2) assenta a sua influência sobre a extinção do procedimento criminal, a medida da pena e a dispensa ou extinção da pena, pelo que se compreende que sejam os agentes destes crimes – de natureza patrimonial e essencialmente individuais e com vítima concreta e lesada nos seus bens ou património, que têm ao seu dispor uma possibilidade de intervenção concreta no processo quer como assistente ou parte civil de exprimir a sua pretensão, – a beneficiar da suspensão (do cumprimento) da pena de prisão em execução, após a reparação do dano.

O *quantum* ou o valor do dano a reparar deverá ser o apurado na própria decisão condenatória ou aquele que possibilite a aquisição de bem de valor equivalente ao subtraído (sem excluir a reparação *in natura*) e deve abranger toda a natureza de crimes incluindo os de natureza pública (até porque em relação aos demais crimes o lesado pode influir no seu desfecho até à leitura da decisão, desistindo da queixa e com isso determinando a extinção do procedimento criminal) e dispensa a formulação de uma pretensão indemnizatória pelo lesado, por se buscar também e essencialmente uma reparação voluntariamente assumida.

À semelhança do que ocorre actualmente a possibilidade de beneficiar dos efeitos da reparação não depende das condições económico-financeiras do arguido, mas simplesmente de o fazer ou não, pelo que não se colocam problema de desigualdade perante a possibilidade da obtenção do benefício.

1. Quando muito poderá questionar-se, em geral, a aplicabilidade de uma tal situação aos jovens delinquentes destituídos de património ou carecidos de uma situação económico-financeira que lhes permita fazer face a esse dever de reparação de modo a beneficiar do seu efeito sobre a pena.

Poderá parecer um falso problema, (pois se o arguido não reparar não tem o benefício) mas cremos que não o é, mormente quando é analisado em termos paralelos ao que ocorre com a não execução patrimonial da pena de multa por ausência de notícia de bens a executar no património do condenado, o que se umas vezes traduz a ineficácia dos serviços noutras fragiliza a pena de multa como pena alternativa à prisão.

Ora a multa não é mais do que uma quantia pecuniária tal como por regra geral a reparação se traduz no pagamento de um montante monetário.

A reparação é, por outro lado, o centro dos sistemas de mediação de consagração legal e estes por sua vez baseiam-se no encontro reparador entre o agente e a vítima e no qual podem intervir não apenas aqueles mas também pode (deve) envolver os familiares e os amigos. Veja-se que legalmente "*podem ser chamados a intervir na mediação outros interessados, nomeadamente eventuais responsáveis civis e lesados*" – art. 4.º, n.º 3 da Lei n.º 21/07 de 12/6, se tal for considerado útil para a resolução do conflito e, nos termos da lei tutelar educativa (LTE) – relativa aos jovens dos 12 aos 16 anos que pode prolongar-se até aos 21 anos (arts. 1.º e 5.º da LTE – Lei 166/99 de 14/9[369]) – na escolha da medida tutelar é tida em conta "*a adesão de seus pais, representante legal ou pessoa que tenha a sua guarda de facto*" – art. 6.º, n.º 1 – e por outro lado "*sempre que por possível e adequado aos fins educativos visados*" com a medida tutelar, o tribunal associa à execução de todas as medidas tutelares "*os pais ou outras pessoas de referência para o menor, familiares ou não*" – art. 22.º, n.º 1 LTE[370].

Acresce, ainda que a mediação, no âmbito da LTE, pode ter lugar "*por iniciativa da autoridade judiciária, do menor, seus pais, representante legal, pessoa que tenha a sua guarda de facto ou defensor*" – art. 42.º, n.º 2 LTE e nessa medida pode aproximar-se das "*family group conferences*" de que nos dá conta Teresa Robalo[371] procurando-se a solução do conflito no seio da própria família do jovem ou do seu círculo próximo.

[369] Alterada pela Lei n.º 4/2015, de 15 de Janeiro.

[370] Redacção da Lei 4/2015 de 15/1, que aditou também um n.º 3, e alargou o âmbito de intervenção sendo que na lei original a associação era restrita à execução de medidas tutelares não institucionais (n.º 1).

[371] ROBALO, Teresa L. A. e Sousa, *Dois Modelos de Justiça Restaurativa: A Mediação Penal (adultos) e os Family Group Conferences (Menores e Jovens Adultos)*, RPCC, ano 22, n.º 1 Jan./Mar. 2012, págs.

A intervenção da família e dos amigos no processo, funciona como apoio de cada um dos intervenientes e ajuda na resolução do conflito mediado contribuindo na procura de uma solução que vá no encontro dos interesses dos mediados e, ao mesmo tempo, envolvendo os familiares surge como – contrapartida da sua participação, – garantia do cumprimento do acordo alcançado, respondendo o incumpridor perante eles em caso de não observância do estabelecido.

Trata-se do apoio familiar que traduz um reingresso na família e constitui um compromisso desta, perante o arguido (e não perante o tribunal ou a vítima) de que o apoia e, faz depender esse apoio da sua conduta futura e desse modo o leva a agir e a esforçar-se para reparar o dano ou a exercer uma actividade que se conexione com essa reparação.

Essa situação constitui o envolvimento da família em todos os aspectos da vida dos jovens que emerge do art. 1878.º, n.º 1 CC[372], como dever dos pais, que apenas de tal são desobrigados na medida das possibilidades dos filhos (art. 1879.º CC) e que se prolonga, para além da maioridade pelo tempo normalmente requerido para que a formação profissional se complete (art. 1880.º CC) e que emerge dos deveres de respeito, auxílio e assistência (art. 1874.º, n.º 1 CC) e que os há-de ligar pela vida fora.

Ora a intervenção familiar representa um factor inibidor da violação do acordo e das normas jurídicas e, constitui um amparo, um porto de abrigo, em caso de desânimo, e como tal contribui para a reinserção social do arguido.

Se compete aos pais ajudar os filhos quer em termos financeiros quer morais, apoiando-os, incentivando-os, mas também alertando-os ou chamando-lhes a atenção para condutas inadequadas e, se ajudam os filhos com a compra de determinados bens e objectos e com o pagamento dos estudos e até na aquisição de veículos automóveis ou habitação, não vemos que a ajuda que os familiares façam ao arguido com vista à efectivação da reparação, não apenas deva ser incentivada como até promovida, constituindo a reposição (do valor pago) aos familiares um modo de responsabilizar o agente pelo seu acto, do mesmo modo que a obten-

79 a 128.
Cf. também Santos, Cláudia, ob. cit. págs. 148 a 151.

372 *"Compete aos pais, no interesse dos filhos, velar pela segurança e saúde destes, prover ao seu sustento, dirigir a sua educação, representá-los ... e administrar os seus bens".*

ção de um empréstimo para o mesmo fim[373], não se mostra desconforme aos fins da reparação e da responsabilização pelos danos causados pelo arguido e, deste modo, se podem ultrapassar os obstáculos que pudessem inviabilizar a sua aplicação aos jovens adultos[374], pois se configura na mesma situação que aos adultos em idênticas circunstâncias económicas.

Não esqueçamos que as questões penais relativas ao jovem adulto (16 a 21 anos) se mostram já reguladas pelo DL 401/82 de 23/9 onde é tida em conta essa especificidade, resultante da realidade social actual e da maturidade do jovem, aproximando-as do direito penal dos menores de que é uma continuidade.

Desse modo, evitando-se a retirada do jovem do seu meio social, círculo de amigos, da sua família, da sua profissão ou dos estudos, conseguir-se-á o favorecimento dos "*processos de solidarização e de estabilização de normas, desenvolvendo conceitos de socialização e de responsabilidade*"[375] do jovem que assim pode ser educado para o direito através de uma pedagogia da responsabilidade.

2. Do mesmo modo não pode ser vista como impeditiva, em geral, da reparação e da concessão da sua eficácia o facto de a responsabilidade dos danos causados pelo acto lesivo estarem transferidos por contrato de seguro para terceira entidade a quem competirá esse ressarcimento[376], até porque em muitos casos a assunção da responsabilidade pela seguradora e portanto a reparação depende da atitude do segurado perante o facto, e a possibilidade de intervenção, na mediação, dos responsáveis civis é admitida já no âmbito da LTE (infra) em face do que dispõe o

[373] Cf. Ac. R P de 10/09/2014, proc. 423/10.7TABGC.P2, in www.dgsi.pt "*IV – Tendo o arguido capacidade financeira para suportar os encargos de um empréstimo para satisfazer a condição de suspensão da execução da pena de prisão de pagar uma quantia ao lesado, tal condição mostra-se razoável, adequada e proporcional*".

[374] Santana, Selma Pereira, *A reparação... cit.* pág. 921.
Neste âmbito e com esta perspectiva, afigura-se-nos traduzir-se num retrocesso o aditamento ao art. 11.º n.º 1, al. b) da LTE introduzido pela Lei 4/2015 de 15/1 a referência expressa a que a compensação económica ao ofendido pelos danos patrimoniais seja feita "*exclusivamente através de bens ou verbas que estejam na disponibilidade do menor*".

[375] Santana, *Idem*, pág. 920.

[376] *Idem*, págs. 908 a 911.

art. 4.º, n.º 3, categoria de responsáveis, em que cabem, sem dúvida, as seguradoras.

Cremos que deste modo e por esta via, é possível prosseguir as finalidades da pena e do direito penal valorando de modo mais amplo a efectivação da reparação dos danos ocasionados pelos crimes de dano em geral e contra o património em especial.

7.2. No direito penal secundário

A questão económica ou monetária em que se integra a reparação do dano assume acentuado relevo no âmbito do direito penal secundário, em especial no direito penal económico em geral e, mais especificamente nos crimes tributários e contra a segurança social, em que estão em causa prestações sociais ou em que em geral visam a satisfação de necessidades públicas essenciais, que criam perigo de lesão das funções do Estado de Direito social e democrático e colocam em risco a efectivação dos direitos económicos, sociais e culturais equiparados aos direitos, liberdades e garantias.

1. Referimo-nos atrás (supra n.º III. 4.3.1.) à falta de eficácia da suspensão da pena para obter a reparação e o abalo sofrido com a doutrina do A.F.J. n.º 8/2012, pelo que em geral a suspensão parcial da pena de prisão tal como a ponderámos em supra n.º II, e a valorização da reparação integral do dano causado nos crimes patrimoniais e contra a economia, crimes tributários e da Segurança Social e similares (v.g. ambientais), podem ser dissuasores da prática dos crimes específicos (ou gerais) em que se estatua essa sanção.

Nestes crimes a reparação do dano (quase se reduz na devolução da quantia que já recebeu ou de que se apropriou, ou não a tendo aplicado ao fim para o qual lhe foi atribuída ou entregue), iria apenas determinar a extinção da parte da pena em execução ainda não cumprida ou, como parece mais razoável, iria determinar a suspensão da pena de prisão na parte restante que restaria para cumprir, ficando esta subordinada, pelo menos, à condição geral de não delinquir (mas podia ser sujeita à condição mais restritiva da prática de novo crime, nos mesmos moldes que para a suspensão parcial, e a quaisquer outros deveres).

O autor de um desses crimes seria condenado na pena de prisão adequada e justa ao seu crime e deixaria apenas de cumprir a pena de prisão quando procedesse à reparação do dano causado (dado que teve oportunidade antes da acusação de proceder a essa reparação como forma de evitar a sentença condenatória e não o fez, sem prejuízo da aplicação da liberdade condicional de acordo com as regras gerais).

A situação económica do arguido não releva directamente sabido que estamos no âmbito da criminalidade económica e financeira, onde o recurso ao crédito ou a prestação de garantias bancárias e outras é prática corrente e constante, e tendo maior incidência nos *crimes de colarinho branco*, estão em jogo muitas das vezes a fuga de capitais para *off shores* ou a lavagem de dinheiro, com ramificações para grupos económicos ou no âmbito de sociedades e associações, que pelo seu poder económico e financeiro suportarão esses custos procurando até evitar a "*delação*" e, a um nível menor a realidade social portuguesa constata que por norma o empresário falido ou insolvente procura salvaguardar sempre a sua (pessoal) situação económica e financeira.

Se tivermos presente como afirma Paulo Ferreira da Cunha[377] que a adopção pelo legislador de penas de cariz especial em função de determinadas condutas, pode ser feita não apenas em função da eficácia da punição em termos preventivos mas também por (in)transigência valorativa do Estado perante determinados comportamentos lesivos (v.g. touros de morte em Barrancos) ou como ensina Costa Andrade[378], que "*Esta heteronomia dos bens jurídicos do Direito Penal Económico, conjugada com o seu carácter estruturalmente conflitual e mutável não pode deixar de se reflectir na falta de interiorização por parte dos operadores económicos. Os estudos de criminologia têm com efeito revelado a frequência com que os delinquentes de "colarinho branco" praticam os crimes contra a economia a coberto da racionalização da lealdade aos valores últimos da vida económica, só por eles autenticamente interpretados e assumidos. O que se não pode deixar de ter reflexos v.g. no regime do erro, pode igualmente encurtar o campo das opções de política criminal quanto aos modelos de reacção. Não será, por exemplo, em absoluto desrazoável acreditar que, em certas áreas só o recurso às reacções criminais, com o cotejo de emoções que suscitam e os rituais que as acompanham, despertará o consciente colectivo para a danosidade destas práticas*" cremos que pode haver justificação bastante para a adop-

[377] *Idem, ibidem*, pág. 22.

[378] *A nova lei dos crimes contra a economia (Dec. Lei n.º 28/84 de 20 de Janeiro) à luz do conceito de "Bem Jurídico"*, in Direito Penal Económico, CEJ, ciclo de estudos, Coimbra 1985, pág. 93.

ção de tais medidas penais, até porque é nestes tipos de crime em que os seus agentes não se mostram carecidos de ressocialização, no sentido corrente de integração social, que a reparação dos danos assume especial relevo[379]. Reparar o dano neste tipo de crimes é tornar inútil toda a actividade desenvolvida com a prática do crime para obter aquele benefício ilegal.

A nosso ver, não se levantam questões de inadmissibilidade constitucional, pois um juízo de inconstitucionalidade apenas existiria se a suspensão da execução da pena ficasse sempre dependente da prévia reparação do dano, por discriminação em razão do poder económico (art. 13.º CRP), o que não é o caso.

2. É tendência da moderna criminologia e da política criminal dar prevalência a penas não detentivas, com especial ênfase para a multa, e entre esta e a reparação existe um paralelismo que permite a sua equiparação, divergindo no seu destinatário: uma reverte para o Estado (como titular do *ius puniendi*) e a outra para o ofendido (como lesado pela ofensa) pelo que estamos perante "*sanções patrimoniais*" equiparáveis com igual finalidade embora com diversos fundamentos e medidas e nas contra-ordenações, as coimas são também uma quantia pecuniária, que por vezes (e em regra) excede a punição pelo crime.

A aplicação de uma multa ou de uma coima elevada[380], não constitui muitas das vezes um factor dissuasor da prática do ilícito para o infractor económico porque pode fazer (e faz muitas vezes de forma antecipada) repercutir o valor daqueles no circuito económico (na venda do seu produto), o que de igual modo pode fazer com o valor da reparação.

Já vimos (supra n.º III. 4.3.1.) que nas infracções tributárias a reparação assume legalmente uma especial relevância, sendo uma área onde

[379] ROXIN, Claus, "*Sentido e limites da pena estatal*" in Problemas Fundamentais de Direito Penal, Vega Univ. Direito e Ciência Jurídica, 2.ª ed., 1993, págs. 41/42.

[380] Uma das modernas tendências no âmbito do direito penal económico é o das chamadas "grandes contra-ordenações" considerando FIGUEIREDO DIAS, Jorge, *O direito Penal económico entre o passado, o presente e o futuro*, RPCC ano 22, n.º 3 Jul/ Set/ 2012, pág. 538, que parece constituir "*a formula mágica para sancionar os agentes económicos com sanções efetivas e dissuasoras, sem os obstáculos e os incómodos especificamente ligados às exigências jurídico-constitucionais, altamente formalizadas, da produção legislativa em matéria penal*".

não há que falar de uma ressocialização "*stricto sensu*"[381], sem prejuízo de se considerar com Figueiredo Dias que "*A ressocialização há-de fazer-se para obviar à prática de futuros crimes* ..." pois aqui o arguido/agente económico revela um "*defeito de socialização*" que tem a ver com a "*sua atitude pessoal perante uma especial orientação estadual em matéria sócio-económica*"[382].

Por isso é admissível, como expressa Figueiredo Dias, que "*na escolha entre a pena de prisão e a pena de multa, se torna compreensível que o juiz (...) prefira aquela a esta com muito maior frequência do que no direito penal geral*" porque a "*prisão não terá, relativamente ao delinquente económico o mesmo efeito criminógeno que possui relativamente ao delinquente comum*"[383] revelando-se mais apta e necessária a pena de prisão, e o arguido está imbuído deste espírito do estatuto socioeconómico e da sua actividade empresarial no âmbito da qual praticou o ilícito em apreço, do qual decorre a necessidade de se conferir "*um mais lato papel ... à componente da intimidação e da dissuasão*"[384] até porque o arguido manifesta e se mostra confiante em face da reiteração criminosa de que pode escapar à punição, o que implica maior exigência de prevenção geral, sendo que pela actividade em causa, como se manifesta Anabela Rodrigues[385] "*(...) são por demais conhecidos os óbices levantados à utilização da pena de multa neste tipo de criminalidade... para que se possa prescindir da pena de prisão. Esta será, em abstracto, a pena mais adequada por ser a única capaz (eficácia) de responder às necessidades, por vezes acrescidas, de promover a consciência ética fiscal, não se lhe podendo assacar, por seu turno, os efeitos criminógenos que normalmente andam ligados ao cumprimento deste tipo de pena.*

[381] A par de outras áreas da criminalidade como o terrorismo: Costa Andrade, *O novo Código Penal ... cit.* pág. 208.

[382] Figueiredo Dias, J. *Breves considerações sobre o fundamento, o sentido e a aplicação das penas em direito penal económico*, Ciclo de Estudos de Direito Penal económico, CEJ, Coimbra 1985, pág. 37.

[383] *Idem*, pág. 38.

[384] Idem, pág. 34.

[385] Rodrigues, Anabela M., *Contributo para a fundamentação de um discurso punitivo em matéria penal fiscal*, in Direito Penal Económico e Europeu: Textos Doutrinários. Vol. II Coimbra: Instituto de Direito Penal Económico e Europeu – Faculdade de Direito da Universidade de Coimbra, págs. 484/485.
Ac. R Lx 13/7/2010 Proc.712/00.9JFLSB.L1-5 www.dgsi.pt/jtrl; Figueiredo Dias, *Breves Considerações sobre o fundamento ... cit.* pág. 39.

Para além disso, fazendo apelo aos factores da sensibilidade à pena e susceptibilidade de ser influenciado pela pena..., penas curtas de prisão, bem como pequenas variações quantitativas de pena, são susceptíveis de produzir aumentos exponenciais de taxas de eficácia. Os sentimentos de vergonha social sentidos por efeito da aplicação da pena de prisão são aqui de tomar em consideração, dado o médio ou elevado estatuto socioeconómico que normalmente detêm os autores destes crimes, fazendo crer – investigações recentes comprovam-no – que já uma curta pena oferece a possibilidade de o agente ser positivamente influenciado por ela. Acresce o requisitório contra as penas curtas de prisão perde aqui muita da sua força: os efeitos dessocializadores que lhe andam ligados, na maior parte dos casos, não se fazem sentir ou são substancialmente minorados – o destinatário da pena ou é imune a esses efeitos ou é detentor de um maior potencial de delabelling.

Nem é, por último, factor despiciendo a corroborar a curta duração da prisão, o facto de assim se contornar um problema que é comum a vários países da Europa e que é o da tradicional resistência dos tribunais em aplicar penas de prisão a agentes de crimes fiscais. Importa, no entanto, prevenir o perigo de uma aplicação do sharp-short-shock da pena curta de prisão para todos os delinquentes de white collar em relação a todos os crimes que cometam. O que aqui justifica a utilização da pena de prisão, como afirmou Figueiredo Dias, «não é, ou não é tanto, o estatuto pessoal do agente, quanto a natureza da infracção que este praticou» e para cuja prevenção aquela pena se mostra particularmente adequada e eficaz".

É nesse sentido que se expressa a Relação de Évora, no seu acórdão de 3/03/2015, CJ, XL, tomo II, pág. 256, ao decidir que "*I – Tratando-se de crimes que estão diretamente conexionados com a atividade profissional do arguido, pessoa de estatuto social relativamente elevado, o que nos aproxima de realidades jurídicas e criminológicas como o crime económico ou o white collar crime, as exigências de prevenção especial (e de prevençao geral positiva), apresentam inegáveis particularidades em relação à criminalidade comum contra o património. II – Daí que a chamada integração familiar pouca relevância assuma, ao mesmo tempo que o cumprimento efetivo de um tempo adequado da prisão aplicada seja necessário para a efetiva consciencialização do agente sobre o conteúdo e significado da privação da liberdade e da "inevitabilidade" da reação formal do sistema de justiça à prática do crime, com os pretendidos efeitos de prevenção da prática de futuros crimes pelo próprio*".

Assim ponderando que as penas curtas de prisão podem não chegar a ter efeitos criminógenos – porque não chega para apreender a subcultura prisional "*aprendizagem de técnicas, interiorização de valores ou subculturas de apoio, adesão a novas lealdades...*"[386] e fundamentalmente se houver separação entre reclusos (grandes penas e curtas penas) – e é no âmbito dos crimes de colarinho branco e do direito penal económico, que as penas curtas de prisão (*short sharp shock*) podem ter eficácia preventiva dado o seu cariz intimidatório sobre pessoas socialmente estabelecidas[387], parece haver justificação bastante, para que condenado numa pena de prisão o delinquente económico possa superar esta, reparando o dano causado como meio de obviar à continuação a execução da pena.

3. Acresce que os sectores abrangidos pelo direito penal secundário e em especial pelo direito económico[388] e fiscal são dotados de especificidades, tais como:

- apoiam-se no benefício económico (lucro) e na organização. As regras económicas não são em geral conhecidas do público que não sabe quando há crime o que leva a que não exista uma censura acentuada ou uma reprovação social; são sectores onde não existe ou existe uma menor "*eticização*" do direito penal, e onde as entidades intervenientes preferem a ausência de denúncia por traduzir em geral uma publicidade prejudicial a si mesmas e, por essa via, preferem a indemnização civil sem alarido;
- constituem sectores (em especial nos crimes fiscais) onde uma boa investigação leva ou pode levar os criminosos a pagar antes de terminar o procedimento;
- vivem muito das dificuldades de prova que são mais acentuadas por carência de meios ou dificuldades de investigação (e mais ainda se se trata de uma pessoa colectiva) elevando a percentagem de absolvições; ou
- em face do poder económico da organização criam obstáculos à investigação criminal, impedindo por essa via uma rápida averiguação dos factos e até a finalização do processo, ao mesmo tempo que "*... parecem conduzir à conclusão fundada de que o delinquente económico*

[386] Andrade, M. Costa, *O novo Código Penal ... cit.* págs. 211/212.
Figueiredo Dias, J. *Breves Considerações sobre o fundamento ... cit.* pág. 38.

[387] Andrade, M. Costa, *O novo Código Penal ...cit.* págs. 211/212.

[388] Gonçalves, M., *As especificidades do Crime económico,* RPCC, ano 22, n.º 3 Jul/Set 2012, págs. 411 e segs.

tem uma esperança maior que a do delinquente comum de que poderá escapar à punição"[389];
- onde o bem jurídico visado se traduz na "*tutela directa de bens jurídicos supra-individuais ou colectivos, como tais: a estabilidade económica e financeira, a confiança nos mercados mobiliários, o correcto funcionamento das sociedades comerciais, os interesses laborais*"[390] e quanto aos ilícitos fiscais em "*proteger as receitas tributárias enquanto componente activa do património tributário do Estado*"[391];
- são sectores onde a regulamentação legal "*sofre variações significativas em períodos de tempo relativamente curto, acompanhando a dinâmica dos problemas suscitados pela evolução da actividade económica e as respostas que lhes vai dando o Estado*"[392] de que é expressão não apenas a contínua e mutável legislação fiscal e da segurança social (em cada orçamento anual ocorrem alterações legais) mas também os contínuos "*planos de pagamento*" e "*perdões fiscais*"[393] com implicações não apenas a nível de execução tributária, mas também de modo directo ou indirecto a nível criminal, com o objectivo visado de obtenção de receitas para satisfazer as necessidades orçamentais do Estado;

E constitui um ramo do direito onde, por via dessa especial situação, é possível diferenciar a legislação penal, afirmando o STJ que "*II... o jus puniendi de que o Estado se mostra detentor na luta contra os devedores de impostos e contribuições devidas à Segurança Social, não reveste tratamento chocante, de forma diferenciada ou desproporcionada em favor do Estado, em colisão com os princípios com dignidade constitucional sediados ao nível da igualdade dos cidadãos e da menor compressão dos direitos fundamentais – arts. 13/1 e 18/2 da CRP.*

III – Trata-se de assegurar tratamento diferenciado e desigual, justificado e de todos aceite, numa área e a uma entidade vocacionada à realização de fins públi-

[389] FIGUEIREDO DIAS, J., *Breves considerações sobre o fundamento... cit.* pág. 33.

[390] FIGUEIREDO DIAS, Jorge, *O direito penal económico ... cit.* pág. 525.

[391] Ac. STJ 18/12/2008 proc. 07P020, www.dgsi.pt/jstj, acedido em Jan/2014.

[392] *Idem*, pág. 531.

[393] De que são exemplos últimos o DL 151A/2013 de 31/10, que aprovou "*um regime excecional de regularização de dívidas de natureza fiscal, bem como de dívidas à segurança social, cujo prazo legal de cobrança tenha terminado até 31 de agosto de 2013*" (art. 1.º, n.º 1), e o DL 67/2016 de 3/11 que "*aprova um regime excecional de regularização de dívidas de natureza fiscal e de dívidas de natureza contributiva à segurança social, através de pagamento integral ou pagamento em prestações*" (art. 1.º).

cos, de prossecução de incontornáveis interesses de índole financeira, nacionais e comunitários, de subsistência colectiva, de justa repartição dos rendimentos, objectivos ocupantes na pirâmide de interesses de posição de topo, superiorizando-se aos privados"[394] também não se estranhará se o legislador ao nível da punição providenciar pela adopção de medidas diferenciadas, e na sequência do que vem adoptando esporadicamente, torne relevante e de modo permanente a reparação do dano, durante a execução da pena de prisão, como modo de a fazer cessar ou suspender o cumprimento desta.

4. Relevante para essa compreensão se mostra o ensinamento de Figueiredo Dias, ao expressar que "*o problema da criminalidade económica é um problema político*", e que "*... ele é fruto do sistema politico-económico estadual e a sua concreta conformação depende directamente do sentido, da forma e da medida em que o Estado se proponha intervir ou não intervir na vida económica*"[395] sendo a política criminal neste sector motivada por "*...circunstâncias adjacentes à natureza relevantemente funcionalista da infracção, à finalidade da pena, diminuindo a intensidade ou eliminando as necessidades da punição*"[396] e se, por isso, no decurso do procedimento criminal a reparação (pagamento do imposto em dívida e legais acréscimos) determina já legalmente a operacionalidade de uma circunstância que leva à desnecessidade da pena, o mesmo pensamento conduz-nos a considerar e a valorizar que o mesmo pagamento do imposto após a condenação pode ser valorizado tornando desnecessária a execução da pena de prisão aplicada.

Deste modo continuará a fazer sentido a defesa de Eduardo Correia de que "*a prisão deve recuar até aos limites consentidos pela tutela de bens jurídicos*"[397] mas também com recurso à vontade reparadora do dano do agente económico, e por adopção da solução que melhor cumpre as finalidades da pena, explorar todas as suas potencialidades ou possibilidades de ressocialização.

Atenta a especificidade deste direito e em especial das infracções fiscais e contra a segurança social, a reparação (consubstanciada nestas infracções na regularização da situação fiscal), permitirá contrariar a

[394] Ac. 18/10/2006, proc. n.º 06P2935, www.dgsi.pt/jstj acedido em Jan./2014.

[395] Figueiredo Dias, J., *O direito penal económico..., cit.* pág. 523.

[396] Ac. STJ 21/3/2007 proc. 06P4079, www.dgsi.pt/jstj acedido em Jan/2014.

[397] Cf. Costa Andrade, *O novo código penal ... cit.* pág. 211.

morosidade do processo, dar resposta a exigências político-criminais e a interesses político-sociais e permite satisfazer o interesse público fiscal de ingresso de receitas nos cofres do Estado e a continuidade da actividade económica, pelo que é também um dos ramos do direito penal onde mais se pode justificar o alargamento da relevância da reparação[398].

8. Configuração normativa e conclusão

Atento o que foi expresso, cremos que é de sufragar o entendimento de Figueiredo Dias[399], de que "... *no nosso sistema sancionatório, a reparação assume já, em boa parte, a função para ela proposta pelas concepçoes politico criminais mais recentes...*" e que "*De iure dando poderia no entanto (e porventura deveria) alargar-se esse regime, até ao ponto de se admitir que, sob certas condições, relativamente a crimes de gravidade pequena e média, a reparação integral pudesse conduzir à dispensa de pena*". Nessa medida, atenta a valoração que o ordenamento jurídico já confere à reparação, cremos que fazê-la relevar de modo a interferir no cumprimento da pena, pode assumir algum consenso.

Na verdade embora numa perspectiva diferente, Mário Monte[400] entende que "*Em todos os casos se pressupõe que os fins que se atingiriam com um julgamento e com a consequente aplicação de uma pena, são de igual modo atingidos pelas vias apontadas com o recurso mais ou menos condicionada à reparação*", esta deve ser utilizada e, que não o devendo ser sempre, todavia "... *o seu campo de eleição será o da pequena e média criminalidade. Mas também para crimes cuja tipificação os atire para uma criminalidade mais grave em que razões de política criminal aconselham a utilização da reparação como consequência jurídica. Pensamos nomeadamente, em certos crimes económicos, novas formas de ofensa a bens jurídicos ou em que o bem jurídico é concebido como um posterius relativamente ao tipo e em que a reparação pode atingir os fins do Direito penal, ao mesmo tempo que cumpre outros fins extra-penais, ligados à necessidade de ressarcimento patrimonial*" defendendo que o direito tributário é um dos sectores onde pode ser intensificada a reparação penal.

E se é defensável que possa ser uma das medidas "... *que sejam oferecidas ao julgador como intermédias, entre a pena e a isenção absoluta da pena, autónomas*

[398] Monte, Mário Ferreira, *Da Reparação Penal ... cit.*, pág. 151.

[399] Figueiredo Dias, *Direito Penal Português..., cit.* pág. 83.

[400] *Ob. cit.*, págs. 145, 151.

e alternativas mas relativamente às quais a pena ainda se preveja subsidiariamente como ultima ratio"[401], cremos ser defensável ir mais além e numa perspectiva mais acentuada, defender que a reparação possa levar à cessação do cumprimento da pena de prisão (extinção ou suspensão da pena de prisão) a todos os níveis de criminalidade (geral e nos crimes económicos e fiscais) incluindo a *criminalidade violenta* (art. 1.º, al. j) CPP): até 5 anos de prisão, e isto porque a legislação penal actual permite a suspensão da execução da pena de prisão aos condenados em pena de prisão até 5 anos.

À reparação do dano no decurso do cumprimento da pena de prisão, corresponderia, por força da lei e verificado tal facto, a suspensão da pena de prisão pelo tempo que faltaria para a cumprir ou determinaria a extinção da pena.

Tais soluções não são alheias *in toto* ao ordenamento jurídico português, como vimos (v.g. supra n.º III.4.2.7., e III.4.4.).

No direito comparado ocorrem situações de relevância semelhante:

- Em França[402] a reparação pode constituir uma sanção substitutiva da pena principal (de prisão – *peine d'emprisonnement* – até ao máximo de 6 meses e de multa até ao máximo de 15.000,00€), ou ser aplicada com qualquer delas (constituindo a pena de *sanção reparação*[403]) e em caso de incumprimento o tribunal pode ordenar o cumprimento total ou parcial da pena principal aplicada.
- Em Espanha, o art. 81.º do CPE[404] impõe como uma das condições para que possa ser suspensa a execução da pena privativa da liberdade (em que o arguido seja condenado não superior a 2 anos) que estejam satisfeitas as responsabilidades civis que tenham ocorrido,

[401] Idem, pág. 151.

[402] Supra nota 111.

[403] Faria, Maria Paula Ribeiro de, *A reparação punitiva... cit.*, pág. 259 segs. defende que a sanção reparatória podia ter importância nos domínios da comercialização dos produtos perigosos, as poluições voluntárias, dos acidentes de viação e condutas bagatelares – págs. 285/286.

[404] Artículo 81: "*Serán condiciones necesarias para dejar en suspenso la ejecución de la pena, las siguientes:*

1.ª. Que el condenado haya delinquido por primera vez. A tal efecto no se tendrán en cuenta las anteriores condenas por delitos imprudentes ni los antecedentes penales que hayan sido cancelados, o debieran serlo, con arreglo a lo dispuesto en el artículo 136 de este Código.

2.ª. Que la pena o penas impuestas, o la suma de las impuestas, no sea superior a dos años, sin incluir en tal cómputo la derivada del impago de la multa.

ou seja, uma das condições necessárias para que possa ser decretada a suspensão consiste na prévia reparação dos danos causados pelo acto do arguido.

Do art. 82.º CPE[405] decorre a permissão para que a pena privativa de liberdade possa ser suspensa depois de decretada e em momento posterior à sentença.

Vemos assim que a reparação pode constituir por si só uma sanção, pode ser necessária à suspensão da execução da pena do mesmo modo que a reparação subsequente à condenação permite também a suspensao da pena em execução, pelo que qualquer que seja a opção, de suspensão da pena ou de extinção desta, cremos que, satisfaz os fins das penas.

Ora a *reparação prévia* do dano como condição de concessão de benesses penais já existe entre nós, quer na concessão da dispensa da pena e na aplicação da pena de admoestação, quer nos crimes tributários (art. 22.º, n.º 2, al. b), quer na concessão das amnistias, e, como condicionante da suspensão da pena também pode constituir regime específico de certos tipos de crime, pelo menos para fora dos quadros do regime geral do direito penal clássico traçado no Código Penal, e também já existiu e existe como condição para a extinção da pena, quer no mesmo tipo de ilícitos tributários (Lei 51-A/96 de 9/12 – supra n.º III.4.3.1), quer no art. 250.º CP e como factor impeditivo da aplicação da pena de dissolução de pessoa colectiva (arts. 37.º, n.º 4 e 38.º, n.º 3 DL 28/84) e ainda como factor essencial para a extinção da responsabilidade penal em grande parte dos crimes patrimoniais (art. 206.º, n.º 1 CP), pelo que nada parece obstar ao alargamento de um regime desta natureza.

Optando-se pela suspensão do cumprimento da pena em execução, que nos parece ser a que melhor corresponde ao espírito do instituto em

3.ª. *Que se hayan satisfecho las responsabilidades civiles que se hubieren originado, salvo que el Juez o Tribunal sentenciador, después de oír a los interesados y al Ministerio Fiscal, declare la imposibilidad total o parcial de que el condenado haga frente a las mismas".*
in http://www.ub.edu/dpenal/CP_vigente_2013_01_17.pdf acedido em Jan.2014.

[405] Artículo 82: "*Declarada la firmeza de la sentencia y acreditados los requisitos establecidos en el artículo anterior, los jueces o tribunales se pronunciarán con la mayor urgencia sobre la concesión o no de la suspensión de la ejecución de la pena.*

face dos valores em causa e da necessidade de prevenção da reincidência, esta teria a duração do período restante da pena de prisão aplicada e podia ser subordinada ao cumprimento de quaisquer deveres a que em geral a suspensão pode ser condicionada e estando de igual modo sujeita a revogação em caso de incumprimento ou prática de novo crime.

Estaríamos perante uma suspensão parcial *ope legis* da pena, decorrente da vontade reparadora do arguido.

A extinção da pena em execução decorrente da reparação, insere-se melhor na filosofia do instituto no que respeita aos crimes fiscais e contra a segurança social (pois a reparação pode levar à dispensa da pena e as exigências de ressocialização não são tão sentidas), e no ordenamento jurídico tem como antecedente o art. 250.º, n.º 6 CP, de acordo com o qual se a obrigação vier a ser satisfeita o tribunal pode declarar extinta no todo ou em parte, a pena ainda não cumprida.

A previsão legal poderia consistir numa norma consoante o tipo de crimes que determinasse:

Se o dano causado vier a ser reparado ou *a obrigação* (ou *o imposto devido e legais acréscimos) vier a ser cumprida é suspensa a parte da pena ainda não cumprida e pelo período correspondente;*

É aplicável o disposto no n.º 2 do art. 50.º CP.

Nos casos de revogação da suspensão da pena, o tribunal observado o disposto no art. 50.º, n.º 1 CP e ponderando nomeadamente o cumprimento parcial das condições de suspensão, pode decidir pelo cumprimento parcial da pena de prisão cuja duração fixará.

ou

Se o dano causado vier a ser reparado ou *a obrigação* (ou *o imposto devido e legais acréscimos) vier a ser cumprida é declarada extinta a parte da pena ainda não cumprida.*

V
Síntese conclusiva

Num mundo em constante evolução, tudo é susceptível de alteração, não apenas no que é por natureza ou previsivelmente mutável mas mesmo os valores e os meios de os proteger e alcançar.

1. Do ponto de vista penal, a ineficácia na protecção dos bens jurídicos que se assinala à pena suspensa também é o resultado de poder ser aplicada diversas vezes ao mesmo arguido condenado e até sucessivamente[406] pois a lei não impede a sua aplicação quando anteriormente já tinha sido imposta, e está dependente apenas de ainda ser possível manter um juízo de prognose favorável à suspensão da pena (art. 50.º CP).

Tendo em conta a realidade política, económica e social actual, as necessidades económicas das pessoas individualmente e do Estado Social global com os deveres de protecção sociais e jurídicos que a este foram cometidos e ainda que o "*Estado de Direito só pode realizar-se quando se torne seguro que o agente criminoso será no quadro das leis vigentes, perseguido, sentenciado e punido em tempo razoável com uma pena justa*"[407], afigura-se-nos que a suspensão parcial da pena de prisão e a reparação do dano com a valoração penal que temos vindo a ponderar podem ter a virtualidade de pretender contribuir para a eficácia das penas e logo para a protecção dos bens jurídicos, pois o caminho a trilhar é o "*de encontrar soluções justas e adequadas para concretos problemas da vida de relação comunitária*"[408], no âmbito

[406] Lamas Leite, André, *ob. loc. cit.* pág. 610.

[407] Figueiredo Dias, Jorge, *Acordos..., cit.*.

[408] Figueiredo Dias, *Sobre o Estado Actual da Doutrina do Crime,* RPCC Ano I, n.º 1 Jan-Mar 1991, pág. 20.

de "*...um sistema aberto que em cada dia ser vai refazendo porque em cada dia a dogmática vai sendo confrontada com novos problemas, ou com problemas velhos mas que, ... reclamam novas soluções*"[409], tendo presente que "*Para a prevenção é preciso adaptar as penas, desde logo, às expectativas dos potenciais criminosos*"[410] e que "*As penas são arquitectadas (os seus respectivos tipos penais, como a previsão e a estatuição respectivas) para persuadir os potenciais delinquentes a não o virem a ser*"[411].

2. O aumento populacional mundial e a facilidade e liberdade de circulação de pessoas emergente do alargamento da União Europeia e da área Schengen, a abertura de fronteiras à emigração dos países menos desenvolvidos e ex-colónias europeias, a globalização da economia, as condições económicas nos países de acolhimento e a crise económica e social, levou ao aumento dos comportamentos desviantes nas sociedades modernas e, através da criminalidade organizada criou fenómenos de criminalidade em massa, gerando uma grande pressão sobre a administração da justiça com a elevada quantidade de processos que gera, retardando estes face à impossibilidade de as estruturas lhe responderem de modo atempado e célere com os mesmos recursos, sem que possa ser obtida na justiça civil a sua resolução, onde os processos derivados das relações de consumo assumem idêntica massificação.

O aparecimento e desenvolvimento de novas áreas de criminalidade, desde a relativa ao uso da informática até às ambientais, passando pela área económica e financeira e de regulação de mercados, a maior parte das vezes ligadas a grupos ou associações, tornam complexa não apenas a investigação como a prova e, muitas vezes tais condutas restam impunes face aos meandros em que se movem os seus agentes, com conexões ao poder económico e político que pode gerar novos e particulares problemas processuais penais entremeados por alterações legislativas que podem levar a um desfecho inicialmente inimaginável, tornando necessário por esta via uma decisão final célere.

[409] FIGUEIREDO DIAS, Jorge, *Sobre o Estado ...cit.* págs. 20/21.
[410] CUNHA, Paulo Ferreira da, *Das penas e dos seus fins... cit.*, pág. 18.
[411] CUNHA, Paulo Ferreira da, *Das penas e dos seus fins... cit.*, pág. 19.

A ideia de um processo para cada caso devidamente faseado (inquérito, instrução, julgamento e recurso) pelo tempo e energias que consome, se comece a considerar como impraticável e a ponderar-se se o processo não deverá terminar o mais rapidamente possível sem o dispêndio desse tempo e energias (e por isso a importância dos princípios da consensualidade e oportunidade em processo penal ou a iniciativa legislativa de descriminalização de condutas). Por isso também que quando está em causa a criminalidade económica e financeira, a quantidade de material probatório a analisar, inviabiliza uma análise ponderada a não ser na fase da audiência de julgamento, para além de envolver quer meios quer pessoal técnico com enorme desperdício de tempo e em prejuízo da celeridade sem se ganhar em mérito.

Os *mega processos*, complexos pela sua dimensão e as necessidades de meios humanos e técnicos que implicam e a demora que geram, e os processos relativos à criminalidade económica e financeira, se justificam uma reforma processual penal podem também fundamentar uma alteração nas possibilidades de sancionamento, desde o seu início (investigação/inquérito) até ao seu termo (sentença/execução e cumprimento da pena) com novas sanções ou alargando as possibilidades das existentes a novos comportamentos.

Assim como se reage aos novos desafios criminais (à nova criminalidade e sua massificação) e à necessidade de decisões rápidas através não só de processos mais céleres (sumário, abreviado), mas também pela *desjurisdicionalização* e *diversão*, também através de novas penas de substituição da prisão ou pela possibilidade de incutir maior relevância a soluções antigas, se pode contribuir para retirar alguma pressão sobre o sistema de justiça e sobre o sistema prisional, ao mesmo tempo que pode ajudar o sistema sancionatório a ir ao encontro das novas realidades e tendências ajudando na humanização da justiça penal.

3. As medidas propostas, a suspensão parcial da pena de prisão e o alargamento do efeito da reparação do dano até ao cumprimento da pena de prisão e como causa de lhe pôr termo, convergem num ponto comum traduzindo-se ambas num *cumprimento parcial da pena aplicada*, uma como pena de substituição e outra como acentuado efeito penal da reparação do dano sobre o cumprimento/execução da pena e ambas, por essa via, se podem unificar na ideia de *suspensão parcial da pena de prisão*, sendo uma de

natureza *ope judicis*, aplicada na sentença pelo juiz de julgamento e outra de natureza *ope legis*, que opera por vontade do condenado se e quando proceder à reparação do dano (sem prejuízo da intervenção acessória do juiz, na verificação da ocorrência reparadora).

4. Ambas se mostram imbuídas das finalidades das penas: de protecção dos bens jurídicos e reinserção do agente na sociedade e ambas têm esse efeito, necessitando a primeira de um juízo de prognose de que um cumprimento menor da pena de prisão, satisfazendo as exigências de prevenção geral, contribuirá para a reinserção social do arguido, e a segunda com o efeito reparador do dano causado levará ao reconhecimento pelo arguido condenado da existência dos valores sociais e jurídicos violados repondo a paz social abalada pelo crime e implicará uma mudança na atitude do arguido representando um acto activo e positivo em favor da vítima, desfazendo o desvalor material do resultado ilícito.

Ambas são compatíveis com o princípio da preferência pelas reacções não detentivas[412], na medida em que determinam o cumprimento de menos prisão do que aquela que o arguido sofreria se não existissem estas medidas sancionatórias.

5. A suspensão parcial da pena de prisão *tout court* deve ser encarada como uma pena de substituição de carácter geral podendo o seu âmbito de aplicação ser todo o direito penal, tendo potencialidade para abranger a condenação por qualquer crime, sem prejuízo de ser ponderada a sua limitação às penas menos graves (v.g. até 5 anos de prisão), ou a sua aplicação ser excluída em relação a certos tipos de crime (v.g. os crimes contra a vida e integridade física com violência e em geral crimes qualificados ou agravados) verificados que sejam os seus requisitos.

6. A reparação tem já no nosso direito a força de dispensar a aplicação de uma pena e até, perante a possibilidade de ser realizada, de protelar a decisão final, pelo que por maioria de razão pode ser-lhe reconhecida a virtualidade de fazer cessar a execução de uma pena já iniciada, pois se

[412] FIGUEIREDO DIAS, Jorge, *Direito Penal português*, ... cit. pág. 75.

tem a capacidade de evitar a aplicação de uma pena então também pode evitar a sua execução, posto que a lei o consinta.

7. Sendo vista como uma forma socialmente adequada de eliminar o mal causado com o crime e repor a paz social abalada pela ocorrência daquele, a reparação pode pôr termo ao processo penal, sem ser vista como uma sanção autónoma e sem ter de assumir necessariamente, e em geral (e sem prejuízo das situações especiais), um conteúdo diferente do que assume como indemnização civil por perdas e danos, pois visa em primeira linha compensar ou indemnizar o lesado dos efeitos danosos civis do crime e como tal contabilizados;

O alargamento do efeito da reparação sobre o cumprimento da pena deve respeitar a determinada espécie de crimes.

7.1. Deve por natureza ser reservada aos crimes patrimoniais do direito penal geral e sempre onde a reposição da situação anterior à lesão ou a remoção do perigo criado assume significado penal como é o direito penal secundário.

7.2. Mas é no direito penal tributário em especial que o efeito deve ser acrescido.

Se é permitido pagar os impostos em dívida durante o decurso do processo e evitar a acusação e mesmo durante a instrução e não o fez, o arguido não o vai fazer agora que a pena de prisão foi suspensa com essa condição, e muito menos se sente impelido a fazê-lo conhecedor como é, ou tem possibilidades económicas de tal ser informado, das possibilidades legais de protelar uma decisão judicial definitiva permitida pela ordem jurídica com recursos sucessivos, e de ter conhecimento da lei e das decisões judiciais no que à revogação da suspensão da execução da pena respeita exigindo um incumprimento culposo, a maior parte das vezes apenas possível de demonstrar no caso de o agente ter profissão ou bens e rendimentos conhecidos em seu nome (o que é difícil de encontrar perante empresários que deixaram de satisfazer as suas obrigações, apesar de em muitos casos continuarem a fazer o mesmo tipo de vida pessoal); ou seja, a suspensão da execução da pena subordinada à condição de pagar os impostos em dívida não tem nenhum efeito útil para a sociedade nem para o lesado (Estado ou Segurança Social) e transforma-se numa "*absolvição encapotada*", em especial quando estão em causa valores elevados, e sem qualquer eficácia preventiva.

Se como é Jurisprudência constante "*O dever de pagar os impostos enquanto meio de realização das tarefas do Estado e desta forma da realização do bem comum, constitui-se como dever superior à manutenção da empresa e dos seus postos de trabalho*"[413] então quando o arguido cumpra esse dever voluntariamente e mesmo que após a condenação e em cumprimento da pena de prisão, deve poder ser relevado tal facto.

Mais justificada esta solução se torna, cremos, do que a atitude estadual de periodicamente como meio de obter receitas fiscais e ou de desanuviar a justiça fiscal se criarem regimes excepcionais de regularização de dívidas fiscais (que não traduzem mais que situações descriminalizadoras) de que os agentes económicos já parecem estar periodicamente à espera perante necessidades politicas de contenção do *deficit* orçamental.

7.3. Se o pagamento dos impostos em dívida no decurso do procedimento criminal leva à extinção do procedimento ou à dispensa da pena, constituindo uma causa de desnecessidade da aplicação da pena[414], não existe razão alguma, no âmbito de um direito penal premial[415] para que a reparação do dano[416] após a condenação não leve à suspensão da pena, constituindo causa de desnecessidade da execução ou cumprimento da pena, e desse modo se alargue o âmbito da relevância da reparação do dano à cessação da própria execução da pena.

[413] Ac. STJ 13/12/2001 Proc. 01P2448 www.dgsi.pt/jstj "*O conflito de deveres que exclui a culpa é, necessariamente, um conflito de deveres para com os outros. Por isso, na actuação dos arguidos, que integraram montantes de IVA liquidados no património da sociedade de que eram sócios gerentes, e os afectaram a outras finalidades, para assegurar a continuação da laboração da empresa, designadamente ao pagamento dos salários dos trabalhadores, não se verifica qualquer conflito de deveres juridicamente relevante; com efeito, um dos deveres conflituantes – o de assegurar o funcionamento do negócio – não é alheio mas próprio (a satisfação do interesse dos trabalhadores é secundária relativamente à daquele interesse próprio prevalente)*".

[414] Ac. STJ 21/03/2007, proc. 06P4079 www.dgsi.pt/jstj, acedido em Jan./2014.

[415] Ac. R P 25/5/2011, proc. 2392/08.4TAVCD.P1 *www.dgsi.pt/jtrp*, acedido em Jan./2014: "*Visando o instituto da dispensa de pena, no âmbito do RGIT, incentivar e premiar quem reparou o mal do crime, a restituição pelo agente, com pagamento dos juros legais e demais acréscimos exigidos, do que indevidamente reteve, em termos de prevenção geral e no contexto actual de grave situação económico--financeira do Estado, tem de ser vista como uma mensagem apelativa aos que assim não procedem, a merecer a aplicação daquele instituto*".

[416] Em qualquer vertente que possa assumir, quer como *pagamento do imposto e legais acréscimos*, quer como *reposição da situação anterior à lesão, ou satisfação da obrigação.*

7.4. Essa cessação da execução ou cumprimento da pena de prisão pode expressar-se:

a) especificamente, pela
   - suspensão da execução da pena de prisão, *ope legis*, ou
   - extinção da pena de prisão na parte ainda não cumprida, ambas verificada que seja judicialmente a reparação;
b) em geral, pela sua relevância, na concessão da liberdade condicional no meio da pena, face ao acentuado valor preventivo geral e especial que tal acto gera na sociedade e no agente.

8. Abrangendo a reparação todo o Direito Penal (processual e material) Português justifica-se a sua aplicação a mais crimes como fundamento para a dispensa da pena, e se pode fundamentar a cessação (no todo ou em parte) da execução da pena de prisão ainda não cumprida, num crime em especial (art. 250.º, n.º 6 CP), vista a sua contribuição para a composição do conflito e para a pacificação social não será demais se lhe for reconhecida a capacidade para fundamentar a suspensão e ou a cessação do cumprimento da pena de prisão (na parte ainda não cumprida) de um modo mais geral ainda que restrito a uma ou várias espécies de ilícitos criminais, tendo em conta a possibilidade, que se discute e já lhe é reconhecida de a reparação vir a constituir em si mesma uma sanção penal autónoma[417].

O arguido que cumpre a pena de prisão em que foi condenado é libertado porque reparou o dano causado e daí que a reparação "*prévia*" do dano, não ao jeito do Código Penal Espanhol, mas como acto premial, pode funcionar como condição da cessação do cumprimento da pena quer determinando a suspensão da pena na parte restante da pena ainda não cumprida, quer a sua extinção no todo ou em parte e, o seu efeito acentua-se naqueles crimes (v.g. tributários) em que a pena deve atender ao valor do prejuízo causado (art. 13.º RGIT).

[417] Cf. por todos, Ferreira Monte, Mário, *Da Reparação Penal ...*, *cit.* pág. 129 e segs. quer como 3.ª via das consequências penais, quer como constituindo a própria pena.

9. Claro que na *suspensão parcial* da pena, seja *ope judicis*, seja na sequência da reparação do dano (*ope legis*), a pena na parte suspensa sê-lo-ia pelo período restante da pena não cumprida e podia ser sujeita aos deveres e regras de conduta da suspensão da pena e à possibilidade da sua revogação mas mesmas condições (ou até mais restritivas como a prática de novo crime de igual ou idêntica natureza nesse período, o que se justificaria pois tinha acabado de sofrer pena privativa da liberdade, levando em si ínsito um juízo de que a pena cumprida não produzira o efeito preventivo da reincidência), é a que melhor se adequa e harmoniza com o sistema jurídico actual.

9.1. A extinção da pena de prisão na parte não cumprida, após reparação do dano, quando estão em causa prestações sociais (impostos, segurança social) ou infracções contra o Estado, a administração pública em geral (directa e indirecta) e institutos públicos, e em que é a satisfação de necessidades públicas essenciais que está em causa, face à relevância que a regularização da situação tributária e a reposição da regularidade fiscal assumem no nosso ordenamento jurídico, justifica, face ao valor constitucional dos direitos económicos, sociais e culturais[418], que essa seja uma possibilidade que o legislador pode assumir, pois não deixa de transmitir a ideia chave de que "*o crime não compensa*" devendo o sistema penal através da pena ser suficientemente dissuasor do crime (eficácia preventiva), e se o crime acontece haja possibilidade de desfazer o mal causado.

10. Vimos supra n.º III.6.2 que há unanimidade doutrinal que quanto maior for o arsenal punitivo melhor justiça pode ser realizada[419], e embora em contexto diferente mas não dissemelhante, "*... poderia representar uma importante vantagem em termos da punição e prevenção de certos crimes dotar o juiz de um maior instrumentário sancionatório, que lhe permitisse reduzir o efeito estigmatizante das penas tradicionais ao mesmo tempo que se aumenta a consideração pelo interesse da vítima*"[420] pelo que a ponderação das soluções discutidas pode inserir-se na "*... obrigação para o legislador de enriquecer, até ao*

[418] Que são equiparados aos direitos, liberdades e garantias – art. 17.º CRP "*O regime dos direitos, liberdades e garantias aplica-se aos enunciados no título II e aos direitos fundamentais de natureza análoga*".

[419] Rodrigues, Anabela M., *Sistema ...cit.*, pág. 31.

[420] Faria, Maria Paula Ribeiro de, *A reparação punitiva ... cit.* pág. 281.

limite do possível, a panóplia das alternativas à prisão posta à disposição do julgador; e na verdade, de alternativas que se não esgotem do lado de quem as cumpre num sofrimento passivo da pena, mas possam representar uma prestação activa em favor da comunidade..."[421] que o art. 18.º, n.º 2 CRP encerra.

Ensinou-nos Eduardo Correia[422]:

"E quando a opinião pública não esteja preparada ou não compreenda as modernas reacções contra a prisão e a necessidade de a substituir ou integrar por medidas que, sem deixar de reprovar, reeducam, ressocializam e recuperam os delinquentes, impedindo realmente a reincidência, o caminho será ajudá-la por todas as formas a tomar consciência do problema em todas as suas perspectivas.

Só, aliás, através de uma vasta gama de reacções – e as não institucionais desdobram-se, na sua realização concreta, quase em tantas quantos os casos a que se aplicam – é possível, mesmo no plano ético-jurídico, tal como o entendemos, praticar uma penologia diferenciada que verdadeiramente sirva o sentido do direito criminal moderno".

[421] Figueiredo Dias, Jorge, *Direito Penal português,...* cit., pág. 75.
[422] Correia, Eduardo, *Direito Criminal II, cit.*, pág. 427.

BIBLIOGRAFIA

ABREU, Carlos Pinto de, "Execução de Penas e medidas com vigilância electrónica", *in Revista da Ordem dos Advogados,* ano 71, Jan./ Mar 2011, Lisboa.

AGRA, Cândido/ CASTRO, Josefina, "Mediação e Justiça Restaurativa: esquema para uma lógica do conhecimento e da experimentação", *Revista Faculdade de Direito da Universidade do Porto*, ano II, 2005.

ALMEIDA, Arlindo Ferreira Lopes de, "Das execuções", Centro de Estudos Judiciários, O novo Código de Processo Penal, Jornadas de Direito Processual Penal, Almedina Coimbra, 1988.

ALMEIDA, Carlota Pizarro de, "Diferentes versões do consenso: suspensão provisória do processo e mediação penal", *Revista do CEJ*, 2.º semestre 2011, n.º 16.

ANDRADE, Manuel da Costa, "O novo Código Penal e a Moderna Criminologia", O novo Código Penal Português, Centro de Estudos Judiciários, Jornadas de Direito Criminal, Fase I, Almedina Coimbra, 1983.

ANDRADE, Manuel da Costa, "A nova lei dos crimes contra a economia (Dec.-Lei n.º 28/84 de 20 de Janeiro) à luz do conceito de "Bem Jurídico", Direito Penal Económico, CEJ, Ciclo de Estudos, Coimbra, 1985.

ANGELINI, Roberto, A negociação das penas no direito italiano (o chamado patteggiamento), *Julgar*, Jan./Abril 2013, n.º 19.

ANTUNES, Maria João, Consequências Jurídicas do Crime, Coimbra, 2007/2008.

BRANDÃO, Nuno, "Acordos sobre a Sentença Penal: Problema e vias de solução", *Julgar n.º 25,* Jan./ Abril 2015, ed. ASJP, pág. 161 e segs.

BUENO ARUS, Francisco, "La Posición de la victima en el Moderno Sistema Penal", *Boletim da Faculdade de Direito da Universidade de Coimbra (BFDUC),* vol. LXX, Coimbra, 1994.

BUENO ARUS, Francisco, "Panorama moderno de la pena de prisión", *Boletim da Faculdade de Direito da Universidade de Coimbra (BFDUC)*, vol. LXX, Coimbra, 1994.

CANOTILHO, J.J. Gomes/MOREIRA Vital, Constituição da República Portuguesa Anotada, Vol. I, 4.ª edição revista, Coimbra Editora, 2007.

CORREIA, Eduardo, "Ainda sobre o problema da ideologia do Tratamento: Algumas palavras sobre o Serviço Social de Justiça", *Cidadão Delinquente: Reinserção Social?*, Ed. Instituto de Reinserção Social, Set/1983.

CORREIA, Eduardo, Direito Criminal II, reimpressão, Livraria Almedina, 1968.

CORREIA Gonçalves, Pedro, A pena privativa da liberdade, evolução histórica e doutrinal, Quid Juris, 2009.

COSTA, Artur Rodrigues da, "O cúmulo jurídico na Doutrina e na Jurisprudência do STJ", *Julgar*, n.º 21, Set./Dez 2013, ASJP, Coimbra Editora.

COSTA, Eduardo Maia, "Justiça negociada: do logro da eficiência à degradação do processo equitativo", *Julgar*, n.º 19, Jan./Abril 2013, ASJP, Coimbra Editora.

COSTA, Inês Almeida, "Poderá a "Reparação Penal" ter lugar como autónoma reacção criminal?", *Revista Portuguesa de Ciência Criminal*, ano 21, n.º 4 Out/Dez 2011, Coimbra Editora.

COSTA, José Faria, "O princípio da igualdade, o direito penal e a Constituição", *Revista de Legislação e Jurisprudência*, Ano 141, Maio/Jun./2012, n.º 3974.

CUNHA, Damião da, anotação ao artigo 250.º Código Penal, in *Comentário Conimbricense do Código Penal*, Tomo II, 1.ª edição, 1999, Direcção de Jorge de Figueiredo Dias, Coimbra Editora.

CUNHA, Paulo Ferreira da, "Das penas e dos seus fins – Recordando narrativas fundadoras em direito penal", *Revista Portuguesa de Ciência Criminal*, ano 21, n.º 1, Jan./Março 2011, Coimbra Editora.

DAN Kaminski et al. «Mutations dans le champ des peines et de leur exécution», *Déviance et Société* 4/2007 (Vol. 31), p. 487-504. URL: www.cairn.info/revue-deviance-et-societe-2007-4-page-487.htm DOI : 10.3917/ds.314.0487

DIAS, Jorge de Figueiredo, "Velhas e novas questões sobre a pena de suspensão da execução da prisão", *Revista de Legislação e Jurisprudência*, Ano 124, 65 e segs.

DIAS, Jorge de Figueiredo, "Direito Penal, Parte Geral, Questões Fundamentais, A Doutrina Geral do Crime", Tomo I, 2.ª edição, 2007, Coimbra Editora.

DIAS, Jorge de Figueiredo, "Direito Penal Português, Parte Geral II, As Consequências Jurídicas do Crime", reimpressão, 2005, Coimbra Editora.

DIAS, Jorge de Figueiredo, "Acordos sobre a sentença em processo penal", Conselho Distrital do Porto da Ordem dos Advogados, 2011.

DIAS, Jorge de Figueiredo, "Sobre o Estado Actual da Doutrina do Crime", *Revista Portuguesa de Ciência Criminal*, Ano I, n.º 1 Jan./Março 1991.

DIAS, Jorge de Figueiredo, "O direito penal económico entre o passado, o presente e o futuro", *Revista Portuguesa de Ciência Criminal*, ano 22, n.º 3 Jul./Set. 2012, Coimbra Editora.

DIAS, Jorge de Figueiredo, "Direito Processo Penal", 1.º Vol. Reimpressão, 1984, Coimbra Editora.

DIAS, Jorge de Figueiredo, "Breves considerações sobre o fundamento, o sentido e a aplicação das penas em direito penal económico", Ciclo de Estudos de Direito Penal económico, CEJ, Coimbra, 1985.

DIAS, Jorge de Figueiredo, "Sobre a reparação de perdas e danos arbitrada em processo penal", livraria Almedina, reimpressão, 1972.

ESTEVES, Raul Eduardo Nunes, "Minhas senhoras e meus senhores ... Eis o princípio do fim do Estado Moderno", *Julgar*, n.º 07, Jan./Abril 2009, ed. ASJP.

FARIA, Paula Ribeiro de, anotação ao artigo 143.º do Código Penal, *Comentário Conimbricense do Código Penal*, Tomo I, 2.ª edição, Dir. Jorge de Figueiredo Dias, Coimbra Editora.

FARIA, Maria Paula Ribeiro de, "A reparação punitiva – Uma "terceira via" na efectivação da responsabilidade penal?", *Liber Discipulorum para Jorge de Figueiredo Dias*, organização de Manuel da Costa Andrade, José Faria Costa, Anabela Miranda Rodrigues e Maria João Antunes, Coimbra Editora, 2003.

GAILLARDOT, Dominique, «Les sanctions pénales alternatives», Revue internationale de droit comparé. Vol. 46 N.º 2, Avril-juin 1994. pp. 683-693. doi: 10.3406/ridc.1994.4897 http://www.persee.fr/web/revues/home/prescript/article/ridc_0035-3337_1994_num_46_2_4897

GALVÃO, Fernando, "Direito Penal (parte geral)", Editora D'el rey, 2007 pág. 828 acedido em 29/10/2013 em: http://books.google.pt/books?id=z5O121Bj M0QC&pg=PA831&lpg=PA831&dq

GONÇALVES, Manuel, "As especificidades do Crime económico", *Revista Portuguesa de Ciência Criminal*, ano 22, n.º 3 Jul./Set. 2012, Coimbra Editora.

GONÇALVES, Manuel Maia, "Código Penal Português (1886)", 6.ª ed. actualizada Almedina, Coimbra, 1982.

GONÇALVES, Manuel Maia, "Código Penal Português Anotado", 8.ª ed., 1995.

KUHN, André/VEUILLE, Joëlle, La Justice Pénale, Le savoir suisse, 2010, pág. 40 acedido em Nov/2013 in http://books.google.pt/books?id=EPtQcV – BU3IC

&pg=PA40&lpg=PA40&dq=sursis+partiel+suisse&source=bl&ots=yyITB yXB3M&sig=4zXIMy98Y4adoSWJEWs4F7gSBZE&hl=pt- T&sa=X&ei=3y mPUs2LC7Sv7Aap1IH4Dw&ved=0CE8Q6AEwBTgK#v=onepage&q=sur sis%20partiel%20suisse&f=false

JEANDIDIER, Wilgrid, "Droit Pénal Général", Montchrestien, 1988.

Jesus, Damásio, Curso do Prof. Damásio à distância, Complexo Jurídico Damásio de Jesus, Direito Penal, pág. 271, compilação em http://xa.yimg.com/kq/groups/22721199/2036842678/name/Direito_Penal_-_Curso_do_Prof_Damasio_Com_ndice_e_Marcadores.pdf

LEAL-HENRIQUES, Manuel de Oliveira/SIMAS SANTOS, Manuel José Carrilho de, "O Código Penal de 1982", vol. 3, Rei dos Livros, 1986.

LEITE, André Lamas, "Nova Penologia", Punitive Turn e Direito Criminal: Quo Vadimus? Pelos Caminhos da Incerteza (Pós-)Moderna, Separata de Direito Penal: Fundamentos Dogmáticos e Político-Criminais. Homenagem ao Prof. Peter Hunerfeld, Coimbra Editora, 2013.

LEITE, André Lamas, "A Suspensão da execução da pena privativa de liberdade sob pretexto da revisão de 2007 do Código Penal", *Stvdia Ivridica 99, Boletim da Faculdade de Direito, Universidade de Coimbra,* Coimbra Editora, 2009.

LOMBOIS, M. Claude, Droit Pénal et Sociologie Criminelle I, DEUG. 1re année 19/1/1990.

MICHEL René, L'orthopédie judiciaire. *In : Déviance et société.* 1982 – Vol. 6 – N°1. pp. 63-71. doi: 10.3406/ds.1982.1105; http://www.persee.fr/web/revues/home/prescript/article/ds_0378-7931_1982_num_6_1_1105

MONTE, Mário Ferreira, "Da reparação penal como consequência jurídica autónoma do crime", *in Liber Discipulorum para Jorge Figueiredo Dias,* Coimbra Editora, 2003.

MORÃO, Helena, "Justiça Restaurativa e Crimes patrimoniais na Reforma Penal de 2007", *Stvdia ivridica 100, Estudos em Homenagem ao Prof. Doutor Jorge de Figueiredo Dias,* organização: Manuel da Costa Andrade, Maria João Antunes, Susana Aires de Sousa, Vol. III, BFD, Coimbra Editora.

PALERMO, Pablo Galain, "Reflexões sobre alternativas à pena e uma aproximação à alternatividade penal", *Revista Portuguesa de Ciência Criminal,* ano 21, n.º 1, Jan./Março 2011, Coimbra Editora.

Philippe Mary et al., "La prison en Belgique: de l'institution totale aux droits des détenus?", *Déviance et Société* 3/2006 (Vol. 30), p. 389-404.

QUELOZ, Nicolas. *«Le projet de» révision de la révision» du droit des sanctions pénales: le système juridique suisse est-il devenu instable?.» (2011)* acessível em: http://scholar.google.pt/scholar?hl=pt-PT&q=sursis+partiel+en+Belgique&btnG=&lr=lang_fr

Rapoza, Hon.Phillip, "A experiência americana do plea bargaining", *Julgar*, n.º 19, Jan./Abril 2013.

Ribeiro, Isabela Serpa Costa, "A crise no sistema prisional", Rio de Janeiro, 2010; acedido em 29/10/2013 em: http://books.google.pt/books?id=z5O121BjM0QC&pg=PA831&lpg=PA831&dq

Robalo, Teresa L. Albuquerque e Sousa, "Dois modelos de Justiça restaurativa: A mediação penal (adultos) e os Family Group Conferences (menores e Jovens adultos)", *Revista Portuguesa de Ciência Criminal*, ano n.º 22, n.º 1 Jan. Março 2012.

Rodrigues, Anabela, "A Fase de Execução das Penas e Medidas de Segurança no Direito português", *Boletim do Ministério da Justiça*, n.º 380, Nov. 1988.

Rodrigues, Anabela, "A propósito da introdução do regime de mediação no processo penal", *Revista do Ministério Público*, ano 27, Jan./Mar 2006, n.º 105.

Rodrigues, Anabela Miranda, "Contributo para a fundamentação de um discurso punitivo em matéria penal fiscal", *Direito Penal Económico e Europeu: Textos Doutrinários.* Vol. II Coimbra: Instituto de Direito Penal Económico e Europeu – Faculdade de Direito da Universidade de Coimbra.

Rodrigues, Anabela M., "Sistema Punitivo Português", *Sub judice*, 1996, Jan./Jun., n.º 11.

Roxin, Claus, Arzt, Gunther, Tiedmann, Klaus, "Introdução ao Direito Penal e ao Direito Processual Penal", tradução de Gercélia Batista de Oliveira Mendes, Coord. e Supervisor Luiz Moreira, Belo Horizonte: Del Rey, 2007.

Roxin, Claus, "Sentido e limites da pena estatal" *Problemas Fundamentais de Direito Penal*, VEGA Universidade Direito e Ciência Jurídica, 2.ª ed. 1993.

Roxin, Claus, "Derecho Penal, Parte General", Tomo I, Civitas, 2.ª ed. (trad. Espanhola de Peña, Diego-Manuel Luzón, et alli).

Ruivo, Marcelo Almeida, "O fundamento da pena criminal: para além da classificação dicotómica das finalidades", *Revista Portuguesa de Ciência Criminal*, ano 22, n.º 2 Abril/Jun. 2012.

Santana, Selma Pereira de, "A reparação como consequência jurídico-penal autónoma do delito, o Projecto Alternativo de reparação: algumas objecções", *Stvdia ivridica 99, Estudos em Homenagem ao Prof. Doutor Jorge de Figueiredo Dias*, Vol. II, organização: Manuel da Costa Andrade, Maria João Antunes, Susana Aires de Sousa, BFD, Coimbra Editora.

SANTOS, Cláudia Cruz, "A Justiça Restaurativa: Um modelo de reacção ao crime diferente da Justiça Penal. Porquê, para quê e como?" Coimbra Editora, Março/2014.

SANTOS, Cláudia Cruz, "Decisão Penal Negociada", *Julgar* n.º 25, Jan./Abril 2015, pág. 145 e segs.

SANTOS, Cláudia Cruz, "Violência doméstica e mediação penal: uma convivência possível?", *Julgar* n.º 12 especial, Set./Dez. 2010, págs. 67 a 79.

SIMAS SANTOS e LEAL HENRIQUES, Jurisprudência Penal, Ed. Rei dos Livros 1995.

SNACKEN Sonja. Les courtes peines de prison. *In: Déviance et société.* 1986 - Vol. 10 - N.º 4. pp. 363-387. http://www.persee.fr/web/revues/home/prescript/article/ds_0378-7931_1986_num_10_4_1494

SOARES, Fernando Luso, O processo Penal como jurisdição voluntária, Almedina, Coimbra, 1981.

VEZZULLA, Juan Carlos, Mediação, edição da DGAE, 2.ª ed. 2005.

VIEIRA, Pedro Miguel, "A vítima enquanto sujeito processual e à luz das recentes alterações legislativas", *Julgar*, n.º 28, Jan./Abril 2016, págs. 171 segs.

VILELA, Alexandra, "Revisitando o n.º 1 do artigo 206.º do Código Penal: a extinção da responsabilidade criminal e a (não) necessidade de pena", *Julgar online*, acessível em http://julgar.pt/revisitando-o-n-o-1-do-artigo-206-o-do-codigo-penal/

ÍNDICE